한국 전후연극과 탈재현주의

한국 전후연극과 탈재현주의

초판 인쇄 · 2017년 1월 5일
초판 발행 · 2017년 1월 15일

지은이 · 이영석
펴낸이 · 한봉숙
펴낸곳 · 푸른사상사

주간 · 맹문재 | 편집 · 지순이, 홍은표 | 교정 · 김수란
등록 · 1999년 7월 8일 제2-2876호
주소 · 경기도 파주시 회동길 337-16 푸른사상사
대표전화 · 031) 955-9111(2) | 팩시밀리 · 031) 955-9114
이메일 · prun21c@hanmail.net / prunsasang@naver.com
홈페이지 · http://www.prun21c.com

ⓒ 이영석, 2017
ISBN 979-11-308-1068-3   93680
값 25,000원

이 도서의 국립중앙도서관 출판예정도서목록(CIP)은 서지정보유통지원시스템 홈페이지
(http://seoji.nl.go.kr)와 국가자료공동목록시스템(http://www.nl.go.kr/kolisnet)에서 이용하실
수 있습니다.(CIP제어번호: CIP2016032540)

푸른사상 학술총서 37

한국 전후연극과 탈재현주의

이영석

The Irrepresentational Aspect of
Korean Post-war Theater

푸른사상
PRUNSASANG

서울문화재단

'2016년 예술연구서적발간지원사업' 선정

서울문화재단의 지원을 받아 발간하는 Color Book 시리즈 - 예술연구 / Silver Book

이 책은 서울문화재단의 '2015년 예술연구서적발간지원사업' 선정 저서로,
「유인촌 공연예술 연구기금」 후원을 받아 제작되었습니다.

책머리에

 이 책은 연구자로서, 그리고 연출가로서 한국 연극에 가져 왔던 나의 관심의 결과물이다. 과거 연극의 전개 과정을 파악하고 앞으로의 전망을 가져 보는 것은 한국 연극 연구자의 당연한 과제라 할 것이다. 그런데 나는 그것이 연출가로서도 필수적이라는 것을 깨닫게 되었다.

 실제 공연을 창작하면서 나는 과거와 현재의 한국 연극의 어떤 특성이 내 안에서 지속적으로 작동하고 있음을 느꼈다. 그것은 창작의 준거를 제공하기도 했지만, 새로운 도전에 걸림돌로 작용하기도 했다. 특히 앞으로의 새로운 방향 모색에서 한국 연극의 유산은 무기력하게만 느껴졌다. 말하자면 나는 연출가로서 한국연극사의 자장 안에 있었던 것이다.

 한 명의 연출가로서 내가 가질 수 있는, 또한 우리 연극의 흐름 속에서 가져야 하는 새로운 방향이란 무엇일까? 이 질문에 답하기 위해서 나는 나를 지배하고 있다고 막연하게 느꼈던 한국 연극의 구체적인 실상과 그 성격에 대면하고 싶었다.

 그러한 욕구는 연구자로서의 질문으로 이어졌다. 현재 우리가 한국의 현대 연극이라고 부르는, 지금의 내가 속해 있는 연극은 언제, 어떻게 그 성격을 가지게 되었는가? 그 첫 출발의 순간을 확인하고 싶었다. 그럴 때에 그간의 한국 연극은 현재 활발하게 진행되고 있는 '포스트'의 담론 속에서 단순한 부정의 대상의 아니라 생산적인 참조로서 새롭게 인식될 것이었다. 그 조사와 확인의 내용이 우선 박사논문의 형태로 드러났고, 이제 그것을 다시 책으로 출간하게 되었다.

이 책에서 '전후연극'이라 부르고자 하는 1950년대 후반기의 연극은 기존의 연극 전통을 '근대적인 것'으로 타자화하면서 새로운 것으로서 '현대연극'을 추구한 역동적인 실험의 장이었다. 거기에는 기존의 연극을 넘어서고자 했으나 그 문법을 활용할 수밖에 없는 사정들, 내용과 형식에서 전위적인 도전을 보였으나 미숙함의 소치로 낙인찍힌 순간들, 이론적 논의와 해외 연극의 수용으로 돌파구를 열어 보려 했지만 그것이 실제 창작의 생산성에 바로 연결되지 못한 답답한 국면들 등, 오늘날 우리가 새로움을 추구할 때 필연적으로 직면하게 되는 풍경이 고스란히 담겨 있다. 이 책은 바로 그 풍경을 적고자 했다.

이 책은 크게 세 부분으로 구성되어 있다. 전후연극이 직면한 역사적, 사회적 환경을 짚어보는 2장, 전후 희곡의 새로운 내용과 형식을 분석하는 3장, 그리고 당시 공연을 재구해 보면서 연기, 연출, 무대미술에서의 새로운 양상을 확인하는 4장이 그것이다. 이에 따라 이 책의 서술은 연극사적, 사회학적 태도를 취하다가 희곡 텍스트에 대한 작품론으로 흐르기도 하고 공연 실상에 대한 실증적 조사의 성격을 띠기도 한다. 이처럼 다소 일관성을 결여한 서술 방식에 대해 환경, 텍스트, 상연이라는 세 층위에서 발견되는 새로운 양상을 추적하기 위한 것이었다고 스스로를 위로해 본다. 4장에서는 공연 재구를 위해서 다각도로 당시의 공연 자료를 모아 봤으나 여전히 미진한 부분이 남아 있다. 후추 자료의 발굴을 통해 보완할 것을 다짐한다.

이 책의 연구 내용이 꼴을 잡아가기까지, 그리고 그것이 책으로 출간될 때까지 주변의 도움은 절대적이었다. 서울대학교 공연예술학 협동과정과 국어국문학과의 여러 선생님들, 함께 공부한 동료, 선후배들을 통해 희곡과 공연을 어떻게 분석할 것인가의 문제의식을 키울 수 있었다. 특히 박사논문의 지도교수였던 양승국 선생님의 격려와 가르침을 잊을 수 없다.

구체적인 공연의 재구 및 분석에는 공연을 상상하고 그 특징을 파악하는 이론적, 감각적 직관력이 요청되었는데, 여기에는 연극 연출가로서의 감각이 많이 활용되었다. 물론 이 또한 본래 나의 것이라기보다는 누군가에게서 선물처럼 받은 것이다. 한국예술종합학교 연극원의 여러 선생님들은 그 토양이 되었으며, 함께 연극의 길을 가고 있는 극단 신작로의 동지들은 그 성장을 이끌었다. 일일이 기억하지는 못하지만 현장에서 만난 연출가, 배우, 드라마투르그, 비평가 등의 연극인들의 영향과 도움은 이 책 안 어딘가에 분명히 존재하리라.

서울문화재단의 예술연구서적 발간지원 사업은 이 글이 세상의 빛을 보는데 결정적인 계기가 되었으며, 도서출판 푸른사상의 임직원 여러분들은 난삽한 원고를 아름다운 책으로 만들어 주셨다.

끝으로 연극을 공부하고 연출하는 사람을 아들로, 동생으로, 남편으로, 아버지로 둔 가족들에게 마음 깊이 고마움을 전한다. 이 책은 작은 것이지만, 그들의 희생과 헌신은 큰 것이었다.

연극의 길에서 마주한 이 모든 만남에 감사한다.

차례

제1장

한국전쟁, 그 이후의 연극

1. 1950년대 후반, 연극사의 변곡점

한국 연극사에서 1950년대 후반은 하나의 변곡점이라 할 수 있다. 한국 근대극을 지배해 온 사실적 재현[1]의 미학에서 탈각하는 희곡과 공연이 출

---

1   한국 근대극은 재현의 대상을 '현실에 존재하는 가시적 존재'로 상정하고, 그 형상화에서는 재현 대상에 무대 위의 실재성을 부여하는 환영(illusion)을 창조하는 특징을 보인다. 이 책에서 '사실적 재현'이란 이와 같은 한국 근대극의 특질을 가리키기 위한 용어로 사용된다. 기존의 용례에 따라 '사실주의'라는 용어를 사용하지 않는 이유는, 한국 근대 연극의 다양한 실천 내용이 특성한 세계관 및 양식을 가리키는 이 용어에 모두 포괄되지 않는다고 보기 때문이다. 한국의 근대연극은 1910년대 신파극이 공연된 이래 사실주의 양식에서뿐만 아니라 대중적 멜로드라마, 선전극으로서의 국민연극 등 거의 모든 영역에서 현실 존재에 대한 여실한 묘사라는 입장을 취하고 있다. 이 책에서는 이와 같이 근대기를 지배한 연극 실천의 공통 문법을 '사실적 재현'으로 지칭하고자 하는 것이다('재현'의 개념에 대해서는 1장2절 연구의 시각, '사실적 재현'의 구체적인 내용에 대해서는 2장1절 한국 근대극의 사실적 재현의 양상 참조).

현함으로써 그 전일성에 균열이 일어났기 때문이다. 당시 '실험적'인 작품들은 그 수가 많지 않았으며, 사실적 재현의 표현법에서 완전한 이탈을 보이지도 못했지만, 그것은 한국연극사에서 자못 중대한 변화를 의미했다. 그 균열의 틈에서 이전까지 감추어졌던, 혹은 감추어졌다고 암묵적으로 동의되었던 공연의 수행성이 가시화되었으며 형식상의 지위를 얻기 시작했기 때문이다. 하나의 연극이 무엇을 표현하고 있음의 모방(mimesis)[2]적인 성격과, 지금 공연이 실행되고 있음의 수행적인(performative) 성격을 동시에 지닌다고 할 때,[3] 이전의 한국 연극에서는 수행성이 대상의

---

2 이 책에서 '모방'(mimesis)은 '사실적 재현'과는 달리 광의의 의미로 사용된다. 모방이란 그 구체적 대상과 방법이 무엇이든 표현 행위에 선행하는 것으로서의 표현의 대상을 상정하는 미학적 입장을 뜻한다. 곧 연극에서의 모방이란 어떤 대상이 현실적인 것이든 아니든, 가시적인 것이든 아니든, 표현의 방법이 재현적(representational)이든 제시적(presentational)이든, 하나의 연극적 실천을 대상과 그것의 표현이라는 관계 안에서 바라본다는 것을 의미하는 것이다. 이것은 아리스토텔레스의 용법을 따르는 것이다. 아리스토텔레스에게 모든 예술은 자로고 모방의 형식이다. 그에게 각 예술 형태 사이에는 모방의 대상, 수단, 양식의 차이가 있을 뿐이다(Aristotle, 『시학』, 천병희 역, 문예출판사, 1994, 23~28쪽). 1950년대 후반 한국 연극에서는 사실적 재현의 문법에서 탈각하는 기법이 등장했지만, 여전히 연극이란 모방 대상에 대한 무대상의 표현이라는 입장이 고수되었으므로, 모방으로서의 연극이라는 이념에서까지 벗어난 것은 아니었다. 이 책에서 주목하는 이 시기 연극의 양상은 모방의 거부가 아니라, 모방의 방식 자체를 전경화함으로써 사실적 재현에서 벗어나고 있는 연극적 실천들이다.

3 마틴 푸크너(Martin Puchner)에 따르면 연극은 특수한 모방(mimesis)의 형식이다. 그 이유는 연극이 공연예술(performing art)과 모방예술(mimetic art) 사이에 위치해 있기 때문이다. "음악과 발레와 같은 공연예술로서 연극은 무대 위의 살아있는 인간 연행자의 예술적 효과에 의존하지만, 미술이나 영화와 같은 모방예술로서 연극은 이들 인간 연행자들을 모방적 기획에 종사하는 의미화의 재료로 사용해야만 한다." Martin Puchner, *Stage Fright: Modernism, Anti-Theatricality, and Dra-*

여실한 재현에 집중되어 있었다면, 전후연극에서는 특정한 기법의 실현 과정이 노출됨으로써 수행성 자체가 극 형식의 일부로 가시화되기 시작한 것이다.

한국의 근대 연극을 지배했던 사실적 재현 역시 하나의 연극 형식이며, 관객은 공연장에서 그것을 발견하지만, 그것은 자신의 형식적 성격 자체가 노출되는 것을 최대한 자제하고 재현의 대상에 관객의 이목이 집중되어야 한다는 것을 기본 태도로 삼는다. 이에 따라, 하나의 막 안에서 시간과 장소의 일치, 암전을 통한 막의 구분, 제4의 벽, 의상과 분장을 통한 현실적 인물 묘사 등, 지금 하나의 연극이 공연되고 있다는 사실을 가리기 위한 관례들이 존재한다. 그러나 1950년대 후반기 한국 연극에서는 바로 이러한 관례에서 벗어나는 기법이 출현한 것이다.

우선 그것은 무대-객석 간에 새로운 소통방식이 출현했음을 뜻했다. 한국의 근대극에서 사실적 재현은 희곡과 공연 창작, 그리고 그 수용에 이르기까지 연극적 소통의 기본 원리였다. 희곡은 표현의 대상을 무대 밖 현실 세계에 존재하는 것인 양 취급했으며, 완결된 서사 구조 안에서 대상에 대한 일관성 있는 해명을 시도했다. 공연은 사실적 형상화를 통해 희곡이 상정한 대상을 무대 위에 실현하고자 했다. 관객에게도 사실성은 수용의 준거였다. 관객들은 무대 위에서 제시되는 다양한 기호들을 현실적인 시공간에서 전개되는 등장인물의 이야기라는 관점에서 종합하며 수용했다. 이와 같은 소통의 구도에는, 대상에 대한 충실한 묘사가 관객에게 사실임직하게 여겨질 때 모종의 연극적 진실이 획득될 수 있다는 재현에의 믿음이 전제되어 있었다.

_____

ma, The Johns Hopkins University Press, 2002, p. 5.

이때 관객은 무대 위에서 구성과 구현이 이미 완결된 기호들의 일방적인 수용자의 입장에 서게 된다. 물론 관객은 언제나 자신들의 기대 지평을 가지기 마련이며 제시되는 기호들에 대해 인지적 종합을 실행하는 능동적인 주체이지만, 그 능동성은 재현의 사실성과 완결성을 '발견'하는 데에 귀속된다.

그러나 새로운 소통 방식은 관객에게 보다 능동적인 역할을 부여하기 시작했다. 서사 전개를 미완의 상태로 내버려두거나 연극 자체를 메타화하여 관객과 무대 사이에 거리 두기를 시도하는 희곡이 창작되었으며, 이러한 텍스트를 상연할 때에는 이질적인 지각 기호들을 병치시키는 공연이 이루어졌다. 미완결의 서사에 직면하여 관객은 직접 서사를 채워 넣으며 단순한 해석자에서 서사 구성의 참여자로 변화한다. 메타적 기법 앞에서 관객은 무대 위의 표현들을 새롭게 인식하고 그 형식적 함의를 탐문한다. 재현에 귀속되지 않는 공연의 기호들을 접하면서, 관객은 자신의 직관에 따라 다양한 지각 내용에 맥락을 부여하고, 공연의 형식적, 구성적 성격을 파악하는 것으로 그 역할을 확대하게 된다. 이처럼 이제 연극은 단순히 서사적 내용의 무대적 표현물이 아니라 무대와 객석이 공동으로 의미 생성에 참여하는 역동적 상호작용의 과정으로 자신의 지평을 확대하고자 했다.

수행성의 부상은 소통의 방식뿐만 아니라 의미 생성 과정에 대한 인식의 변화 또한 초래했다. 구체적으로 그것은 텍스트와 상연의 관계 변화를 의미했다. 근대극의 재현 전통하에서, 재현의 대상은 창작과 수용에 선행하여 실재하는 것으로 상정되었고, 희곡, 공연의 예술적 실천에서, 그리고 이에 대한 독자, 관객의 수용에서 유일하고 강력한 준거로 작용했다. 이러한 구도에서 희곡은 재현의 대상을, 공연은 희곡을 통해 다시금 그

대상을 구현하는 입장을 취했다. 또한 독자와 관객은 일차적으로 무엇이 재현되고 있는가에 주목할 것을 요청받았다. 곧 각 단계가 앞선 단계를 자신의 미학적 근거로 삼는 '재현주의'의 이념[4]이 연극적 의미 생성의 전체 과정을 지배했고, 궁극적으로는 재현 대상의 '실체'를 파악하는 것이 전 과정의 최종 목표로 설정되었다. 사실적 재현은 이러한 재현주의 미학을 실현하는 유일하고 강력한 표현법이었다.

그 결과 실제로는 희곡과 공연이 각기 다른 국면을 형성하는 것이며, 상이한 성격의 예술적 실천물임에도 불구하고 재현의 대상-희곡-공연-수용에 이르는 과정에 위계적 구도가 상정되었다. 물론 연극은 최종적으로 무대-객석의 맞대면이라는 상황 속에서 실현되는 현장의 예술이며, 재현적 극작에서도 이 점은 우선적인 고려의 대상이지만, 의미 생성의 과정은 단선적이며 단계적인 것으로 여겨졌다. 특히 텍스트와 상연의 관계는 완결된 예술작품(artwork) 대 그것의 실행(practice)이라는 구도 속에서 파악되었다.[5] 요컨대 희곡은 하나의 '작품'이지만 공연은 독립된 작품이 아니라 텍스트의 '실천'으로서의 지위에 머물렀다.

---

4   재현에는 현상에 대한 부정과 현상 뒤에 어떤 실체나 본질이 있다는 믿음이 내포되어 있다. 그러므로 재현 행위란 선행하는 원본을 이해하기 위한 것으로 이해된다(채운, 『재현이란 무엇인가』, 그린비, 2009, 29~41쪽). 이렇게 볼 때 한국의 근대 연극은 연극의 의미 생성에서 '재현주의' 미학을 관철해왔다고 할 수 있다.

5   폴 덤은 이와 같은 인식 태도를 칸트를 들어 설명한다. 칸트는 기술(art)이 가해진 제작(poiesis)과, 그러한 것이 없는 자연적 작용(effectus)를 구분한다. 그리고 기술과 제작의 산물인 작품(opus)만을 예술로 인정하고 수행으로서의 행함(praxis)는 작품의 작용에 의해 자연적으로 결과된 것으로 본다. 폴 덤은 이러한 구분에 영향을 받은 서구의 예술 인식 속에서 공연예술은 근본적으로 예술이 아니며 텍스트적 창작물의 부속물로 과소평가되었다고 지적한다. Paul Thom, 『관객을 위하여』, 김문환 역, 평민사, 1998, 18쪽.

그러나 1950년대 후반기에 나온 일련의 작품들은 이와 같이 텍스트와 상연이 자신의 근거를 전 단계에 두고 있다는 위계적 인식에서 벗어나는 양상을 보여준다. 희곡은 대상을 모방(mimesis)하지만, 동시에 무대장치와 조명 등 공연의 표현 요소에 대해 '수행성'을 가시화하는 기법을 지시함으로써 상연을 위한 텍스트로서의 성격을 노출했다. 상연은 한편으로 희곡에 명시된 기법을 참조하지만, 다른 한편으로 텍스트 재현에 일의적으로 귀속되지 않는 매체와 기법을 자체적으로 도입함으로써 독립적인 공연물이 될 것을 지향했다. 재현주의 연극에서 대상에 대한 핍진한 이해가 각 단계를 관통하는 준거였다면, 이제 대상에서 관객까지 이르는 연극적 소통의 준거는 공연의 수행적 성격을 형태화하고 그 효과를 극대화하는 것에 놓이게 되었다. 희곡과 공연은, 최종적으로 관객과의 대면에서 실행될 연극적 소통의 생성 과정에서 각기 다른 창작의 국면으로 재인식되었으며 그 분화가 시도되었다.[6]

이처럼 사실적 재현으로부터의 탈각은 단순히 대상을 묘사하는 방법의 측면에 국한되지 않는다. 그것은 관객을 새로운 종류의 감상 주체로 세우는 소통 전략에 관련되며, 연극의 구체적인 실천물들인 희곡, 공연 사이의 관계 재편을 촉발하는 계기였다. 이처럼 1950년대 후반기는 실로 한국 연극에서 역동적인 변화의 시기라 할 수 있다.

---

6   불필요한 혼선을 피하기 위해 희곡, 텍스트, 상연, 공연의 용어 사용에 대해 정리하고자 한다. 이 책에서 희곡과 공연은 각각 문자와 다양한 수행 요소를 통해 단일한 작품성을 획득한 대상을 가리킬 때 사용되며, 텍스트와 상연은 양자를 상호 관련 속에서 지칭할 때 사용된다. 이러한 구분은 이 책의 서술 맥락을 분명히 하기 위한 것이다. 이 책에서는 희곡과 공연이라는 상이한 연극적 실천물에서 드러난 탈재현주의적 양상과 함께 양자 간의 관계 변화 역시 고찰할 것이므로 용어의 선택을 통해 동일한 대상이 어떤 맥락에서 논의되는지를 드러내고자 한다.

이러한 변화는 '전후 사회'라는 독특한 시대적 정황을 배경으로 출현한 것이었음을 전제할 필요가 있다. 전후 사회는 한국전쟁이 남긴 상흔 속에서 절대적 빈곤의 문제에 직면해 있었다. 그러나 재건의 활력을 지니기도 했다. 원활한 전쟁 수행을 위해서 전국적으로 도시화가 진행되어 있었고,[7] 안전을 찾아 도시에 몰려든 사람들은 도시를 새로운 생활 터전으로 삼았다.[8] 뜨거운 교육열이 지배했으며, 이를 바탕으로 후진국 중에서는 비교적 높은 경제성장률을 보이기도 했다.[9] 정치적으로 후진적이었지만, 직접 선거의 시행을 통해 민주주의의 기본 원리와 이념이 확대되었다.[10] 이와 같은 전후 사회의 모순과 혼란, 그리고 역동성은 전후 사회의 주체에게 새로운 시대를 어떻게 인식하고 이에 대응할 것인가의 문제를 제기했다.

전쟁은 세계에 대한 새로운 인식을 가져왔다. 전쟁을 겪으며 기존의 삶의 조건과 질서가 흔들렸으며, 가공할 만한 살상무기의 위력을 체험하면서 과학 기술이 지배하는 새로운 시간으로서의 '현대'가 발견되었다. 이와 함께 미국을 통해 세계 질서에 편입됨으로써 전후 사회의 주체들은 스스로를 세계의 일원으로 인식하게 되었다.[11] 이처럼 전쟁은 시간적인 차원에서 과거와의 단절을 느끼게 했으며, 공간적인 차원에서 심상 지리의

---

7   남한의 도시화율은 1949년에 17.3%에서 1955년에 24.5%로 상승했다. 정성호, 「한국전쟁과 인구사회학적 변화」, 한국정신문화연구원 편, 『한국전쟁과 사회구조의 변화』, 백산서당, 1999, 27쪽.
8   손정목, 『한국 현대도시의 발자취』, 일지사, 1988, 167쪽.
9   유영익, 「거시적으로 본 1950년대의 역사─남한의 변화를 중심으로」, 『해방전후사의 재인식2』, 책세상, 2006, 454~462쪽.
10   유영익, 위의 논문, 465~473쪽.
11   유영익, 위의 논문, 443쪽.

확장을 가져왔다.

여기에 전쟁을 거치며 본격적으로 유입된 미국 문화는 시간과 공간 두 차원의 새로운 세계 인식에 감각적 실체를 제공하면서 강력한 영향력을 행사했다. 미국식 생활양식은 '현대적'이며 선진적인 것으로 받아들여졌으며, 미국 영화와 대중음악은 서구 문화를 직접 향유하고자 하는 욕망을 충족시키며 급속하게 확산되었다.[12] 여전히 가부장적인 사고와 권위적 위계질서가 강력한 영향력을 행사했지만, 미국 문화 수용과 함께 개방적 가치관이 급속하게 확산되었으며 기존의 가치관과 격렬하게 충돌했다.

이처럼 전후 사회에는 전쟁의 상흔과 미국 문화의 만연, 그리고 전후 사회의 일정한 성장이라는 다양한 양상이 공존했으며, 전후 사회의 주체들은 이 새롭고 모순에 찬 시대를 맞아 새로운 사고방식과 가치관을 모색했다.

연극 역시 새로운 과제에 직면했다. 전쟁이 초래한 세계관 및 가치관의 위기와 전후 사회의 문제에 천착하는 것으로서의 '전후연극'이 요청된 것이다. 넓은 의미에서 전후연극이란 '한국 전쟁과 그 이후 한국 사회의 문제를 다루는 연극'이라고 할 수 있을 것이다. 하지만 전후 사회를 배경으로 범위를 한정한다면 종전 후 직접적으로 제기된 인간과 세계에 대한 새로운 인식의 문제, 전후 사회의 모순의 문제, 그리고 이에 대한 역사적 대응으로서 4.19의 의미 문제를 다루는 연극이라 할 수 있다.[13]

---

12 허은, 「'전후'(1954~1965) 한국사회의 현대성 인식과 생활양식의 재구성」, 『한국사학보』 제54호, 고려사학회, 2014.

13 4.19는 권위적 지배질서 하에서도 내재적으로 성장한 전후 사회 주체들의 역량이 표출된 사건이라는 점에서 전후 사회의 연장선상에 있다고 할 수 있으며, 이에 대한 연극 역시 1950년대 후반기에 등장한 새로운 경향이 더욱 도전적인 양상으로

이러한 문제에 대한 연극적 대응은 다양한 방식으로 이루어졌다. 우선 반공의식, 분단 문제, 전쟁이 남긴 후유증과 전후의 사회상을 다루는 희곡과 공연이 창작되었다. 그러나 이들은 단순히 세태를 묘사하는 수준에 그쳐 있으며, 적대적 반공의식과 막연한 휴머니즘을 주장하면서 연극을 통한 새로운 사유 가능성을 탐색하지 못했다.[14]

더욱 적극적으로 새로운 세계관과 가치관의 정립이라는 전후 사회의 정신적 과제를 진단하는 작품들도 존재한다. 이들 작품은 전후 사회에서의 가족애의 상실과 가족의 해체양상, '아프레걸'[15]과 자유부인의 담론 속에서 시도되었던 여성의 젠더와 섹슈얼리티의 해방 혹은 일탈, 근친간의 사랑과 육체적 욕망의 발산과 같은 애정 윤리의 변화 등을 테마로 다루었

발전하게 되었다는 점에서 전후연극에 포괄될 수 있다.

14　대표적으로 1950년대 차범석의 희곡들이 이에 해당하며, 이 시기 그의 작품에 대한 평가는 대부분 이에 동의하고 있다. 유민영, 「변천하는 사회의 풍속도」, 『한국현대희곡사』, 새미, 1997, 523~549쪽 ; 신봉승, 「불모지의 풍속도-차범석론」, 『현대한국문학전집』 9, 신구문화사, 1966, 456쪽 ; 정호순, 「차범석의 리얼리즘 희곡 연구-1950년대 작품을 중심으로」, 『한국극예술연구』 제8집, 한국극예술학회, 1998, 373쪽 ; 손화숙, 「차범석 초기 희곡 연구」, 『우암어문논집』 제5호, 부산외국어대학교 국어국문학과, 1995, 220~221쪽.

15　아프레걸은 프랑스어 아프레게르(aprés-gurre)에서 파생된 1950년대의 신조어이다. 본래 아프레게르는 세계대전 이후 프랑스 실존주의를 바탕으로 구질서에 반항하는 젊은 세대를 뜻했다(최미진, 「1950년내 신문소설에 나타난 아프레 걸」, 대중서사학회, 『대중서사연구』 18호, 2007, 122~123쪽). 한국에서 아프레걸은 한국전쟁 이후 급속하게 유입된 미국 대중문화를 소비하는 여성이나 전통적 순결 개념에서 벗어난 부정적인 섹슈얼리티를 지닌 여성을 통칭하여 부르는 용어로 사용되었다. 이 용어는 '양공주', '자유부인', '계부인', '여대생' 등 이전에 볼 수 없었던 새로운 여성들을 통칭하였으며, '전후파', '현대여성', '맘보걸', '나이롱', '마담족' 등의 용어와 병용되었다(조서연, 「1950년대 희곡에 나타난 여성성 연구」, 서울대학교 국어국문학과 석사학위논문, 2010, 51쪽).

다. 이 테마들은 이전의 희곡에서 볼 수 없었던 것으로서 그것이 다루어졌다는 것은 분명 일정한 성과라 할 수 있다.[16] 그러나 여전히 사실적 재현을 통한 현실 사회의 반영이라는 기존의 창작 방법을 고수하고 있다.

대상에 대한 핍진한 재현이라는 기존의 창작 방법을 견지할 때, 전후 사회의 변동에 착목하여 새로운 테마를 다루게 되는 것은 어쩌면 지극히 자연스런 현상이라 할 수 있다. 이렇게 볼 때, 전후연극의 연극사적 특이성은 소재적 측면에서가 아니라 오히려 형식적 측면에서 고찰될 필요가 있다. 그러한 점에서 주목되는 것은 사실적 재현을 통해 전후 사회의 현실을 그리는 기존의 방법에서 벗어나 관객들에게 무대 위에서 제시되는 문제에 대해 능동적인 입장에서 판단을 내릴 것을 제안하는 일련의 형식적 시도들이 이루어졌다는 점이다. 특히 한국의 근대 연극이 관객에 대한 교화와 계몽을 기본 성격으로 삼아 왔다는 점을 상기할 때 그것은 더욱

---

16 이에 따라 전후 사회를 반영하는 새로운 소재나 담론의 등장을 통해 전후연극의 특이성을 설명하는 연구들이 다수 존재한다. 대표적인 것으로는 다음과 같은 것이 있다. 김옥란, 「1950년대 희곡에 나타난 전후세대의 현실인식」, 『한양어문연구』 제13집, 한양대 한양어문연구회, 1995 ; 김성희, 「1950년대 한국 희곡에 나타난 가정문제 고찰」, 『한국연극학』 제9호, 한국연극학회, 1997 ; 홍창수, 「전후 세대 애정 소재 희곡의 반윤리성에 관한 연구」, 『한국연극학』 제10집, 한국연극학회, 1998 ; 김옥란, 「1950년대 희곡의 성담론」, 『한국연극연구』1, 국학자료원, 1998 ; 장혜원, 「한국전후희곡연구」, 동국대학교 국어국문학과 석사논문, 2002 ; 신영미, 「전후 신진극작가의 여성 재현 양상 연구」, 이화여자대학교 국어국문학과 석사논문, 2008. 이들 연구에서는 전후희곡에서 공통적으로 가부장적 질서의 위기 현상을 읽어낸다. 초기 연구에서는 가부장적 질서의 와해가 신구 세대의 갈등, 여성 섹슈얼리티의 전경화, 근친간의 사랑을 통한 살부의식 등으로 표출되었다고 진단하였고, 이후 여성주의적 시각을 바탕으로 하는 연구에서는 전후희곡이 위협적인 여성(아프레걸)을 처벌하고 가부장적 주도권을 신세대 남성에 넘김으로써 결과적으로 질서 회복의 서사를 구성하고 있음을 지적하고 있다.

주목을 요한다.

한국의 근대 연극이 형성된 식민지 시대에서 전후에 이르는 기간에 한국 연극은 이분법적 사유를 기반으로 삼고 있었다고 할 수 있다. 이분법적 사유란 선과 악, 옳고 그름을 전제하고, 이 둘의 대결을 통해 하나의 입장만을 승인하는 세계 인식의 방법이라고 할 수 있다. 이러한 사유 속에서 사실적 재현은 자주, 그리고 쉽게 동일한 이분법을 전제하는 멜로드라마적 요소와 결합했고, 한국의 근대 연극을 대표하는 두 가지 주요 양식이었던 사실주의와 대중적 멜로드라마는 높은 친연성을 보여왔다.[17] 두 양식은 공히 사실적 재현을 통해서 폭압적 세계에 의한 선한 주체의 패배를 감상적으로 그려냈으며 패배한 자의 입장을 옳은 것으로 승인함으로써 계몽적 메시지를 전달했다. 식민지, 해방기, 전쟁에 이르는 근대사는 선명한 전선 구축을 위해서 이분법적 사유를 강제했으며, 한국 연극은 그 특유의 계몽성과 감상성의 혼재를 통해 이에 반응한 것이었다. 특히 국민연극, 해방기 좌우익의 선전극, 전쟁기의 반공극에서는 선과 옳음을 정치적 통치 담론과 동일시하면서 더욱 경직된 세계관을 노출했다.

전후에 등장한 일련의 희곡과 공연은 바로 이러한 이분법적 사유에 균열을 내고, 당대 현실 및 개인에서 이에 포괄되지 못하는 영역을 드러내려 한다. 이에 따라 재현주의 미학에 대한 회의와 거리두기가 이루어지기 시작했다. 재현주의가 대상에 대한 핍진한 묘사를 위해서 대상의 정체성을 확고한 것으로 전제한다면,[18] 반대로 대상에 대한 단선적 시선을 거

---

17 이승희는 해방전 한국 사실주의 희곡의 성격을 논하면서 1930년대 중반 이후의 작품들이 멜로드라마와의 친연성을 지니고 있음을 지적한다. 이승희,『한국 사실주의 희곡, 그 욕망의 식민성』, 소명출판, 2004, 213~227쪽.

18   재문, 앞의 책, 74쪽.

부하기 위해서 대상에 대한 평면적 재현에서 벗어날 것이 요청된 것이다. 이러한 경향이야말로 이전의 연극에서 발견할 수 없었던 전후연극의 중요 양상이라 할 수 있다.

이 책에서는 전후연극의 희곡과 공연에서 바로 이러한 탈재현적 시도들이 어떻게 이루어졌는가를 살펴볼 것이다. 특히 내용 분석과 아울러 그것을 연극적으로 의미화하기 위해 이루어진, 구조와 기법 등의 형식적 측면에서의 새로운 시도들을 고찰할 것이다. 이를 통해서 전후 연극의 새로운 양상이란 세부적 표현에서 비재현적이라기보다는 관객과의 소통방식 및 연극적 의미 생성의 방식에서 탈재현주의적인 것이었음을 확인하게 될 것이다.

2. 새로움을 바라보는 시선들

한국 근현대 연극에 대한 일반적인 연구 동향과 마찬가지로 전후연극에 대한 연구 역시 주로 희곡을 중심으로 진행되었으며, 최근 공연에 대한 연구가 시작되었다.

전후희곡에 대한 초기 연구에서는 일차적으로 새로운 기법이 등장하고 있음을 확인한다. 그러나 그것을 근거로 전후희곡의 독자적인 지평을 인정하는 데에는 소극적이다. 이유는 두 가지이다. 하나는 사실적 재현에 입각한 작품들이 주류를 이루었다는 것이고,[19] 다른 하나는 새로운 형식

---

19 이 점을 지적하며 백로라는 1950년대 연극 전반의 상황을 "사실주의라는 지배담론에 대항하는 반사실주의의 힘겨운 저항"으로 묘사한다. 백로라, 「1950년대 연

적 실험을 보이는 작품들이 그 완성도에서 미흡할뿐더러 여전히 사실적 재현의 표현법에 의지하고 있다는 것이다.[20] 이러한 이유로 김미도는 전후희곡을 1960년대 비사실적 희곡 등장의 예비 단계로 본다. 곧, "1950년 대 새로운 실험을 감행했던 작가들은 1950년대의 마감과 더불어 단명"하게 되지만, "이들이 마련한 실험적 토대는 1960년대의 새로운 작가들에게 계승되어 우리 희곡문학이 비약적으로 상승하는 계기를 마련"[21]했다는 것이다. 박명진 역시 같은 시각을 보인다. 그는 "근대 리얼리즘으로부터의 탈피 노력"이 이루어진 전후연극의 시기를 그 이후 "왕성하고 본격적인 창작 활동의 토대가 되는 '원체험'의 세계"[22]라 평한다.

이러한 입장은 희곡사 및 연극사 서술에서도 채택된다. 서연호는 온전한 비재현적 희곡 양식의 출현을 한국의 근대 연극과 현대 연극을 구분하는 기준으로 삼고 이 시기를 "근대극 수정기"[23] 혹은 현대 연극으로의 "이행기"[24]로 규정한다. 이처럼 전후연극을 독자성을 띤 시기로 보기보다는 1960년대 비재현적 연극 양식의 출현을 예비하는 과정으로 보고, 그 의의를 이후 연극사에 귀속시키는 것은 많은 연구자들의 공통된 입장이라고 할 수 있다.

하지만 전후희곡과 1960년대 비재현적 희곡의 상관관계에 대한 구체

극론」, 『숭실어문』 제15집, 숭실어문학회, 1999, 490쪽.

20　오영미, 『한국 전후 연극의 형성과 전개』, 태학사, 1996, 213쪽.

21　김미도, 「1950년대 희곡의 실험적 성과」, 『어문논집』 제32집, 고려대학교 국어국 문학과, 1993, 125쪽.

22　박명진, 「1950년대 연극의 지형도」, 『한국희곡의 근대성과 탈식민성』, 연극과인 간, 2001, 122쪽.

23　서연호, 『한국근대희곡사』, 고려대학교 출판부, 1996, 390~395쪽.

24　서연호, 『한국연극사-현대편』, 연극과인간, 2005, 33쪽, 43~53쪽.

적인 해명은 부족하다. 양자가 공히 비재현적 속성을 가지고 있다는 점을
근거로 할 뿐이어서 다분히 인상적인 차원을 벗어나지 못하고 있는 것이
다. 전후연극의 새로운 양상 중에서 이후에 이어진 것과 이후에 다시 쇄
신된 것, 그리고 1960년대에 새롭게 등장한 것을 좀 더 섬세하게 파악할
필요가 있다. 이를 위해서 전후희곡의 탈재현적 양상에 대한 고찰은 우선
적이다.

이후 연구의 경향이 다변화되면서 전후희곡에서 더욱 적극적으로 새로
운 사유의 내용과 그 표현 방법을 읽어내려는 연구들이 이루어졌다. 이를
연구는 각각 실존주의의 연극화 양상, 새로운 기법과 주제와의 조응 관
계, 그리고 희곡의 담론 내용과 이를 드러내기 위한 언표적 성격을 다루
는 것으로 나누어볼 수 있다.

우선 전후 세계를 바라보는 새로운 인식틀로 환영받았던 실존주의가
희곡 텍스트에 어떻게 나타났는가를 점검하는 연구들이 있다.[25] 이 연구
들은 오학영과 장용학의 희곡에 등장하는 인물에 주목하여 그가 보이는
실존적 인식의 수준을 점검한다. 그 결과 실존적 인식을 통해 1950년대
의 억압적인 가치관에 저항한 것을 인정하면서도 사회, 역사적 지평을 획
득하지 못함으로써 결과적으로 실존주의가 왜곡 수용된 결과를 낳았다는
평가가 내려진다.

---

25   홍창수, 「전후 실존의식의 실체」, 『1950년대 소설가들』, 나남, 1994 ; 김성희,
     「1950년대 한국 실존주의 희곡 연구」, 『한국 현대희곡 연구』, 태학사, 1998 ; 현
     재원, 「실존주의, 형식 그리고 작가의식―1950년대 오학영 희곡」, 민족문화연구
     소 희곡분과 편, 『1950년대 희곡연구』, 새미, 1998 ; 박명진, 「1950년대 전후희곡
     에 나타난 실존주의 양상―오학영과 장용학의 희곡을 중심으로」, 『우리문학연구』
     39집, 우리문학회, 2013.

이들 연구는 등장인물의 대사 내용을 근거로 삼는 다소 기계적인 분석을 행하고 있으며, 대상 작품을 '실존주의' 작품으로 선규정함에 따라 오히려 분석의 폭을 제한하고 있다. 실존주의는 분명 당시 철학과 예술의 주요 사조로 부상했으며, 오학영과 장용학의 인물들이 실존적 선언을 하고 있는 것도 사실이다. 하지만 그것을 근거로 이들 작품을 '실존주의' 작품으로, 등장인물의 현실 인식을 '실존주의적'인 것으로 파악하는 것은 일면적이며 성급하다. 이들 작품은 완숙한 실존주의적 사유를 드러내는 것보다는 기성 가치관에 대한 저항을 더욱 중요한 목적으로 삼고 있기 때문이다. 곧 실존주의 자체가 아니라 저항 담론의 창조가 이들 작품의 초점인 것이다.

특히 주목할 것은 오학영의 경우 연작이라는 형태를 통해, 장용학의 경우 연극 전체를 대상화하는 메타적 기법을 통해, 연극을 통한 대안적 사유 방법을 형식적 차원에서 구현하려는 분명한 노력을 보이고 있다는 점이다. 그러므로 저항의 근거로서 실존 인식뿐만 아니라, 저항의 연극적 방법 또한 함께 평가되어야 할 것이다. 이렇게 볼 때, 드라마트루기적 분석의 결여는 이들 연구의 미흡함이라 할 수 있다.

두 번째로, 전후희곡에서 새롭게 등장한 양식이나 기법적 실험이 작품의 주제에 조응했는가를 점검하는 연구들이 있다. 김방옥은 사실주의 희곡의 사적 전개를 추적하면서, 이 시기의 사실주의 희곡이 등장인물 내면의 심리적 진실을 그리거나 상징적 공간의 병치를 통한 다초점의 시각을 도입하는 등, '절충적 사실주의'의 경향을 보인다고 설명한다.[26]

그는 서구 현대 드라마의 경향을 서사적 주체(Subjekt der epischen Form)

---

26   김방옥, 『한국 사실주의 희곡 연구』, 가나, 1988, 172~176쪽.

혹은 서사적 자아(epische Ich)[27]가 전제되기 시작하는 것으로 설명하는 페터 손디(Peter Szondi)의 입론에 기대어 이 시기의 작품들 역시 폐쇄적인 형식을 벗어나 개방적인 형태를 추구한 것으로 본다. 하지만 페터 손디의 입론은 고전주의 시대의 드라마의 절대성이 해체된 이후 입센부터 본격화되는 서구 현대 드라마의 제 양상을 광범위하게 설명하는 것이므로 이를 한국에 적용할 때에는 그 특수성을 예각화하지 못하는 한계를 지니게 된다. 물론 사실주의가 마치 고전주의 드라마처럼 폐쇄적인 극 형식을 지니고 있는 양식이므로 손디의 설명을 적용하여 그 폐쇄성에서 '벗어나고 있음'을 지적할 수는 있지만, 한국 전후연극에서 이루어진 '벗어남의 목적'에 대해서는 이렇다 할 설명을 제공하지 못하는 것이다. 그 결과 다분히 인상적인 차원에서 "작가가 삶을 보는 시각과 필연적 관계를 맺지 못한 채 피상적인 모방이나 실험에 그친 감이 있다"[28]는 평가가 내려진다.

이용찬 희곡에 대한 이승현의 연구도 비슷한 관점을 공유한다.[29] 그는 브레히트와 피스카토르의 서사극 이론에 비추어, 이용찬 희곡의 비사실주의적 기법인 플래시백(Flash Back), 해설자의 등장, 영상 활용의 의의를 평가한다. 그 결과 당시에 이들 기법은 분명 새로운 것이었지만 작가의 주제 의식은 가부장적 질서를 전제로 국가 이데올로기를 내면화한 것으로서 양자는 충돌하고 있다는 결론을 내린다.

이들 연구는 기법과 세계 인식의 관련성을 전제한다는 점에서 필자와 시각을 공유하지만, 그 구체성에 접근하는 방식에는 차이가 있다. 이

---

27 Peter Szondi, *Theorie des modernen Dramas*, Suhrkamp Verlag, 1956, p.13.

28 김방옥, 앞의 책, 176쪽.

29 이승현, 「1950년대 이용찬의 작가 의식과 형식 실험 연구」, 『어문학』 제121집, 한국어문학회, 2013.

들 연구에서는 작품이 전제하고 있는 세계관을 표면적으로 드러나는(혹은 독해의 결과로 부여되는) 주제 의식과 동일시한 후, 이를 기법과 비교한다. 그 과정에서 기법이 새로우면 주제 역시 새로워야 한다는 전제하에 층위가 다른 두 범주를 특별한 매개 없이 수평적으로 비교하고 있다. 이러한 독법은 정작 형식 및 기법이 시사하는 세계 인식의 내용을 읽어내지 못하는 결과를 낳는다.

가령 이용찬만 하더라도, 그가 선보인 새로운 기법들은 단선적인 시간에 따른 세계 인식이 더 이상 유용하지 않음을 전제하고 있다. 그 주된 이유는 등장인물의 자아 정체성을 고정된 것이 아니라 환경과 조건에 따라 유동적으로 변화하는 것으로 보기 때문이다. 이에 따라 등장인물이 대하는 진정한 세계란 자신의 정체성을 형성 혹은 유지하려는 등장인물의 내면적 싸움 속에 존재하게 된다. 이것이야말로 이용찬의 세계관이라 할 수 있다. 이러한 점은, 형식과 기법을 곧바로 표면적인 주제 의식에 관련짓기보다는 그것이 함의하고 있는 세계 인식의 내용에 관련시킬 필요성을 제기한다.

전후희곡의 특수성을 읽으려는 세 번째 연구로는 희곡을 하나의 담론체로 보고 전후 사회에 대한 대응 양상을 살피고 있는 박명진의 것이 있다.[30] 그의 연구에서 주목할 것은 소재적 접근에서 진일보하여 희곡 자체의 미학적 특성을 고려하고 있다는 점이다. 그가 희곡을 담론체로 보는 이유는 미학적 특성과 현실에 대한 대응 양자를 함께 고찰하기 위해서인데, 이를 위해서 그는 희곡의 형식적 특성이나 기법을 담론을 구성하기 위한 언표로서 분석하고 있다. 그의 연구는 희곡에 대한 드라마투르기적

---

30 박명진, 『한국 전후희곡의 담론과 주체구성』, 월인, 1999.

분석을 행하고 있다는 점에서 필자의 연구에 참고가 되지만, 두 가지의 아쉬움을 남긴다.

우선 희곡을 '수미일관한' 체계로 본다는 점이다. 곧 희곡의 내적 유기성을 전제하고 있는 것이다. 이러한 시각하에서 장면과 장면 사이의 뒤집기나 조명, 음향, 연기, 영상 등의 공연을 위한 기호들의 병치와 충돌은 온당한 평가를 받기 힘들다. 실제로 사실주의 계열의 작품보다 이에 벗어나는 실험적 작품들의 드라마투르기에 대한 그의 평가는 인색한 편이다. 그것을 미숙한 극작술의 소치로 보기 때문이다. 그러나 거칠어 보이는 기법들이 유기적 통일성이 아니라 다른 무엇을 지향했을 가능성은 충분히 있다.

두 번째 아쉬움은 희곡이 '단일한' 전언(message)을 구현한다고 본 것이다. 이러한 시각은 희곡을 폐쇄적인 완결성을 갖춘 것으로 상정하는 위의 분석 태도에 연결되어 있다. 한 편의 희곡은 이야기의 완결을 통해서 해석의 방향을 좁힐 수도 있지만, 이를 유보함으로써 오히려 다수의 해석 가능성을 제시할 수도 있다. 전후희곡의 거친 기법들은 전언의 단선성을 해체하기 위한 전략으로 읽힐 가능성이 있는 것이다.

이상의 연구들은 대상 작품에 대한 사조적, 양식적 규정을 내린 후에 분석을 행하는 공통점을 보인다. 그리고 구조의 유기성, 이야기의 완결성, 기법과 전언의 단선적 통일성을 평가의 기준으로 선택한다. 공연상의 효과를 소홀히 한 채 텍스트의 제 요소들을 그 내적 구조 속에서만 분석하고 있는 것이다.

하지만 연극의 사조와 양식, 형식과 기법등의 제반 특성은 관객과의 대면이라는 연극의 특수한 실현 계기 속에서 고찰할 필요가 있다. 그것은 관객과의 소통 과정에서 비로소 의미화되기 때문이다.

그런 점에서, 희곡이 상연을 위한 텍스트임을 재차 강조하면서, 텍스트의 감각적 요소들이 관객의 지각을 통해 지배 이데올로기에 대한 도전의 징후로 읽힐 수 있다고 보는 최근의 연구 경향은 주목을 요한다.

이여진[31]은 오학영 3부작이 연작 형태를 통해서, 가정-국가-법을 관통하며 관철되고 있는 지배 질서에 대해 교란과 해체의 전략을 구사하되, 의도적으로 특별한 대안 담론을 창조하지 않음으로써 오히려 관객들로 하여금 자신이 마주하고 있는 현실 사회의 획일성을 스스로 반문하게 한다고 설명한다. 그리고 이 과정에서 오브제와 시적 언어 등의 감각 재료들의 역할을 강조한다.

권두현[32]은 전후희곡에서 지배 담론에 대한 저항성을 발견하고자 한 그간의 연구가 오히려 희곡의 담론을 사회적 담론의 장에 귀속시킨 상태에서 진행되었다고 보고, 희곡의 저항 방식을 담론의 차원에서가 아니라 감각적 형상화의 차원에서 찾고자 한다. 그는 전후 사회의 모순이 '명랑'과 '우울'이라는 짝패 관계의 정서로 표출되었다고 전제한다. 그리고 이 정서들을 획일적으로 양분하여 가부장적 지배 질서를 유지하려 한 사회적 차원의 담론 통제의 기획에 대해, 전후희곡은 시공간 및 인물의 형상화에서 감각적 기호들을 통해 이 둘을 병치하거나 교착시킴으로써 적극적으로 저항했다고 평가한다.

조시연[33]은 진후희곡의 특이짐을 섹슈얼리티가 강조된 여성 인물들이

---

31 이여진, 「오학영 '삼부작'의 다성성 연구」, 서강대학교 석사학위 논문, 2008.

32 권두현, 「전후희곡의 명랑과 우울」, 동국대학교 석사학위 논문, 2007.

33 조서연, 「1950년대 희곡에 나타난 여성성 연구」, 서울대학교 석사학위 논문, 2011 ; 「전후희곡의 성적 '자유'와 젠더화의 균열」, 『한국극예술연구』 제40집, 한국극예술학회, 2013.

무대에 등장하여 남성 중심 서사에 균열을 일으킨 것으로 본다. 곧 표면적 플롯은 반윤리적 애정과 관련된 여성을 처벌하여 위기에 처한 가부장적 질서를 회복하는 서사를 갖추고 있지만, 정작 무대 위에서 강조된 섹슈얼리티는 연극적 스펙터클로서 관객의 주목을 이끌어내며, 이것이 가부장적 질서를 위반하는 신세대의 '자유' 담론에 감각적인 힘과 에너지를 부여하게 된다는 것이다.

이들 연구는 전후연극의 특성을 극적으로 재현된 이야기의 내용에서 찾지 않고 무대 위에 현시되는 지각적 오브제들에서 찾고 있다는 점에서 주목된다. 또한 관객의 능동적 역할을 전제하고 있는 점은 분명한 참고사항이다. 그러나 전후희곡의 중요 성격에서 간과한 부분이 있다.

권두현과 조서연은 관객들이 지각적 오브제를 통해 텍스트의 서사 전략에 귀속되지 않는 것으로서 명랑함과 섹슈얼리티를 감지하는 것으로 보며, 이여진은 텍스트의 현실 부정의 내용을 통해서 관객 스스로가 대안을 모색하는 것으로 관객의 역할을 지나치게 넓게 잡고 있다. 그러나 전후희곡에서는 이렇게 표면적 서사 전략 '이면' 혹은 '무의식'의 차원에 관객의 욕망을 내재시키거나, 현실에 대한 단순한 부정만을 행하는 것이 아니라, 의식적이며 구조적인 차원에서 관객과 특정한 의사소통 관계를 수립하려는 드라마투르기적 시도가 이루어졌다. 다시 말해, 지배적 가치관에 대한 저항 담론의 생성은 단순히 감각적 지각 재료의 측면에 국한되거나 관객에게 위임되지 않고, 분명한 목적의식 하에 형식과 기법의 차원에서 실행된 것이다. 최근 연구는 관객의 역할에 주목하고 있지만, 그 역할의 범위를 다소 넓게 잡고 있으며 텍스트가 취하고 있는 소통 구조에 대한 분석을 결여하고 있다고 할 수 있다.

전후연극에서 이루어진 재현주의에서의 탈피가 관객과의 새로운 소통 전략의 모색, 그리고 텍스트와 상연의 개방적인 관계 모색에 관련된다면 그 구체적인 양상을 고찰하기 위해서는 공연에 대한 분석이 필수적이다. 그러나 한국 근현대 연극에 대한 연구 일반의 동향과 마찬가지로, 이 시기 공연에 대한 연구는 대단히 부족한 상황이다.

최근 10년 사이 공연의 독자적인 영역과 그 요소들에 대한 관심이 증대되면서 연기, 연출, 무대미술 등에 대한 연구들이 등장했다. 하지만 각 분야의 발전 과정에 대한 사적 서술[34]이나 특정 예술가에 대한 전기적 연구,[35] 그리고 한국 연극사 전체에 대한 기술[36]의 형태로 진행된 결과 전반적으로 사적 개관의 수준에 머물고 있다. 이들의 연구에서 전후연극의 내용은 간략하게 언급되고 있는데, 주로 극단 신극협의회(이하 신협) 활동을 정리하고, 전후에 새롭게 등장한 소극장 운동에 대해 그 운동 주체인 동인제 극단과 공연 목록을 소개하는 정도에 그치는 형편이다.

최근 전후연극의 시기에 한정해서 공연 요소의 하나인 연기만을 대상으로 한 연구가 이루어졌다. 노승희[37]는 1950년대 중반 미국 시찰 이후 이해랑의 연기론의 변화와 그 실천 양상을 점검하고, 전후 이해랑이 주창한 '내적 진실' 개념이란 사실상 관객에 대한 감정적 설득과 공감을 여전

---

34 김방옥, 「한국연극의 사실주의적 연기론 연구」, 『한국연극학』 22집, 한국연극학회, 2004 ; 김징수, 「한국 연극 연기에 있어서 화술 표현의 변천양태 연구 : 1900년대부터 1970년대까지」, 동국대학교 박사학위 논문, 2007 ; 박성희, 「한국 근대극 무대미술의 발전 양상 연구(1902~1950)」, 한양대학교 박사학위 논문, 2012.

35 신현주, 「배우 김동원 연구」, 동국대학교 석사학위 논문, 1998.

36 한국 근 · 현대 연극 100년사 편찬위원회 편, 『한국 근 · 현대 연극 100년사』, 집문당, 2009.

37 노승희, 「이해랑의 낭만적 사실주의 연기술의 정착과정 연구—'내적 진실' 개념의 변용과정과 관련하여」, 『한국극예술연구』 제33집, 한국극예술학회, 2011.

한 주안점으로 삼았던 이전의 연기 관습에서 미온적인 변화만을 보인 것으로 판단한다. 그러나 이 경우에도 신협을 대표했던 이해랑의 연기 인식과 실천 양상을 점검한다는 점에서 전후연극의 제반 현상을 포괄하지는 못한다.

이들 연구들은 전후연극을 기술적(技術的, technical), 발전론적 관점에서 바라보면서 그 양상을 신협을 통해 점검하고 있다. 신협은 전쟁과 전후 사회를 관통하며 지속적인 활동을 펼친 유일한 극단으로서 1950년대 한국 연극을 대표한다. 또한 신협은 극예술연구회, 동경학생예술좌, 극예술협회 후신의 성격을 지니므로 한국 신극의 계보를 잇는 단체라 할 수 있다. 그러므로 신협의 활동 내용은 한국 근대 연극의 미학과 관행의 변천을 살펴보기 위한 일차적인 연구 대상이라 할 수 있다. 그러나 전후연극의 새로움에 주목하기 위해서는 신협의 활동을 발전사적 맥락에서 보기보다는 일정한 한계를 노정한 것으로 바라볼 필요가 있다.

그런 점에서 김옥란[38]의 시각은 주목할 만하다. 김옥란은 1950년대 신협의 공연을 재구하면서, 문화적 지형이 변화함에 따라 이전의 관습을 유지하던 신협의 공연물이 관객에 대한 설득력을 잃어갔다고 설명한다. 이러한 설명은 전후연극이 단선적 발전의 과정이 아니라 역동적인 굴곡의 장이었음을 시사한다. 그러나 연구의 주목적이 대중문화의 지형 변화를 통해서 신협의 성공 요인과 한계를 짚어내는 것이어서 전후연극에 이루어진 공연미학의 전반적인 질적 변화를 확인하고자 하는 이 책의 목적과는 거리가 있다.

---

38 김옥란, 「1950년대 연극과 신협의 위치」, 『한국문학연구』 제34집, 동국대학교 한국문학연구소, 2008.

전후연극의 더욱 도전적인 측면을 조명하기 위해서는 새로운 연극 주체들의 공연 내용에 주목할 필요가 있다. 희곡 연구에서 전후에 등장한 신인 극작가들의 작품이 주요 분석 대상이 되는 것과는 달리, 전후연극에 새롭게 등장한 동인제 극단과 그들의 소극장 운동에 대한 연구로는 정호순의 것이 유일하다.[39] 정호순은 소극장 운동의 전개를 개관하고 그 물적 토대로서 원각사의 중요성을 설명한다. 실증적인 조사를 통해서 소극장 원각사의 규모와 설비, 그리고 그곳에서 공연된 작품 목록 및 단체명 등의 정보를 제공한 것은 초기 연구로서의 미덕이라 할 수 있다. 그러나 공연 내용에 대한 자세한 고찰은 결여하고 있다. 그 결과 소극장 운동에 대한 의미 부여 역시 전후연극을 바라보는 일반적인 시각 안에서 인상적인 차원으로 이루어진다. 1950년대 소극장 운동은 "본격적인 현대극 실험이 이루어진 1960년대의 토대가 되었다"[40]는 것이다.

이상에서 살펴본 것처럼 신협 외의 전후연극의 공연 내용은 거의 다루어진 바가 없으며, 공연미학의 변화에 대한 연구 역시 이루어지지 못했다.

기존의 연구에서 희곡과 공연 양자에 걸쳐 전후연극의 실험에 대해 인색한 평가가 이루어진 것은 그것이 낮은 완성도를 보인다는 판단에 기인한다. 이것은 실험의 역동성에 주목하지 못한 결과라 할 수 있다. "실험이란 미지의 영역에 약탈을 시도하는 것이고, 그 약탈 사건 후에 비로소 확실한 이해가 되는 것"[41]이라 할 때, 완성도에 앞서 기존의 미학에 도전했던 내용이 무엇이었는가를 먼저 알아볼 필요가 있다. 그럴 때에 실험의

---

39 정호순, 「1950년대 소극장 운동과 원각사」, 『한국극예술연구』 제12집, 한국극예술학회, 2000.

40 정호순, 앞의 논문, 98쪽.

41 J. R. Evans, 『실험연극론(Experimental Theatre)』, 심우성 역, 봉문선, 1989, 15쪽.

의미가 평가될 수 있을 것이다. 그러나 '실험적'이라는 수사를 통해 전후연극에 관대한 시선을 가질 필요는 없을 것이다. 하지만 생경해 보이는 기법과 형식이 오히려 전후연극의 적극적인 선택이며, 이를 통해 논리적인 드라마투르기를 실현했을 가능성에 주목해 볼 필요가 있는 것이다.

3. 상호적 의사소통으로서의 연극

라틴어 'repraesentatio'를 어원으로 하는 '재현(representation)'의 기본적인 의미는 '다시 현전(現前)케 하는 것'이다. 이러한 'representation'은 인식론에서는 '표상'으로, 미학에서는 '재현'으로, 정치철학에서는 '대의', '대표'로 번역되는데, 이것은 모두 현전하는 것에 앞서 그것의 진정한 실체가 따로 있음을 전제한다는 점에서 공통적이다.[42] 그런데 이와 같은 공통점에도 불구하고 이 용어가 위의 각 분야에서 다르게 번역되는 것은 단순히 상이한 분야에서의 용어 선택의 차이 때문이 아니라, 실체와 그것이 다시 현전한 결과물 사이의 관계에 대해 상이한 이해가 관련되어 있기 때문이다.

표상으로 번역되는 경우, 그것은 하나의 존재론적 실체가 인간의 인식의 대상으로 치환되었음을 의미한다.[43] 데카르트(René Descartes)처럼 인간이 자신을 인식의 주체로 이해할 때, 세계 안의 모든 것은 인식의 '대상'으로 설정되며, 주체의 기준에 따라 측정되고 계산될 수 있는 것이 된

---

42   채운, 앞의 책, 28~35쪽 참조.
43   박이문, 『예술철학』, 문학과지성사, 1983, 26쪽.

다.[44] 표상-재현을 통해서 실체는 '객체화된 대상'으로 치환되며, 인간은 이를 대하는 주체가 되는 것이다. 이 과정에서 실체에 대한 이해라는 전통적인 진리 개념은 '인식의 보편성'이라는 인식론의 문제로 바뀌게 된다. 인식의 보편성을 위해서 표상은 실체에 대해 '투명한' 재현이 이루어진 것이어야 한다. 이 재현의 투명성이 확보될 때, 표상은 '객체'라는 지위를 얻게 되는 것이다. 표상으로서 '재현된 것'은 실체에 대한 결핍된 대리물이지만 재현의 투명성을 지향한다는 점에서 인간 인식의 '객체'가 되는 것이다.

재현으로 번역될 때 representation은 실체의 투명한 대리물이 아니라 실체와 그것에 대한 사유 내용 사이의 상호 매개의 결과물로 이해된다. 그것은 세계에 대한 직접적 대리물이 아니라 인간의 지성에 의해 탈자연화되고 가치 부여된 결과물이다. 곧 그것은 실체가 객관화된 것이 아니라 재현 주체의 반성적 재구성의 결과라 할 수 있다.[45] 그러므로 재현을 통한 지식 추구란 사물에 대한 객관적인 지식 체계의 축적이 아니라 반성적 사유 내용의 획득을 가리키게 된다. 이러한 재현은 실재하며 가시적인 것에 사유을 개입시켜 특수하게 형태화할 뿐만 아니라, 형이상학의 대상까지도 감각적인 방식으로 표현하려 한다. 모방적 미메시스에 대한 플라톤(Plátōn)의 혐오와 비극에 대한 아리스토텔레스(Aristoteles)의 옹호는 이 지점에 대한 각기 다른 반응이라 할 수 있다.

'대표', '대의'로 번역될 때에는 기본적으로 '물리적 수단을 통한 정신

44 신승환, 「메트릭스적 상황에서 인간의 실존」, 『문학과 경계』 제12호, 문학과경계사, 2004, 78쪽.

45 최연희, 「재현」, 미학대계간행회, 『미학의 문제와 방법』, 서울대학교 출판부, 2007, 234~239 참조.

의 현시'라는 의미를 가진다. 종교의 영역에서 사제는 신의 권위를 현현케 하는 존재이며, 대의정치에서 정치 기관들은 주권자의 뜻을 대리한다. 이렇게 보면 종교 의례나 정치적 퍼포먼스는 재현의 축제라 할 수 있다. 헤겔(G. W. F. Hegel)의 '세계정신의 자기 현시'나 마르크스(Karl Marx)의 '이데올로기의 사회적 재현' 역시 이러한 재현 개념을 바탕으로 하고 있다.[46] 이때 실체는 재현 행위자의 구체적 행위 속에서 재현될 수 있지만, 재현의 행위 속에서 변형되지 않는 것, 혹은 변형되어서는 안 되는 것으로 이해된다. 유대교의 전통에서 신의 재현을 표상으로 이해하는 것을 우상이라 하여 경계하는 것은 이러한 이유에서라고 할 수 있다.

최근에 현전하는 것에 그 원본을 상정하는 재현 개념에 대한 회의와 비판이 제기되었다. 데리다(J. Derrida)에게 재현은 결코 미리 존재하는 것의 반복이 아니다. 그에 의하면 그 '무엇'은 결코 현전할 수 없으며, 무언가를 재현한다고 생각되는 기호들은 사실상 차연(différance)에 의해 무한히 펼쳐지고 있을 뿐이다.[47] 들뢰즈(Gilles Deleuze) 역시, 원본과의 유사성을 상실한 시뮬라크르(simulacre)를 비판하고 이데아(Idea)의 우의를 주장했던 플라톤과는 달리, '사건의 존재론'을 통해 예술의 가치를 옹호한다. 그에게 있어 예술이란 원본과의 절연을 통해 존재하는 시뮬라크르의 하나이다.[48] 그런가 하면, 장 보드리야르(Jean Baudrillard)는 원본의 실재 자체를 의문시한다. 그는, 자체의 논리 안에서 파생을 거듭하는 시뮬라시옹(Simulation)의 하이퍼리얼리티(Hyper-Reality)란 '재현할 실재가 사라진

---

46 Georg Lichtheim, 『마르크스에서 헤겔로』, 김대웅 · 정현철 역, 문학과지성사, 1987, 24쪽.

47 Jacques Derrida, 『해체』, 김보현 역, 문예출판사, 1996, 278~279쪽.

48 이정우, 『사건의 철학』, 그린비출판사, 2011, 59~79쪽.

재현, 그러나 실재보다 더 실재다운 재현'이라고 주장한다. 여기에서 실재와 재현의 관계는 역전된다.[49] 이러한 입장에서 예술은 재현의 결과물에서 벗어나 특별한 존재론적 위상을 가진다고 할 수 있다.

한국의 근대 연극은 표현 대상으로서 무대 밖의 실체를 전제한다는 점에서 전통적 재현 개념을 연극의 예술성에 대한 근거로 삼아왔다고 할 수 있다. 특히 사실성의 구현을 창작 방법으로 삼음으로써 객관적으로 존재하는 실체에 대한 '투명한' 재현이라는 태도를 취했다. 그러므로 무대 위 재현의 결과물에 대한 이해는 곧 그것이 반영하고자 한 대상에 대한 이해에 직결되는 것이었다. 그것은 관객에게 재현 대상을 대할 때와 유사한 인지적 체험을 제공함으로써 별다른 노력 없이 재현 대상을 인지하게 하는 방법이라 할 수 있다. 이처럼 사실성에 대한 지향이 강했던 이유는 그것이 전통 연극과의 변별성을 드러낼 수 있는 근대 연극의 속성으로 이해되었기 때문이다. 그런 점에서 완성도 높은 사실적 재현의 성취는 '신극'[50] 정신의 구현으로 이해되기도 했다.

---

49 Jean Baudrillard, 『시뮬라시옹』, 하태환 역, 민음사, 2002, 12~15쪽.

50 한국에서 '신극'이라는 용어는 '새로운 연극'과 '근대극'의 이중의 의미로 혼용되었다. 이 용어의 축자적 의미는 '새로운 연극'이다. 그러나 개화기의 '신연극', 1910년대 '신파극'도 같은 의미를 가짐에 따라 '신극'은 시기적이며 가치 부여적인 맥락 속에서 그 변별성을 띠게 된다. 신연극이 창극을 가리키기 위해 개화기에 사용되었으며, 신파극이 일본 신파극을 모태로 한 연극 형태를 지칭하기 위해 1910년대에 출현했다면, 신극은 1920년대 이후 서구 근대극의 수용을 강하게 의식하면서 본격적으로 사용된 용어이다. 이후 극예술연구회가 '신극'이라는 용어를 전유하면서, 그것은 막연하게 근대극을 지칭하고 신파극은 감상성을 목적으로 하는 멜로드라마를 지칭하는 것으로 전용(轉用)되었다. 그러므로 식민지 시대에 관습적으로 사용된 '신극'이라는 용어는 엄밀하게 '근대극'의 의미로 사용된 것이라기보다는 예술로서의 연극 행위의 자의식을 드러내기 위해 담론적 차원에서 사용된

물론 연극 실천에는 언제나 창작 주체의 사유가 개입되는 것으로서 연극은 '표상'으로서 현실 자체의 대리물이거나 '대의'으로서의 연극 정신과 주제 전달의 매체인 것만은 아니다. 그것은 사유가 매개되어 제시되는 감각적 실체이다. 그러나 한국의 근대 연극에서는 사유의 매개성이 무대라는 특수한 여건에 알맞게 사실성을 조정하는 것 이외의 방법으로 제시되지는 못했다. 이에 반해 전후연극에서는 재현 과정에 개입하는 사유의 내용이 작품의 구조에서 형태화되는 양상이 드러나는 것이다.

기존의 연구에서는 사실성에 초점을 맞추어 '사실주의'를 한국 근대극의 전통으로 지칭해왔다. 이때에는 전후연극에서 비사실주의 내지 반사실주의 사조가 출현한 것으로 이해된다. 하지만 특정한 세계관 내지 양식을 가리키는 사실주의라는 용어를 통한 이해는 한국 근대극에서 재현 미학의 폭을 한정함으로써, 자칫 그 광범위한 실천 양상을 가릴 위험이 있다.

우선, 양식 개념으로서의 사실주의를 한국 근대극의 주요 흐름으로 파악할 경우, 1910년대 신파극, 그리고 사실주의와 동시대에 공존했던 멜로드라마[51]의 사실적 재현의 성격은 여기에서 제외된다. 사실상 사실주의

것이라고 할 수 있다. 식민지 시대 '신극' 개념의 자의성에 대해서는 양승국, 『한국근대연극비평사연구』, 태학사, 1996, 21~39쪽 참조.

51 이 책에서 '신파극'은 일본에서 유입된 특정 연극 양식을 지칭하는 것으로서 시기적으로는 1910년대 한국 무대에서 상연된 공연물들을 가리킨다. 감상성을 주요 미학으로 삼는 한국적 멜로드라마를 지칭하는 데에 사용된 신파극이라는 용어는 오랫동안 남용되어오면서 그 외연이 확장되었으며, 그 결과 지시 대상이 모호해진 상태라 할 수 있다. 이러한 용어로서 '신파극'은 대중적 흥행성을 염두에 둔 태도를 폄하하기 위한 것이라 할 수 있다. 이 책에서는 불필요한 평가절하를 피하고 양식적 특징을 드러내기 위해 감상성을 주요 미학으로 삼는 공연물들을 멜로드

를 근대극과 동일시하고 그것을 한국 연극의 주요 흐름으로 파악하는 것은 신극 운동의 주체들이 자신의 연극을 근대적인 것으로 특권화하기 위해 택한 설명의 구도라 할 수 있다. 물론 1920~30년대에 걸쳐 사실주의 희곡이 활발하게 창작되었고 1930년대 극예술연구회(이하 극연)가 희곡과 공연에서 사실주의 양식 실천을 근대극 운동의 실천 방법으로 설정하기도 했다. 그러나 사실주의 극작을 대표했던 유치진이 로맨티시즘으로 선회하고, 극연이 '관중 본위'와 전문극단론을 내세워 사실상 직업 극단으로서의 활동을 시작한[52] 1930년대 중반 이후에는 사실주의로 대변되는 신극과 신파극이라 지칭된 멜로드라마의 차이란 크지 않다. 당시 극연은 공연 레퍼토리에서도 대중성을 지향했는데,[53] 극연의 제2기 활동을 지켜본 후 제기된 신불출의 극연 비판은 양자가 공연미학에서도 큰 차이가 없었음을 알려준다.

> 신극 단체가 흥행극단의 연극을 연극 아니로 보는 이유의 하나로 흥행극단의 연출법은 모두 일본 내지 신파식이라고 하는 점에 있는 것이니 그러면 흥행극단은 신파식인 연출법으로나 연극을 해왔겠지만 신극 단체인 극단은 대체 무슨 식 연출법으로다가 연극을 해왔었다는 말인가?
>
> **만일 청춘좌를 흥행극단이라고 할 것 같으면 흥행극단인 청춘좌 배우들의 억양과 표정 동작과, 신극 단체라는 극연 배우들의 억양과 표정, 동작이 얼마나 한 다른 차이를 가지고 있단 말인가?**[54]

라마로 칭한다.

52   양승국, 위의 책, 188~203쪽.

53   이상우, 「극예술연구회에 대한 연구」, 『유치진 연구』, 태학사, 1997, 294~305쪽.

54   신불출, 「'낙예술협회'에 보내는 공개장」, 『삼천리』 81, 1937.1. 양승국 편, 『한국근

1984년에 연출가 정진수는 한국 근대극 공연에서 사실주의 성취에 의문을 제기한다.[55] 특히 연기, 연출, 무대장치 등 공연 요소와 공연 제작 방식에 초점을 맞추어서, 한국 근대극의 성립 근거로 자주 제시되는 사실주의 연극이란 사실상 서구 근대극 이전 낭만주의 시대의 극장적 양태와 일치한다고 지적한다. 그는 낭만주의와 사실주의는 그 이념에서 적대적일지라도 환영(illusionism)의 성취에서는 상호 보완적이었으며, 무대 요소의 사실화 경향이 사실주의 등장 이전 낭만주의 시대에 이미 이루어졌다고 설명한다. 즉 실물 장치가 등장하여 무대장치가 입체화되었고, 고전주의의 보편성 대신에 개별성에 대한 관심이 증대되면서 '사적(史的) 정확성(historical accuracy)'이 생겨났으며, 사실성에 대한 관심은 음향, 효과, 기계의 발달, 박스석 철폐 등의 극장 구조의 변화로 이어졌고, 연기에 있어서도 초기의 지나친 양식화 연기가 수정되면서 19세기 중엽에는 한층 자연스러운 연기가 실천되었다는 것이다. 이러한 점을 들어 그는 식민지 시대 한국 연극에서 사실성에 대한 추구가 있었다면 그것은 "사실주의(realism)로의 사실화라기보다 '낭만주의(romanticism)'로의 사실화 경향"[56]이라고 판단한다.

노승희 역시 한국 근대극의 사실주의 실현에 의문을 품는다. 노승희는 사실주의 연극을 제4의 벽을 전제로 '환경으로서의 장치' 안에서 삶을 재현하는 것으로 보고, 이와 구분하여 '사실적 환영주의 무대'란 사실적 묘사의 배경화 앞에서 전시적인 연기를 보이는 형태라고 설명한다. 그리고

대연극영화비평자료집』, 태동, 1991, 239~240쪽에서 재인용.

55 정진수, 「서구연극의 수용과 변용—극장적 측면을 중심으로」, 『한국연극』 1984.12.

56 위의 논문, 36쪽.

한국 근대극의 공연미학이 "대극장 중심의 공연 형식, 국민연극 시기 역사극의 낭만적 요소의 확대, 프롬프터의 지속적 존재와 소란스런 관극 관행 등"의 "낭만주의 무대 관행을 지속"[57]시켜왔다고 본다.

이들은 한국 근대극의 공연 양상을 서구의 낭만주의 시대와 유사한 것으로 판단한다. 한국 연극의 실천 양상을 서구 연극사와의 단순히 비교해서 파악할 수는 없는 것이지만, 부분적인 사실성을 사실주의와 동일시하고, 나아가 한국 근대극의 흐름을 사실주의와 동일시하는 것에 대한 문제 제기는 유의할 만하다.

다음으로, 사실주의를 하나의 세계관으로서 넓은 의미로 이해하는 경우에도 한국 연극의 구체적 실천 양태 속에서 그 범위를 확장하기란 쉽지 않다. 세계관으로서의 사실주의는 보편적 진리를 얻기 위한 근거로서 객관적 현실의 존재와 그 법칙성을 전제하는 태도라고 할 수 있다.[58] 아마도 1920~30년대 창작된 사실주의 희곡과 그 공연은 이러한 범주에 포함될 수 있을 것이다. 그러나 그것은 자주 선악 구도를 취함으로써 멜로드라마적 세계관을 노정했고, 1930년대 중반 이후 식민지 통치 기구의 검열이 강화되고 대동아 공영권의 이념을 선전하기 위한 국민연극의 강제를 받으면서 객관적 현실 인식을 노리는 창작 태도는 크게 후퇴했다. 물론 사실주의 희곡은 식민지 시대와 해방기까지 빈번히 창작되었고 일정한 성과를 보였지만 그것이 한국 근대극의 주요한 세계 인식이었는가에 대해서는 재고의 여지가 있는 것이다.

---

57   노승희, 「이해랑의 낭만적 사실주의 연기술의 정착과정 연구」, 『한국극예술연구』 제33집, 한국극예술학회, 2011, 86~87쪽.

58   György Lukács, 「예술과 객관적 진리」, 이춘길 편역, 『리얼리즘 미학의 기초이론』, 안실사, 1989, 43쪽.

이처럼 사실주의의 개념은 양식과 세계관 어느 층위에서나 한국 근대극의 지형을 쉽사리 포괄하지 못한다. 이러한 점에 주목하여 극연에 참가했고 신극 운동의 주체이기도 했던 서항석은 오히려 한국 근대극의 주된 흐름을 다음과 같이 지적한다.

> 연극을 보아옴에 있어서 종래의 논자들이 대개 흥행극을 도외시한 것과는 달리 본인은 도리어 중점을 흥행극에 두려고 하였다. **그것은 간헐적으로 나타난 연구극, 경향극, 중간극, 학생극보다도 직업적, 전문적으로 연중무휴의 활동을 지속한 흥행극이야말로 한국연극의 주류를 형성하는 것이라고 보아지기 때문이다.**
> 연구극, 경향극, 학생극은 이 주류에 대하여 때로는 교차하고 때로는 반발하면서 한국연극을 더욱 살찌우게 하고 더욱 향상하게 하는 데에 아비지하였을 따름이라고 생각되어서였다.[59]

이와 같은 사정을 감안한다면, 전후연극 이전 한국 연극의 재현의 성격을 사실주의에 귀속시켜 이해하기보다는 그것을 하나의 시대적 패러다임으로 바라볼 필요가 있다. 그럴 때에 전후연극의 변별성과 중요성이 포착될 수 있을 것이다.

이를 위해서, 달라진 시대에서 연극은 사실적 재현이 아닌 특수한 모방의 방식을 통해서만 세계상을 '실제적으로' 반영할 수 있다고 본 브레히트의 연극론을 참고할 필요가 있다. 브레히트는 새로운 모방이 필요한 이유를 가공할 생산성을 보이는 과학의 시대가 도래했다는 점에서 찾는다. 이러한 시대에 연극은 특수한 오락이 되어야 하는데, 이때의 오락이란 관

---

59 서항석, 「한국연극사(제2기)」, 『예술논문집』 제17집, 예술원, 1978, 226쪽.

객이 "생산성의 위대한 방법의 하나인 비판을 즐거움으로 삼으면서,"[60] "그들의 생각대로 변경할 수 있도록 세계를 그들의 마음에 맡기"는 지적 활동을 하는 것을 말한다.[61] 여기에서 "세계를 지배 가능한 것으로 그려내는 것은 틀림없이 '예술'이 해야 할 일"[62]이라는 연극에 대한 그의 유명한 선언이 도출된다.

이 명제가 마르크시즘을 토대로 이루어졌다는 것은 주지의 사실이다. 또한 여기에는 파시즘과의 투쟁이 시급한 과제였던 독일의 정치적 상황이 놓여 있다는 것도 충분히 지적되어 왔다. 이러한 이유로 한국 연극에서 브레히트의 연극론은 자주 반파시즘 투쟁이나 자본주의 이데올로기의 해체를 그 내용으로 하는 작품의 분석에 원용되곤 했다.[63]

그러나 그의 연극론의 심층에는 관객이 표현의 결과물에 자신의 인식을 귀속시키는 것이 아니라, 그것을 단지 재료로 삼으면서 현실에 대한 자신의 인식을 구성해나가야 한다는 그의 제안이 있다. 그에 의하면 세계를 반영하는 데에 그것이 더욱 '실제적'인데, 그 이유는 세계가 사실상 고정된 것이 아니며 대단한 속도로 변화하고 있기 때문이다. 그러므로 연극에서 진정한 세계 반영이란 실체로서의 대상을 전제하고 그것을 재현하는 것이 아니라 관객이 무대에서 벌어지는 사건을 여러 가능성 중의 하나

---

60 B. Brecht, 「연극을 위한 소지침서」, 김기선 역, 『서사극 이론』, 한마당, 1992, 314쪽.

61 B. Brecht, 위의 글, 312쪽.

62 B. Brecht, 「세계를 지배할 수 있는 것으로 보여주는 예술」, 위의 책, 30쪽.

63 1970~80년대 왕성하게 전개된 마당극의 성격을 서사극을 빌려 설명하려는 것이 대표적이다. 한국에서의 브레히트 수용 역시 이러한 맥락에서 고찰되었다. 장미진, 「70년대 한국 연극계에서의 브레히트 수용」, 『브레히트와 현대연극』 제12집, 한국브레히트학회, 2004.

가 잠정적으로 실현된 것으로 바라볼 수 있도록 특수한 형태로 제시하는 것이 된다. 이때 연극의 형태는 고정된 것이 아니라 현실 사회의 변천에 따라 새롭게 조직되어야 하는 것이며, 또한 관객은 이를 통해 현실을 변화 가능한 것으로 사유함으로써 이 변화에 대해 주도적인 입장을 취하게 된다. 연극의 진정한 세계 반영이란 연극과 세계 사이에 이와 같은 변증법적 관계 수립에 놓이는 것이다. 이것이야말로 표면적인 반자본주의적 주제 의식의 심층에 있는 그의 예술관이라 할 수 있다.[64]

이러한 입장에서 브레히트는 '서사극'이라는 용어마저도 상대화한다. 서사극이라는 용어가 세계와 연극 형식 간의 관계를 부각시키기보다는 특정한 연극 형태와 그 기법을 환기하면서 고정된 실체를 지칭하는 것으로 오용되었기 때문이다.[65] 그의 이러한 태도는 그의 이론을 구체적인 작품분석에 적용할 때에도 염두에 두어야 할 점이다. 특정 작품에서 서사극적 기법을 확인하고 이를 근거로 '서사극'으로서 성취 여부를 따져보는 것은 경계해야 할 일인 것이다. 이 점이 그간의 연구에서 전후연극에 대해 단순한 실험 이상의 의미를 부여하지 못한 이유이기도 한 것이다.

브레히트의 연극론에서 특히 주목되는 부분은 현실에 대한 연극의 특수한 반영에서, 관객의 존재 및 역할이 핵심 사항이 되었다는 점이다. 이는 전후연극에서 새로운 기법과 형식이 등장한 이유와 그 성격을 설명하

---

64 마리안네 캐스팅은 브레히트 평전에서 이렇게 말한다. "철학적으로 확장된 브레히트의 마르크스주의는 특정한 어느 목표를 위해 '세계의 변화'를 추구하지 않고, 변증법적으로 다시 변화의 변화, 사물들의 부단한 유동 상태, 끊임없는 추구, 끊임없는 사고를 표방했다." Marianne kesting, 『브레히트와 만나다』, 홍승용 역, 한마당, 1992, 77쪽.

65 B. Brecht, 「소지침서 후기」, 앞의 책, 341쪽 ; 「서사극과 변증법적 연극」, 같은 책, 405~407쪽.

는 데에 기본 시각을 제공한다.

　이와 함께 그가 재현/비재현의 이분법적 구도에서 사고하는 것이 아니라 그 구도 자체를 교란시키고 있다는 점은, 사실적 재현의 표현법이 잔존한 상태에서 탈재현주의적 미학을 지향한 전후연극의 양상을 이해하는 데에 유용한 참고가 된다.

　브레히트는 사실성을 표현의 문제와 분리시켜 오히려 인식의 내용과 결부시킨다. 그는 서구의 전체 연극사에서 재현이 관객의 즐거움이 되지 않았음을 역설하고, 근대 사실주의 연극이 관객의 즐거움을 오히려 감소시켰다고 주장한다.[66] 그리고 연극에서 관객이 관심을 느끼는 사실성이란 재현의 충실성에 있는 것이 아니라, 현실에 대한 연극적 변형이 관객의 통찰과 일치할 때 발생한다고 설명한다. 거꾸로 말하면, 관객이 현실에 대한 사실적 재현을 승인하다가 정작 현실에 대한 이해가 난관에 부딪힐 때 그 연극은 오히려 비사실적이 되는 것이다.[67]

　브레히트는 특수한 모방을 실천하기 위한 구체적인 방안을 특별한 줄거리(Fabel)의 구성에서 찾는다. 그는 연극이 모방(mimesis)의 형식이라는 점을 승인하며, "줄거리는 아리스토텔레스의 말에 의하면—우리도 마찬가지 의견이지만—드라마의 영혼"[68]이라고 말한다.[69] 하지만 아리스토텔

66　B. Brecht, 「연극을 위한 소지침시」, 위의 책, 307쪽.

67　B. Brecht, 위의 글, 339쪽.

68　B. Brecht, 위의 글, 309쪽.

69　그런 점에서 레만은 아리스토텔레스와의 결별을 선언한 브레히트의 연극 역시 여전히 표현의 대상을 무대 밖에 두는 모방(mimesis)의 전통과 이를 실현하기 위해 줄거리(Fabel)를 구현하는 서구의 연극 전통 위에 있다고 보고, 실제적인 것의 난입을 통해 모방의 대상을 제거하며, 서사의 해체와 현상학적 현존을 통해 유일무이한 사건으로의 공연을 기획하는 포스트드라마적 현상과 구분한다. Hans-Thies

레스가 줄거리의 조직에서 인과관계를 기본 원리로 내세워 개연성과 유기성을 획득할 것을 제안한 것과는 달리, 오히려 "뜯어 맞추어진 것"[70]으로서 인위성을 드러내야 한다고 제안한다. 이처럼 브레히트에게 모방이란 변형의 행위이며 줄거리는 바로 그 변형의 이유를 가시화하고 그것에 관객의 초점을 모을 수 있는 수단이다.

이 지점에서 그는 구체적 표현 방법에서의 재현/비재현의 구도를 넘어선다. 어떠한 표현이 재현적인가의 여부가 아니라, 그것이 관객의 주체적 사유에 관여하느냐 아닌가가 기준인 셈이다. 그런 점에서 브레히트는 재현적 표현을 활용하면서 그것을 정지시킬 때에도 '생소화 효과(Verfremdunseffekt)'가 발생할 수 있음을 지적한다.

이와 같은 브레히트의 연극론은 사실적 재현과 그것에서의 이탈의 양상이 한 작품 안에서 다양하게 혼재하는 전후연극의 특징을 이해하는 데에 도움이 된다. 전후연극에서는 전체적으로 사실적 재현의 문법을 충실히 따르다가도 이를 정지시키는 기법이 활용되었다. 또한 연극의 표현 요소들이 사실성이 아닌, 자신의 표현 논리를 따라 결합되어야 한다는 인식이 싹텄다. 이러한 기법과 인식이 브레히트가 지향한 것처럼 사회경제적 모순을 드러내는 것은 아니지만, 브레히트가 전제한 것처럼 대상에 대한

Lehmann, 『포스트드라마 연극』, 김기란 역, 현대미학사, 2013, 61~62쪽. 한편 파비스에 의하면 베케트(Samuel Beckett)는 그 사이에서 "드라마적 문학과 추상적이고 비-상징적인 무대적 실천 사이에서 일종의 전환을 이끌어낸다"(Patrice Pavis, 「포스트드라마 연극에 대한 고찰들」, 목정원 역, 김형기 외, 『포스트드라마 연극의 미학』, 푸른사상사, 2011, 294쪽). 이와 같은 서구 연극사의 흐름은 한국의 전후, 1960년대, 그리고 1970년대에 이르는 연극의 흐름에 일정 정도 조응 관계를 맺고 있다고 할 수 있다.

70   B. Brecht, 앞의 글, 343쪽.

새로운 인식에 관객의 역할을 인정하고 있었다고 할 수 있다.

브레히트적 시각을 취할 때, 희곡과 공연의 구체적인 분석을 위해서는 그것을 특정한 소통 전략의 산물로 바라볼 필요가 있다. 이는 '무엇'을 표현하는가와 함께, 무대-객석의 대면이라는 특수한 상황에서 '어떤' 소통을 기획하고 있는가에 주목한다는 것을 뜻한다. 이를 위해서는 연극을 의사소통(communication)을 위한 기호들을 결합으로 보고 있는 연극기호학적 분석 방법을 원용할 수 있다.

연극기호학에서는 연극을 복수의 발신자, 동일한 장소에 모여 있는 수신자, 일련의 약호들과 전언으로 구성되는 의사소통의 체계로 바라본다.[71] 이러한 의사소통이 단순한 정보의 전달이나, 일방적인 의미의 전달인 것은 아니다. 위베르스펠트(Anne Ubersfeld)에 의하면 연극의 기호란 "인지와 사유 효과는 물론이고 감정적/혹은 신체적 반응까지 산출하는 자극물(stimulus)"[72]이기 때문이다. 그런 점에서 연극의 의사소통의 재료는 "무대 위에 구축되는 기호들과 감각들의 두께"[73]이다. 특정 공연에의 효과란 이러한 기호들의 종류와, 그것이 형성한 소통 체계, 그리고 이 체계를 매개로 이루어지는 무대-객석 간의 상호작용 속에서 발현된다고 할 수 있다.

재현주의 연극에서 관객이 무대 위 표현의 결과물과 표현 대상에 대한 자신의 인식을 통일해야 하는 입장에 놓인다면, 탈재현주의 연극에서 관

---

71 Anne Ubersfeld, 『연극기호학』, 신현숙 역, 문학과지성사, 1988, 41~42쪽.
72 Anne Ubersfeld, 『관객의 학교』, 신현숙 · 유효숙 역, 아카넷, 2012, 32쪽.
73 Roland Barthes, *Essais critique*, Coll. ≪Tel quel≫, Seuil, 1964, p.41. 이인성, 「연극학 서설」, 피에르 라르토마 외, 이인성 편, 『연극의 이론』, 청하, 1988, 27쪽에서 재인용.

객은 표현의 결과물을 실재성과 일치시키는 단일한 관람 방식에서 벗어나, 무대 위 기호들의 상관관계에 의존하며 일종의 지각적, 인식론적 모험을 받아들여야 하는 입장에 처하게 된다.

이와 같은 의사소통을 창조하기 위해 전후연극에서 등장한 새로운 기법과 형식은 무엇이었는가? 그것은 희곡과 공연의 양 층위에서 어떻게 전개되었으며 또한 어떻게 서로 포개어졌는가? 이러한 양상을 고찰하고 그 연극사적 의미를 밝히는 것이 이 책의 목적인 셈이다.

전후 연극에 이르러 연출가, 무대 디자이너들은 텍스트의 지시에 축자적으로 따르기보다는 희곡에 귀속되지 않는 공연 자체의 드라마투르기[74]

---

74 이 책에서는 드라마투르기를 '드라마투르그의 일'이라는 직능으로서의 의미가 아니라 의미 생성과 관련된 작품의 성격이라는 의미로 사용한다. 드라마투르기 (dramarutgie)의 기본적인 의미는 희곡과 공연에서 어떻게 의미가 생성되는가에 대한 연구라고 할 수 있다. 드라마투르기는 '극 형식의 텍스트를 쓰다'라는 뜻을 가진 희랍어 '드라마투르어'(dramatoureo)에서 파생한 드라마투르기아(dramaturgia)를 어원으로 한다. 이 어원이 환기하듯 현재 그것은 두 가지의 의미로 통용되고 있다. 하나는 '극 형식의 작품'이 필연적으로 야기하는 것으로서 작품의 '속성'과 관련되고, 다른 하나는 '쓰다'라는 실천적 '역할'에 관련된다(최영주, 『드라마투르기란 무엇인가』, 태학사, 2013, 19~21쪽). 전자의 경우에 이 용어는 희곡과 공연에서 의미 생성과 관련하여 한 작품의 극적 구조, 작품 속에서 작용하고 있는 관례, 작품의 양식, 행동의 속성, 성격구축의 방식, 그리고 이에 수반되는 공연의 요소들, 즉 의상, 장치, 조명의 특성을 설명하는 것을 의미한다. 이렇게 이해되는 드라마투르기란 연극적 사건을 위한 설계라 할 수 있는데, 여기에는 관객에게 의미를 발생시키기 위해 작품의 제 요소들을 어떻게 구현할 것이며 또한 그것을 어떻게 통합할 것인가의 문제가 관련된다(Dennis Kennedy ed., *The Oxford Companion to Theatre and Performance*, Oxford University Press: Oxford & New York, 2010, p.176). 후자의 경우에는 주로 공연제작에서 '드라마투르그'(dramaturg)가 하는 일로서 작품의 실현 과정에서 발생하는 구체적인 문제들을 해결해 나가는 실천적 활동을 뜻한다. 드라마투르그는 작품의 창작과정에서 극작가, 연출가, 디자이너의 의도

를 구현하고자 했다. 또한 극작가는 자신의 텍스트에 음향, 조명, 오브제에 대한 직접적인 지시를 명시함으로써 상연에서 고려해야 할 기법들까지도 극작의 드라마투르기에 포함시켰다. 그러므로 희곡과 공연의 여러 구성 요소들을 각각의 내적 계기 속에서가 아니라 양자 사이의 긴장 속에서 바라볼 필요가 있다. 구체적으로 말해서, 희곡에 대해서는 상연의 수행적 효과를 지향하면서 사실적 재현에서 벗어나게 된 양상이 중점적으로 다루어질 것이며, 공연에 대해서는 텍스트에 대한 상연의 독립성과 독자성이 다루어지게 될 것이다.

이 책의 기본적인 연구 대상은 1955년에서 1960년에 이르는 희곡과 공연들이다. 그러나 구체적인 분석 대상을 다음과 같이 선별할 수 있다. 먼저 기성 극작가들이 보여준 새로운 시도의 내용은 이 시기 연극의 변화양상을 이해하기 위한 우선적인 점검 대상이다. 그런 점에서, 유치진의 〈한강은 흐른다〉(1957)와 이광래의 〈기류의 음계〉(1957)는 주목의 대상이다. 유치진은 한국 근대극의 극작 전통을 대변하고 있으며, 그가 작의에서 밝히고 있듯 〈한강은 흐른다〉는 그가 기존의 방식을 탈피하여 새로운 드라마투르기를 시도한 작품이다. 그러므로 이 작품을 통해 근대극의 드라마투르기가 어떤 변화를 시도했는가를 가늠할 수 있을 것으로 기대된다. 이광래는 "시대 변화에 민감하고 변화가 심한 작가"[75]로 평가될 만큼 자신의 연극적 행보에서 많은 변신을 시도한 극작가이다. 전후에 그는 사실주의에서 탈피하여 상징주의적 시도를 하게 되는데, 〈기류의 음계〉는 그 구체

가 실현될 수 있도록 역사적, 이론적 실천적 지식을 가지고 그들을 돕는다. 여기에는 전자의 의미에서의 드라마투르기, 즉 작품의 속성을 파악하는 것에서부터 연출과 배우 사이의 의사소통을 중재하는 대단히 광범위한 활동이 포함된다.

75 유민영, 『한국현대희곡사』, 새미, 1997, 464쪽.

적인 결과물이라 할 수 있다.

전후에 등단한 신진 극작가들의 작품은 더욱 주목을 요한다. 전후에는 임희재, 차범석, 김경옥, 하유상, 주평, 이용찬, 오학영 등 적지 않은 극작가가 등단했다. 이 중에서 이 책에서는 이용찬과 오학영을 대상으로 한다. 여타의 작가들 역시 기존 연극 양식의 쇄신을 주장하며 자신의 극작 경향을 이전과는 다른 것으로 내세웠지만, 그것은 크게 보아 재래의 재현 문법의 연장선상에 있는 것이라 할 수 있다. 이에 반해 이용찬과 오학영의 경우, 각각 국립극단 공모와『현대문학』의 추천제를 통해 등단하면서 새로운 기법과 실험성으로 큰 주목을 받았으므로 적극적인 고찰의 대상이 된다. 이들의 작품 중에서 실험성이 두드러진다고 판단되는 이용찬의 〈가족〉(1957), 〈기로〉(1959), 〈삼중인격〉(1960), 〈피는 밤에도 자지 않는다〉(1960)와 오학영의 3부작인 〈닭의 의미〉(1957), 〈생명은 합창처럼〉(1958), 〈꽃과 십자가〉(1958)를 대상으로 삼는다.

신문의 신춘문예를 제외하면, 신인 극작가의 등단 및 발표에 있어서 잡지『현대문학』의 역할은 큰 것이었다. 이광래가 희곡 추천을 담당함으로써, 그의 추천으로 등단한 오학영은 지속적으로 희곡을 발표함으로써, 장용학 또한「요한시집」(1955) 등의 작품을 발표한 인연으로 희곡을 게재하면서,『현대문학』은 새로운 희곡의 터전이 되었다. 장용학은 소설가로 알려져 있으며 많은 희곡을 창작한 것은 아니지만, 전후문학에서 또한 희곡문학의 실천의 장 안에서『현대문학』이 차지하는 위상을 감안할 때, 여기에 게재된 〈일부변경선근처〉(1959)는 새로운 경향으로 보이는 희곡으로서 분석의 대상이 될 수 있다.

다음으로, 공연 분석의 구체적인 대상으로는 테아트르·리이블, 신협, 국립극단, 제작극회, 팔월극장, 원방각, 연극협의회의 공연들을 택할 수 있다. 1950년대 후반에 들어 신협과 국립극단의 공연물은 드라마투르기적 성격에서 새로운 양상을 보이게 된다. 신협이 공연한 유치진 작 〈한강은 흐른다〉와 국립극단에서 공연된 이용찬 작 〈가족〉, 강문수 작 〈인생일식〉 공연은 이러한 경향을 보여주는 공연들이라 할 수 있다.

1950년대 후반에 등장한 소극장 운동 단체들의 공연들도 단연 분석 대상이다. 테아트르 · 리이블을 효시로 제작극회를 비롯하여 원방각, 팔월극장, 현대극회 등 숱한 동인제 극단들이 출현했다. 이 중에서 탈재현적 경향을 분명히 보이는 원방각의 〈생명은 합창처럼〉과 팔월극장의 〈삼중인격〉에 주목할 필요가 있다. 4 · 19 이후 새롭게 결성된 연극협의회의 〈피는 밤에도 자지 않는다〉는 실험적 시도로서 연극계 전체의 주목을 받았다. 이 공연은 또한 전위성의 실현을 표방했다는 점에서 주목된다.

공연 분석의 대상 선정에 난점이 따른다. 그것은 해외 텍스트의 상연을 포함할 것인가의 문제이다. 전후 한국 연극의 성취는 일차적으로 창작극 텍스트의 상연에서 점검되는 것이 옳을 것이다. 그러나 1960년대 말에 이르기까지 번역극이 우세했던 한국의 현실[76]과, 전후연극의 시기에 해외 연극의 최신 동향에 대한 관심과 수용이 활발했다는 사실을 고려할 때, 이와 같은 접근은 협소한 것이 될 수 있다. 가령 신협이 1950년대 중반을 거치며 이전의 셰익스피어 중심의 공연에서 벗어나 미국 현대극을 공연한 것이나, 반(反)기성의 기치를 내건 소극장 운동 단체의 공연에서도 창작극과 번역극이 비슷한 비중을 차지하고 있는 점은 번역극 선택에 내재

76　정병희, 「한국의 번역극 공연 1950~69년 사이의 실태분석」, 『연극평론』 1971년 봄호, 연극평론사, 27쪽. 이 연구에 따르면, 1951~1960년에는 번역극 45회 창작극 16회, 1961~1969년에는 번역극 202회 창작극 92회로 번역극이 압도적인 우위를 보이고 있다.

되어 있었던 당시 공연주체들의 지향점을 읽어볼 필요성을 제기한다.

그런 점에서 국립극단이 공연한 몰나르 작 〈릴리옴〉, 테아트르·리이블과 신협이 공연한 아서 밀러 작 〈세일즈맨의 죽음〉이 연기와 공간 표현에서 창작극의 새로운 경향과 관련을 보인다는 점에서 함께 언급될 것이다.

이 책의 구체적인 서술 순서는 다음과 같다. 2장 1절에서는 한국 근대극의 성립 이후 한국 연극을 지배했던 재현주의 문법의 기본 성격을 정리한다. 그것은 전후연극에서 등장한 드라마투르기가 어떤 점에서 '새로운 것'이었는가를 이해하기 위한 기준이 될 것이다. 2장 2절에서는 새로운 드라마투르기가 등장한 문화적 사회적 배경을 다룬다. 브레히트의 입론에 따라 연극이 자체의 발전에 따라 양식을 달리하는 것이 아니라, 사회 변동에 따라 그 양식을 달리하는 것으로 본다면, 문화적 사회적 배경에 대해 살펴보는 것은 새로운 드라마투르기의 성격을 이해하는 데에 필수적이다. 3장에서는 희곡에서 나타난 새로운 드라마투르기의 양상이, 4장에서는 공연에서의 그것이 다루어진다. 특히 4장에서는 텍스트에 대한 상연의 독자성에 대한 인식과 실천 양상이 다루어질 것이다.

이와 같은 논의를 통해 무대-객석의 관계와 텍스트-상연의 관계에서 나타난 전후연극의 탈재현주의적 양상을 밝히게 될 것이다.

제2장

사실적 재현의 전통과
연극 환경의 변화

1. 한국 근대극의 사실적 재현의 양상

(1) 재현 미학의 두 가지 성격 : 폐쇄적 구조와 묘사의 충실성

전후연극에 등장한 새로운 양상을 '탈재현주의'라는 틀로 이해하기 위해서는 먼저 이전의 한국 연극이 사실적 재현을 기본적인 표현 방법으로 삼아 재현주의 미학을 실천하고 있었음을 확인할 필요가 있다. 우선 그 기본 성격을 한국 근대극의 형성과 전개 과정 속에서 개관한 후, 전후연극에 직접 선행한다고 판단되는, 국민연극에서 전쟁기에 이르는 기간에 그것이 어떤 양상으로 왜곡, 고착되었는가를 살펴보고자 한다.

사실적 재현은 한국 연극사에서 독특한 위상을 지닌다. 그것은 실로 전통의 연극 양식을 전근대적인 '옛것'으로 타자화하며 도입된 '새로운' 연극의 기본 속성이었다. 전통의 연극 양식에 익숙해 있던 당시의 관객들에게 등장인물과 시공간을 사실적인 묘사로 직접 보여주는 표현법은 생경한 것이면서 동시에 호기심의 대상이었다. 창극에서 부분적으로 시도되었던 이 방식은 1910년대 신파극에 이르러 본격적으로 무대를 지배하기 시작했다.

그것은 두 가지 층위에서 발현되었으며 이후 한국 연극의 기본 문법이되었다. 첫째 구조적 층위이다. 새로운 연극은 판소리처럼 서술자를 통해 이야기를 들려주는 것이 아니라, 그것을 시각화했다. 이에 따라 긴 서사 내용을 적절히 분절하는 '막'이라는 형식이 갖추어졌으며, 이 막을 이어 붙임으로써 하나의 공연이 성립되었다. 그리고 단일한 막 안에서 무대 장치는 특정한 하나의 장소를 재현하게 되었다. 이와 같은 구조는 관객에게 이전과는 질적으로 다른 관극 방식을 요청하는 것이었다. 그것은 중단 없이 이어지는 서사를 직접 듣는 것이 아니라 분절된 채 제시되는 장면을 조합하여 스스로 하나의 서사를 구축해가야 하는 활동이었다. 신파극 초기, 극단 문수성의 〈불여귀〉 공연에 대한 『매일신보』 평자의 지적은 당시 관객들에게 이러한 관극 방식이 익숙하지 않은 것이었음을 보여준다.

> 그 연극 즁에도 비참흔 구절이며 인정의리에 디흐야 가히 동정의 눈물을 흘닐 만흔 것이 잇으되 관람자 즁에 다수는 비참흔 눈물을 흘닐 터인디 도리혀 웃고 드디여 쟝닉가 쇼쇼흐게 되는디 **이것은 배우가 잘못히셔 그런 것이 안이라 관람쟈가 볼 쥴을 모르는 까닭이로다** 긔쟈가 비우 제군에게 한마디 쥬의흘 일이 잇으니 다름 안이라 제군은 연극에서 성공흘지라도 관람쟈가 아라보지 못흐면 성공이라 못흘지니 죠즁환씨던지 윤교즁씨던지 **누구던지 셜명 잘흐는 이가 다음막에서 흐는 것을 씹어 싱키는 것곳치 셜명흐야 쥬는 것이 가흐다 흐노라**[1]

---

1   『매일신보』, 1912.3.31.

이 평자는 공연의 효과가 산출되지 못한 원인을 배우의 연기력이 아니라 관객의 수용 능력에서 찾는다. 관객들이 배우의 행동과 대사를 통해 스스로 서사를 구성하여야 하는 극 관습에 익숙하지 못하다고 보고, 줄거리를 먼저 이야기해준 후 그것이 어떻게 장면화되는지를 보게 하라는 제안을 하고 있는 것이다. 실제로 신파극에서는 막간 설명을 통해 막의 형식으로는 모두 전달할 수 없는 서사의 공백을 메우는 것이 공연의 관례이자 형식으로 통용되었고,[2] 이는 관객으로 하여금 우선 줄거리를 이해한 상태에서 공연의 시각적 자극을 호소력 있게 받아들임으로써 쉽게 감정적 동화에 이르게 하려는 소통 전략의 산물이었다. 극단 문수성은 〈불여귀〉 공연에서 이러한 막간 설명을 삭제하고 오로지 시각적인 '보여주기'의 문법을 통해서 서사 구축을 실현하고자 한 것이었다. 그것을 '새로운 연극'으로서의 신파극(新派劇)의 바른 실천으로 여겼기 때문이다.

『매일신보』의 평자는 관객의 수용 능력을 감안할 때 이러한 시도가 실패할 수밖에 없다고 진단하고 있지만, 이후 연극사는 이처럼 줄거리 서술이라는 도움 없이 절대적인 대화의 형식 안에서 무대-객석 간에 필요한 모든 극적 소통을 달성하는 쪽으로 전개되었다고 할 수 있다. 다시 말해, 등장인물의 대화로만 성립되는 극(劇, drama) 형식의 온전한 실현이 한국 근대극의 목표로 설정된 것이다. 그런 점에서 사실주의는 창작 주체들에게 매력적인 양식이었다. 재현 대상의 객관적 현실성을 전제할 때 성립하는 사실주의는 극 형식의 절대성을 실현하는 데에 객관의 시각적 묘사라

2　"개막을 하자면 먼저 개막 인사와 연극의 내용을 관객에게 설명해 줄 뿐만 아니라 막수에 따라서 막막이 개막 전에 설명해주었고, 끝막에는 단장이 나가서 연극의 종결을 짓는 설명을 하고 다음날 연극 선전을 하며 꼭 와서 보아달라는 요청을 한다." 변기종, 「연극 오십년을 말한다」, 『예술원보』 제8호, 1962, 49쪽.

는 용이한 방법을 제공하는 양식으로 보였다. 더불어 그것은 연극을 통해 식민지 현실을 반영하고자 하는 계몽적 목적에도 부합하는 것이었다.[3] 신극 운동을 표방한 이들은 사실주의 양식 선택을 통해서 '온전한' 극 형식을 실천하는 주체로 자처했다.[4]

그러나 폐쇄적인 극 형식은 비단 사실주의에서뿐만 아니라 멜로드라마에서도 연극의 기본 형식으로 여겨졌다. 1930년대 흥행극계의 관행에 대한 다음과 같은 고설봉의 증언은 이 점을 보여준다.

> 신파극의 공연은 초저녁에 시작해서 서너가지의 프로를 바꾸어 가며 여러 시간 공연하였었다. 대개 저녁 일곱시에 개장하여 자정 무렵까지 무려 4~5시간이나 공연하였는데 하루의 공연에는 人情劇(30~40분), 悲劇(소위 '正劇'이라고 하여 두 시간 정도가 소요되었다) 끝으로 희극(30~40분)이 함께 진행되었다. 인정극은 생활상이 소재가 된 작품이고 비극은 '母性悲劇'이니 '家庭悲劇'이니 '社會悲劇'이니 하여 관객석을 눈물바다로 만드는 신파 특유의 형태였으며 희극은 요즈음의 코메디의 해당하는 것이었다. 그런데 정극과 희극 사이에는 幕間劇이라는 것이 있어 단장이 나와 인사도 하고 다음 작품의 선전도 한

---

3 이승희는 한국 근대희곡의 창작 주체가 사실주의 양식을 선택한 이유를 계몽성의 실현 욕망과 관객 수용의 용이함으로 설명한다. 이승희, 『한국 사실주의 희곡, 그 욕망의 식민성』, 소명출판, 2004, 67~81쪽.

4 이렇게 볼 때, 한국에서 사실주의 양식의 선택은 서양의 그것과 상이한 맥락을 띤다. 고대 그리스에서부터 대화적 형식을 통한 모방 전통으로 연극이 시작된 서구의 경우에는 근대 연극으로서의 사실주의란 절대적 극 형식의 온전한 실현을 위한 것이 아니라 고전주의와 낭만주의 등 이전 시기의 연극 사조에 대한 반발을 통해 근대적 개인을 무대화하기 위한 것이었다. 이에 반해 한국에서 사실주의 선택은 이처럼 전혀 새로운 극 형식의 수립과의 관련 속에서 추구된 것이라 할 수 있다.

후, 유명한 배우가 나와서 노래를 부르기도 하고 희극배우가 나와서 漫談을 하기도 했다.[5]

　고설봉은 무대-객석 간에 직접적인 대화 구조를 취하는 만담이나, 짧은 분량으로 특정 상황을 집약적으로 제시하는 '인정극'이나 '희극'을, 일정한 길이와 규모를 가진 '정극'에 대비시켰던 당시의 관행을 소개하고 있다. 멜로드라마를 유독 '정극(正劇)'이라 하여 극 양식상의 명칭이 아니라 가치 부여의 용어로 부른 것은, 주인공의 이야기를 플롯의 구조 속에서 장면화하여 인물에 대한 감정적 동화를 유도하는 것이야말로 연극의 본령으로 인식되고 있었음을 보여준다.

　구조적 차원의 극적 재현이 서사 구축을 위한 장면의 단순한 나열에 빠지지 않기 위해서는 관객의 흥미를 유발, 유지시킬 수 있는 구성이 요청되었다. 잘 짜여진 극(well-made play)[6]의 형태는 단순한 장면의 배열을 긴장 조성의 플롯으로 바꾸어주는 질적 변환의 방법으로 여겨졌으며, 극작술의 주요 지향점이 되었다. 유치진의 〈소〉(1935)와 임선규의 〈사랑에 속고 돈에 울고〉(1936)에서처럼 그것은 사실주의와 멜로드라마를 포괄하는 극작술 일반의 사항이 되었으며, 이제 장면을 통한 서사의 완결뿐만 아니라 그 완결의 방법까지 '극적' 성취의 대상이 되었다.

5　고설봉 증언, 장원재 정리, 『증언 연극사』, 도서출판 진양, 1990, 23쪽.

6　'잘 짜여진 극'은 많은 멜로드라마를 창작했던 스크리브(Eugene Scribe)에 의해 관객의 집중과 흥미를 유지하기 위한 방법으로 정착되었다. 그 일반적인 구성 방식은 다음과 같다. ① 상황의 분명한 제시, ② 앞으로 있을 사건에 대한 치밀한 준비, ③ 예기치 않은, 그러나 논리적 역전, ④ 계속적이며 점증적인 서스펜스, ⑤ 의무적인 장면(적대자의 패배와 주인공의 승리), ⑥ 논리적 결말. Oscar G. Brockett, 『연극개론』, 김윤철 역, 한신문화사, 1989, 409쪽.

등장인물의 대화를 통한 사건 전개라는 구조적 차원의 재현 방식은 관객에게 단지 개별 장면을 모아 서사를 구성하는 역할만 부여한 것은 아니었다. 그것은 동시에 무대-객석 간의 관계를 특정한 구도로 조정하는 것을 뜻했다. 관객이 장면을 통해 서사를 파악해가는 행위는 등장인물을 향한 감정적 투사(projection)의 발판을 스스로 마련하는 것이기도 했으며, 이를 통해 무대-객석 사이에는 감정적인 동화의 관계가 성립했기 때문이다. 이러한 관계는 자주 멜로드라마적 감상성의 특성으로 지적되었다. 하지만 사실주의 작품에서도 감정적 공감은 계몽성을 실현하기 위한 주요 전략으로 채택되었다. 한국 근대극에서는 사실주의와 멜로드라마가 공히 현실에 대한 재현적 태도, 선명한 선악 대비의 이분법, 가족 및 연인 관계에서 유발되는 감상적 애잔함을 자주 혼용하였다.

이처럼 극 형식의 구조적 차원에서 실현된 재현의 문법은 관객에게 전통 연극에서와는 다른 종류의 능동성을 부여했지만, 그것은 제한된 범위 안에서의 능동성이었다고 할 수 있다. 관객은 자신의 지각 활동을 통해 스스로 서사를 구축해갔지만, 그것은 진정으로 서사의 빈 부분을 채워넣는 것이 아니라 완결된 것으로 전제된 서산의 단선적 맥락을 발견해내고 그 완결의 방식을 향유하는 것이었다. 또한 관객은 자신의 감정을 무대에 투사하는 능동성을 지녔지만, 동시에 유사한 감정적 테두리 안에서 동질적인 반응을 보이도록 적극적으로 유도되었다.

구조적 차원과 더불어, 한국 근대극에서 재현의 문법이 발현된 두 번째 층위는 형상화의 차원이다. 이 층위에서는 등장인물과 시공간에 대해 충실한 세부 묘사가 이루어졌다. 희곡에서 가상의 시공간을 설정하는 경우는 극히 드물었고, 당대의 현실이나 역사적인 시공간 등 현실 세계로 쉽게 승인될 수 있는 시공간을 배경을 선택했다. 공연에서는 그 형상화에서

'사실성'을 지향했다. 신파극의 초창기부터, 전통의 가면극처럼 노래, 말, 춤이 융합되어 있는 연극 양식에서는 보지 못했던 이러한 표현에 관객들은 큰 호기심을 보였다. 그 호기심은 극장 속 무대라는 특별히 구획된 공간이 시각적 묘사를 통해서 작품 속 시공간으로 전환되는 데에 따른 것이었다.[7] 관객들은 공연을 위해 준비된 무대 위의 사물들이 극중 세계 속의 실재의 상태를 지향하는 일종의 기호적 변환, 곧 환영(illusion)의 발생을 관심 있게 지켜보았다.

> 막이 열리자…박수성이 요란 하엿다…유치하나마 무대 배경과 도구
> 장비가 일반 관람자에게는 처음 보는 신기한 구경거리기 때문이엇다[8]

> 졔구와 단장은 죠션것과 셔양것을 셕거 쓰는데 합당치 아니합듸다
> 만은 집 짓는 데는 일본 사룸도 잇다던가 젹은 무디를 공교히 쓰는 데
> 감심ᄒ얏습니다.[9]

첫 번째 인용문은 사실적 재현의 무대장치가 사용되었다는 사실 자체가 관객에게 큰 볼거리가 된 사실을 전하고 있으며, 두 번째 인용문은 무대장치를 이용하여 한정된 무대를 여러 장소로 표현해내는 것에 감탄하면서도 조선 양식과 서양 양식의 혼용이 일관된 시공간 창조에 맞지 않는 것임을 지적하고 있다.

---

7 이영석, 「신파극 무대 장치의 장소 재현 방식」, 『한국극예술연구』 제35집, 한국극
   예술학회, 2012, 29~35쪽.
8 윤백남, 「조선 연극운동의 이십년을 회고하며」, 『극예술 1』, 1934.4. 양승국, 『한국
   근대연극영화비평자료집 6』, 태동, 1991, 360~362쪽에서 재인용.
9 「눈물 연극을 본 내디 부이의 긔고ᄒ 바(三)」, 『매일신보』, 1914.6.28.

그림 1 〈소〉, 유치진 작, 동경학생예술좌
제1회 공연, 축지소극장, 1935.6.

그림 2 〈나루〉, 주영섭 작, 동경학생예술좌
제1회 공연, 축지소극장, 1935.6.

이처럼 사실성의 부여는 주목과 평가의 대상이었다. 그것이 극중 세계를 구현하는 유일한 방식이었기 때문이다. 구조적 차원에서의 재현, 곧 주인공을 중심으로 하는 하나의 이야기를 전개하기 위해서는 관객들에게 그 수용의 지반을 제공할 필요가 있었다. 현실적 시공간의 부여는 무대 위의 표현들을 인지하는 데에 필요한 기초 방향을 설정해주는 것이었고, 현실 세계와의 비교를 통해 장면들을 맥락화하며 작품의 내용을 수용할 수 있도록 만들어주는 것이었다.

신파극 이후, 비단 사실주의 희곡뿐만 아니라 여타의 희곡을 공연할 때에도 사실적 시공간은 여전히 부여되었다. 유치진의 〈소〉(1935)와 주영섭의 〈나루〉(1935) 등의 사실주의 작품들, 동양극장에서 공연된 이서구의 〈어머니의 힘〉(1937)과 같은 모자이합(母子離合)의 멜로드라마, 극연에서 공연된 체호프(Anton Pavlovich Chekhov)의 〈기념제〉(1933)에서 보이듯, 시공간과 인물 묘사에서의 사실성은 양식과 사조와 상관없이 공연 기호 구축의 기본 문법이었다.

이들 공연들은 제작 여건에 따라 규모와 완성도에서 차이를 보이지만 현실적 시공간의 창조라는 입장을 공유하고 있다. 더구나 무대장치에서 일률적인 문법이 되풀이 적용되고 있음을 보여준다. 즉 무대 끝선과 평행을 이루는 평면적인 구도 하에 세부적인 충실성을 추구하는 것이다.

그런데 한국 근대극에서 사실적 묘사의 충실성은 단순히 현실적 시공간의 창출에만 머무르지 않는다. 그것은 연극의 거의 유일한 스펙터클[10]이었다. 사실적 재현은 여타의 표현을 원천적으로 배제하는 것이었고, 그 결과 무대상의 볼거리는 사실성의 성취 여부에만 놓이게 되었다.

그림 3 〈어머니의 힘〉, 이서구 작, 원우전 장치, 호화선 공연, 동양극장, 1937.11.

1920년대에 근대극의 실현을 목표로 했던 토월회의 〈알트 하이델베르크〉(1923) 공연은 재현의 스펙터클을 실현하고자 하는 욕망을 잘 보여준다. 당시 토월회는 적자를 감수하고 거액의 장

그림 4 〈기념제〉, 체호프 작, 극예술연구회 3회 공연, 1933.2.

치비와 긴 준비 기간을 할애해서 무대와 의상을 준비했다.[11] 무대미술을 담당했던 화가 이승만은 사실성의 성취를 강조한다.

극히 사실적인 무대였는데 그때 수준으로 보아 축지(축지소극장 : 인용자)보다 앞섰다고 본다. 의상도 사실적이고 소도구는 당시의 부

---

10 파비스는 그레마스의 설명을 빌려, 스펙터클(spectacle)을 성립시키는 요건으로 '드러냄'과 '관찰'을 제시한다. 그레마스는 스펙터클을 다음과 같이 설명한다. "내적 관점에서 스펙터클은 삼차원적 공간의 현존, 인간공학적 배치, 거리 두기 등과 같은 특성을 포함한다. 반면에 외적 관점에서도, 적어도 한 사람의 관찰자의 현존을 내포한다." Patrice Pavis, 『연극학 사전』, 신현숙 · 윤학로 역, 현대미학사, 1999, 245쪽.

11 박승희, 「토월회 이야기」(1), 『사상계』, 1963.5, 341쪽.

그림 5 〈알트 하이델베르크〉, 마이어푀르스터(Meyerförster) 작,
토월회 제2회 공연, 조선극장, 1923.9.18.

자집에서 빌렸다. 현재의 무대장치와 같은 수법으로 되어 있었다. 내
가 보수로 받은 것인 삼백원이었는데 총공연비가 오백원이었으니까
상당한 금액이었다.[12]

이처럼 무대 전체를 채우는 규모, 세부 묘사의 사실적 충실성은 소위
'근대적' 공연이 우선적으로 획득해야 할 자질이자 완성도 높은 공연의
요건으로 여겨졌다. 그러나 이승만은 전체 공연의 인상에 대해서 "은그릇
에 설렁탕 담은 것 같았다"[13]고 회고하며 시각적 재현의 호화로움과 연기
사이의 불일치가 있었음을 시사한다. 그것은 시각적 스펙터클에 대한 과
도한 욕망의 결과라 할 수 있다.

---

12   이승만 회고담, 이두현, 『한국신극사연구』, 서울대학교 출판부, 1990, 128쪽에서
      재인용.

13   이두현, 앞의 책, 128쪽.

이처럼 형상화의 층위에서 사실성은 극중 세계를 현실에 존재하는 것으로 상정함에 따라 자연스레 획득된 특성이기도 했지만, 무대장치의 대형화와 세밀화에 치중함으로써 그 자체의 존재감과 완성도를 현시하는 것이었다.

관객과의 관계에서 이러한 재현 미학은, 관객을 표현 결과물의 일방적인 수용자의 입장에 놓는다. 물론 관객은 그 완성도와 수준을 '평가'한다는 점에서 능동성을 발휘하지만, 극중 세계에 대해 이미 그 해석과 구현이 완료된 결과물을 대면해야 한다는 점에서 능동성의 폭은 제한적이다.

바로 이 지점에 한국 근대극의 연기가 놓여 있다. 그것은 구조적, 형상적 차원의 재현의 교차점에서 감정적 동화를 목표로 관객을 대면한다. 연기는 등장인물의 서사에 실제 육체를 부여하여 작품의 구조를 무대에 실현시키는 것이었으며, 가상의 등장인물을 살아 있는 실제 인물인 양 형상화하는 것이었다. 이를 통해 관객에게서 직접적인 감정적 반응을 이끌어 낼 것을 목표로 하고 있었다.

이처럼 신파극의 수립에서부터 1930년대 이르는 기간에 형성, 전개된 재현의 문법은 이후 일제 말기 신체제하의 통제 정책, 해방과 건국, 그리고 한국전쟁을 거치는 기간에 일어난 정치적 사회적 격변에도 불구하고 한국 연극의 기본 문법으로 지속적으로 실천되었다. 오히려 국민연극 시기에 한국 연극은 식민지 통치 기구의 물량 지원을 받으며 기술적 측면에서 발전을 보였으며, 이러한 지원은 해방기 군정과 건국 이후 전쟁을 수행했던 신생 정부로 이어졌다. 그러면서 연극의 주제 의식은 지원 주체의 이데올로기에 복속되었다. 특히 이러한 점을 계승하고 있는 1950년대 극단 신협의 공연 내용은 전후연극에서 직접적인 부정의 대상이 되었다는 점에서 자세한 짚짚을 필요도 한다.

(2) 기술적 발달과 이분법적 세계관의 노정

국민연극에서는 앞에서 살펴본 재현의 미학이 왜곡된 형태로 한껏 만개했다. 국민연극은 신체제 선전의 이념적 내용에 관객의 흥미를 끌기 위해서 '예술성과 대중성의 조화'를 창작 방법론으로 내세웠고, 그 결과 멜로드라마적 경향을 더욱 짙게 드러냈다.[14] 볼거리로서의 재현의 성격은 강화되었다. 이는 대형 스펙터클을 통해 정서적 호소력을 높여 '정치의 미학화'[15]를 달성하기 위한 것이었다. 이러한 점은 당시 국민연극의 텍스트를 생산해야 하는 작가들에게 주요 고려 대상이었다. 작가들은 희곡의 앞머리에 길고 자세한 작의와 대형 스펙터클 운용에 대한 지문을 붙여 텍스트 차원에서 이와 같은 미학을 뒷받침했다. 상연은 식민지 통치 기구의 물량 지원으로 뒷받침되었고, 역설적이게도 한국 연극은 대형 스펙터클의 무대 메커니즘을 섭렵하는 기술상의 진보를 보이게 된다.[16] 국민연극의 공연은 연기에서 "선동적인 감상성"[17]을 추구하거나, "인물의 영웅적 낭만성을 선동적인 노래를 통하여 표출"[18]하는 연출을 채택하여 관객에

---

14 양승국, 「일제 말기 국민연극의 구조와 미학의 층위」, 『한국 근대극의 존재형식과 사유구조』, 연극과인간, 2009, 437쪽.

15 문경연, 「일제말기 '부여' 표상과 정치의 미학화」, 『한국극예술연구』 제33집, 한국극예술학회, 2011.

16 박성희, 「한국 근대극 무대미술의 발전 양상 연구」, 한양대학교 박사학위 논문, 2012, 91~104쪽.

17 노승희, 「해방 전 한국 연극 연출의 발전 양상 연구」, 동국대학교 박사학위 논문, 2004, 196쪽.

18 위의 논문, 197쪽. 국민연극의 전반적인 공연미학에 대해서는 이 논문의 3장(194~212쪽)을 참고했음.

대해 감정적 설득을 실천했다.

이러한 양상은 해방기에도 다르지 않다. 좌우의 이념 대립이 첨예화되면서 연극은 그 선전 효과에 주목하여 양적으로 늘어났다. 이 시기 역사극은 고대를 배경으로 민족의 미래에 대해 낙관적 전망을 제시하면서 다분히 낭만주의적인 양상을 보였다. 그것은 국민연극 시대에 대동아 공영권의 이념을 선전하기 위해 서구와 동양이라는 인종적인 이분법을 전제한 것이 좌우익의 이념적 이분법으로 바뀐 것이며 동일한 설득의 전략을 취한 것이었다.[19] 단막극은 해방의 감격을 격정적으로 표출할 뿐 역사적 전망이나 이념 대립의 현실 인식은 결여한 것이었다. 장막극에서는 친일 잔재의 청산과 새 역사 창조의 테마가 다루어졌지만, 그것은 세대 간의 갈등 구조를 통해 기성세대를 청산하는 단순한 양상을 띠었으며 좌우익 모두 자신의 이념적 우위를 강조하면서 막연하고 낙관적인 역사적 전망을 피력할 뿐이었다.[20]

해방기에 우익의 연극 활동은 극예술협회(이하 극협)를 중심으로 전개되었다. 극협은 1947년 2월 유치진의 〈조국〉으로 출범했는데, 우익의 정치 진영과 적극적으로 연대하면서 연극 활동을 전개했다. 1947년 5월에 좌익 연극인들의 테러 위협 속에서 우익 청년 조직인 전국학생연맹의 보호를 받아 공연을 올렸으며, 1948년 총선거를 앞두고 '총선 선전문화계몽대'로 경남 지역을 순회공연했다. 1949년에서 1950년에 이르는 기간에는 미국 공보원의 후원으로 〈애국자〉(1949), 〈용사의 집〉(1949), 〈높은 암

---

19 전지니, 「해방기 희곡의 심상지리 연구」, 『국제어문』 51집, 국제어문학회, 2011, 230~245쪽.

20 김만수, 「장르론의 관점에서 본 해방공간의 희곡문학」, 『희곡읽기의 방법론』, 태학사, 1996.

산〉(1950) 등의 미국 작품을 공연했다. 이러한 정치적 행보에도 불구하고 극협의 주요 구성원이었던 이해랑은 아이러니하게도 좌익과의 이론적 대결을 위해서 연극을 정치적 도구로 삼을 수 없다는 순수 연극론을 주장했다.[21]

1950년 벽두에 이진순은 좌익의 진보적 민족주의 연극론을 반대하기 위해 순수 연극론을 주장하였지만 공허한 표어에 지나지 않았다고 반성하면서, 새로운 민족 연극을 수립하지 못한 채 여전히 과도한 표현성에 경도되어 있는 한국 연극의 현황을 지적한다.

> **근대극은 너머 문학성을 존중한데 제일 소중한 연극성을 상실하였다. 그러나 현대극은 의식적으로 문학성을 거부하는데 무대는 발달되었으나 내용의 빈곤을 초래하였다.**
> 우리나라 사십년 연극사를 회고해 볼 때 이민족의 억압 가운데서 발생하고 생장하여 온 연극은 외국 연극 조류를 이식하는 데 바뻣기 때문에 근대극 형태에서 탈피 못한 채 현대극의 지향을 (신극) 모색하고 있다고 보아도 과언이 아닐 것이다. 그리하여 우리나라 연극은 **근대극이 가진 결함과 현대극의 외부적인 스타일만 섭취했을 뿐 또 그 위에 이 사년간 그것을 정리 못한 채 급작히 들어온 양대 사상에 휩싸이어 투쟁하는 태세로 변모되었던 것이다.**[22]

"무대는 발달"되었다거나, "외부적 스타일만 섭취"했다는 것은 국민연극 시대와 대중극의 발달을 통해 이룩된 무대 기술상의 발전을 뜻한다.

---

21 해방기 연극의 전개 양상에 대해서는 이석만, 『해방기 연극 연구』, 태학사, 1996, 168~191쪽 참조.

22 이진순, 「문화운동을 어떻게 추진할까―민족연극의 체계를 세우자」, 『경향신문』, 1950.1.1.

이진순은 진정한 현대극으로서 민족극 수립을 요청하지만, 그것은 오히려 당시의 연극 관습이 해방기를 거쳐 건국에 이르기까지 정체에 빠져 있었다는 것을 말해준다.

1950년대에도 국민연극 시대의 연극 관습과 미학은 지속되었다. 1950년대 한국 연극은 신협을 중심으로 진행되었다고 해도 과언이 아니다. '신협'은 1950년 국립극장 개관을 맞아 조직된 단체인 '신극협의회'의 약칭으로서 이 단체는 실질적으로 한국 연극을 대표했으며, 전쟁기에 국립극단이 이렇다 할 활동을 보여주지 못한 반면, 문예중대, 육군정훈감실 등에 소속되어 지속적으로 공연 활동을 펼쳐 연극의 명맥을 유지했다. 이러한 신협은 해방기에 우익을 대표하기 위해 조직되었던 극예술협회(극협)를 전신으로 조직되었는데, 극협에는 1930년대 극예술연구회(극연)와 동경학생예술좌의 구성원들이 대거 참여하였으므로 결과적으로 신협은 극연-극연좌/동경학생예술좌-현대극장-극예술협회의 계보를 형성하며 한국 신극의 흐름을 잇는 단체라 할 수 있다. 그런데 신협은 단지 인적 구성의 계보에서뿐만 아니라 미학적 측면에서도 이전 시기의 문법을 계승하며 기술적 발전을 꾀하는 모습을 보인다.

그러한 양상은 신협의 창단공연이자 국립극장 개관 공연이었던 〈원술랑〉(유치진 작, 허석·이화삼 연출, 국립극장[구 부민관], 1950.4.30~5.9)에서 집약적으로 드러난다.

> ① 원술과 부모와의 애정, 원술과 진달래의 사랑, 원술이 생사의 경지를 헤매이는 제4막의 판타지. 전편 5막 7장을 통하여 쎅스피어의 고전비극을 연상하고 로-랭그린·사가의 전설을 방불케 한다. **여기에는 정통적인 프라마투르기-의 정석이 빠진 곳 없이 포석되어 안정감을 가졌고 이것이 완전히 하나의 굵은 끈-애족의 정신으로 꿰어 놓았다.**

② 넓은 국립극장의 무대가 빈틈없이 꽉 차서 뵈이는 것은 그 장치와 의상이 호화롭고 등장인물이 많아서 그런 것이 아니다. …(중략)… **장치 의상 조명 연출 연기가 「국립」의 제1회 공연으로서 손색이 없고 충분한 관록을 갖추었다.**

물론 불만은 있다. 장치는 제2막과 제5막1장의 참신하고 대담한 생략의 구도에 비하여 제1막은 공부가 없었고 제4막은 색채감과 입체감이 부족했다. 의상은 비용관계인지 모르되 빛깔이 천박했고 액센트가 없다. 조명도 역시 곳곳에서 전구부족의 비애를 투영하고 있다. 연기지도 특히 전투장면에는 시대고증이 완전히 몰각되어 있다. 그러나 이 모든 것은 아직은 참을 수 있는 불만이다.

③ **호리존트를 충분히 이용한 최진의 조명, 넓은 무대를 빈틈없이 채우는 김정항의 구성력에 나는 찬사를 보낸다.**[23] (이하 인용에서의 모든 번호는 인용자)

공연을 본 오영진은 유치진을 다큐멘터리 색채와 낭만적 색채의 두 계열의 작품을 동시에 쓰는 작가라 전제한 후, 〈원술랑〉에서 이 둘이 하나가 되었다고 평한다. 그리고 그것을 '정통의 드라마투르기'였다고 평가한다. 이러한 드라마투르기는 사실상 '애족'이라는 주제 의식의 실현을 위해 역사의식과 낭만성, 그리고 감상성을 혼용하는 것이다(①).

당시 〈원술랑〉 공연은 '국립극장'이라는 이름에 부응하고자 화려한 스펙터클 창조에 집중한 것으로 보인다(②). '넓은 무대를 빈틈없이 채우는' 것은 여전히 이것을 실현하는 방법이었다(③). 또한 공연에서는 마그네슘을 이용해서 전쟁의 폭파 장면[24]이 연출되어 관객에게 볼거리를 제공했

---

23   오영진, 「〈원술랑〉을 보고—유치진씨의 작품에 관하여」, 『경향신문』, 1950.5.3.

24   김동원, 『미수의 커튼콜』, 태학사, 2003, 168쪽.

그림 6 〈원술랑〉, 유치진 작, 국립극장 개관 공연, 1950.4.30.~5.9.

다. 김동원은 이러한 〈원술랑〉의 무대가 "그때까지 연극사상 최대의 호화
무대"였으며, "그 세련됨과 웅장함이 이전의 다른 연극 무대들과는 비교
가 되지 않았다"[25]고 회고한다.[26]

신협의 2회 공연인 〈뇌우〉(조우 작, 김광주 역, 유치진 연출, 강성범 무
대, 국립극장[구 부민관], 1950.6.6~15)에서도 규모, 효과, 시각적 볼거리

---

25 위의 책, 167쪽.

26 당시 신문기사가 전하고 있는 국립극장의 면모를 보면 이러한 스펙타클은 개관
을 맞아 추가, 보완된 기계 설비에 의해 뒷받침되었다. "신장한 동극장의 면모는
한국에 처음인 호리손트를 만들었고 조명기구는 해외에서 새로 구입하였고 이
중무대 기구를 새로 갖추는 등 그야말로 민족예술의 전당으로서 화장(化粧)되었
다"(「신장한 국립극장 수(遂)삼십일에 개관」, 『경향신문』, 1950.4.27). 1935년 부민
관이 설립될 당시 이 극장은 무대가 협소한 것과 호리존트가 없다는 것이 큰 결
함으로 지적되었다(유민영, 『한국 근대극장 변천사』, 1998, 297쪽). 국립극장으로
재개관하면서 이러한 미비점을 보완하여 식민지 시대에서 진일보한 설비를 갖춤
으로써 기술적 발전을 보이려 했음을 알 수 있다.

를 추구하는 경향은 이어진다. 〈뇌우〉에서는 비오는 장면에서 수통을 이용해 직접 물을 뿌렸으며, 〈원술랑〉에서처럼 카본을 이용해 번개의 효과[27]를 내기도 했다. 공연은 1주일간 연장 공연을 할 정도로 관객들의 호응이 좋았다. 김동원은 그 성공의 이유가 "리얼한 장치와 무대"[28]에 있었다고 회고하는데, 다음 공연평이 전하는 공연의 양상은 그 '리얼함'이 관객이 '실감'을 느낄 수 있게 하는 즉각적인 무대효과였음을 알려준다.

① 〈뇌우〉는 치정극도 아니오 파륜극도 아니다. 원작자 조우가 지적한 대로 일종의 원시적 생명감이 넘치는 사실극이다. …(중략)…

연출자 유치진씨 해방후는 주로 창작극 그도 자작극의 연출에 주력해왔기 때문에 번역극에 대한 연출척도의 새로운 시금석이었다. 〈원술랑〉에서 회색시되던 그의 연출력 〈뇌우〉에서는 새로운 생기를 갖고 자칫하면 극본을 가르쳐 치정이니 파륜이니 하는 비난할 간격을 주지 않고 **원시적인 생명감과 비극의 일치를 완전히 부합시키어서 예술적 성과를 가졌던 것이다.** …(중략)…

② 효과(심재훈)는 본극의 입체구성을 가능케 한 것이었으며 끄칠 줄 모르는 빗줄기 더구나 창을 열어제칠 때마다 확대되는 빗소리와 바람소리는 불현듯 관객들까지 자기 옷깃이 우기 차지 않았나 어루만져 보았다. **하반(河畔) 묘사도 좋으나 4막에서 비나리는 장면에 수통으로 물을 부어 나리는 것은 연극수법에 별로 없는 지나친 실물사용이다.** …(중략)…

③ 주박원(김동원) 몸가짐은 좋으나 자연스러우나 노역이라는 인생의 고취가 풍기지 않는다. 주번의(유계선) 연기는 좋으나 「오-버」할 우려가 있고 언양(言揚)이 모지어서 「뉴앙쓰」가 없다. 고민하는 중년여라기보다 「밤프」에 가차웠다. 주평(이해랑) 새 생활이념에 불타

27 「내가 본 리얼리즘연극 베스트 5」, 『한국연극』, 1987. 4, 49쪽.
28 김동원, 앞의 책, 171쪽.

는 기혼(氣魂)은 있으나 격할 때 발음이 불명하다. 주충(신태민) 신인인 관계도 있겠으나 싱싱하고 「퓨어리즘」이 다분하다. 노귀(박상익) 엇기 어려운 「캐랙터칼」한 연투(演投)(演役의 오기로 보임 : 인용자)나 관습대로 지나친 「오-버」다. 시평(김선영) 최근 무기력이 눈에 띠이고 이것이 혹은 관중에의 색인력(索引力)이 될 수 있을는지 몰라도 너무나 다른 등장인물들에의 비협조가 보인다. 허나 삼막 끝은 그다운 열연이며 특기다. 사봉(황정순) 신극에의 길에서 그만치 몸에 째인 이가 없다. **「오-버」할 듯하면서 어느 한계선에서 정체하며 감정의 충일을 조직 있게 토로하는 연기나 대화중 심경을 낭독식으로 처리하는 수술(手術)은 그가 가진 특기이다**[29]

『경향신문』의 평자는 〈뇌우〉를 사실극으로 소개하면서 유치진의 연출력을 상찬하고 있지만, "원시적인 생명감과 비극의 일치"란 사실주의 미학과는 거리가 있다(①). 공연의 양상 또한 객관 현실에 대한 핍진한 묘사보다는 스펙터클의 효과에 치중했음을 보인다. 위 인용문의 평자에게 4막에서 수통을 이용해 직접 물을 뿌린 것은, 현실을 반영하되 그것을 허구성을 통해 달성해야 하는 사실주의 '연극'에 과도한 실물이 사용됨으로써 오히려 이질감을 가져온 것으로 여겨졌다(②). 창문을 열 때마다 빗소리를 높인 것은 실감나는 연출이지만, 관객이 자신의 옷깃이 젖는 줄로 착각했다는 것은, 비라는 사실적 사물과 사실주의적 진실의 착종을 보여준다.

　연기도 이와 비슷한 양상을 보인다. 위의 평자는 김동원과 황정순의 연기를 긍정적으로 평가한다. 특히 황정순을 칭찬하는데, 그 이유는 감정적 진실함을 추구하면서도 과장에 빠지지 않는다는 것이다. 평자는 그

29　「〈뇌우〉를 보고」, 『경향신문』, 1950.6.13.

것을 "감정의 충일을 조직 있게 토로"하고, "대화 중 심경을 낭독식으로 처리"한다고 묘사하고 있다. 이에 따르자면, 황정순은 대사의 정당성을 전달하면서도 필요 이상의 에너지를 발산하지 않는 연기를 보여주었던 것으로 생각된다. 다른 배우들에 대해서는 감정의 과장과 부자연스럽게 강조하는 화술을 지적한다. 특히 주목되는 것은 "지나친「오-버」"를 기존의 관습으로, 신인의 연기를 "싱싱하고「퓨어리즘」"이 있는 연기로 대조하고 있다는 점이다. 이는 1950년대 초의 연기 관행이 다분히 감정의 강조에 치중하는 것이었음을 보여준다. 이렇게 볼 때, 황정순의 연기가 오히려 예외적인 것이었던 셈이다. 그럼에도 불구하고 신협의 구성원이었던 이해랑은 이 공연이 '사실주의'에 대한 재인식의 계기가 되었다고 회고한다.

> 〈뇌우〉를 통해서 신협은 하나의 전기를 마련한 게 아닌가 하는 생각이 든다. **사실은 신협이 그때 그런 리얼리즘 연극의 창조를 의식적으로 한 것이 아니었다. 신파 연극과 대조적으로 구별되는 예술적 연극을 창조하려는 개념에서 비롯됐다고 볼 수 있다.** 투철하게 리얼리즘에 입각, 연극 창조한 것은 아니었던 것이다. 여하튼 리얼리즘의 입김이라는 것, 창작방법이란 것이 그렇게 연극적으로 무서운 성과를 거둘 수 있고, 관객의 가슴을 치는 연극 창조를 할 수 있고, 진정한 인생의 면모를 보여주는 연극이 된다는 사실을 우리 연극인들은 깨닫기 시작했다.[30]

위와 같은 언급은 흥행성을 표방한 대중극단과 신협의 차이를 강조하

---

30 이해랑, 『허상의 진실―이해랑 연극론』, 새문사, 1991, 327~328쪽.

고 〈뇌우〉의 성공을 자찬하는 성격이 짙지만, 역설적으로 당시 신협의 사실주의 인식이 그리 깊지 않았음을 보여준다. 또한 그가 신파라고 지칭하는 대중극과의 차이 또한 선명하지 못한 채 '예술적'이라는 수사법에 의지하는 막연한 것이었음을 보여준다. 이원경은 사실주의를 사실적 실감과 동일시하고 있으며, 그러한 사실적 실감을 '관객의 가슴을 치는 연극' 창조의 방법론으로 이해하고 있다. 이러한 인식은 양식적 특성으로의 사실주의를 실감이라는 관객 수용상의 특성과 연결 짓고, '감동'이라는 관객의 감정적 반응의 획득을 목표로 삼아 온 한국 근대극의 성격과 동일한 것이다.

김동원 역시 〈뇌우〉의 성공 요인을 한국 신극의 계보를 이어오면서 축적된 공연 역량에서 찾고 있어서, 실감의 완성을 한국 연극의 발전으로 여기는 인식을 드러낸다.

> **지금도 〈뇌우〉의 비 내리는 무대장치를 떠올리면 당시 신협의 수준이 참으로 높았다는 생각이 든다.** …(중략)… 지금도 연출하기 까다로운 장면을 이미 반세기 전인 〈뇌우〉의 공연에서 시도했다는 점이 매우 자랑스럽다.
> 그런데 이러한 수준 높은 연극을 만들게 된 이유는 나름대로 역사적인 시간이 필요했던 것 같다. 〈뇌우〉의 연출자인 유치진 선생님과 니와 이해랑까지를 포함해 주요 참가자 대부분이 동경학생예술좌 출신이었는데, 신협이 이전 극협의 새 모습이고, 극협의 뿌리가 동경학생예술좌이고 보면, **〈뇌우〉의 성과는 동경학생예술좌 시절에 뿌리내린 씨앗이 근 30년 만에 꽃피운 것이라고 볼 수 있기 때문이다.**[31]

---

31 김동원, 앞의 책, 172쪽.

〈뇌우〉는 공연을 관람한 다른 연극인들에게도 사실주의의 훌륭한 성취로 여겨졌다.[32] 이러한 사실은 대형 공연의 성취와 실감나는 무대효과의 창출이 당시 한국 연극을 지배한 하나의 이념이었음을 보여준다. 여기에는 식민지 시대의 연극관이 지속된 채 기술적 발전에 집중하는 당시 연극인의 내적 지향점이 있었다고 할 수 있다.

전쟁기에도 신협은 유치진의 창작극이나 서구 고전 작품을 주로 상연하면서 '물량'과 '감동'이라는 관습적인 연극 인식을 이어갔다. 이 시기에 창작된 5편의 유치진의 작품들은 국민연극 시기부터 이어지는 극작술을 답습한 것이었다. 멜로드라마의 성격을 띠는 반공극 〈청춘은 조국과 더불어〉(1951), 〈조국은 부른다(통곡)〉(1951), 〈순동이(푸른 성인)〉(1951), 반전의 메시지를 담은 역사극 〈가야금〉(1952), 설화 소재의 멜로드라마인 〈처용의 노래〉(1952)가 그것이다. 이외에도 이 시기 신협은 유치진의 기존 작품이었던 〈마의태자〉(1951), 〈별〉(1952), 〈개골산〉(1952) 등을 공연했다. 이들 공연은 "웅장한 규모, 많은 등장인물이 등장하는 스펙터클 위주의 장면 전개, 통속적 줄거리, 애국심의 고취 등의 특성"[33] 을 띠는 것이었다.

셰익스피어나 몰리에르의 서구 고전 텍스트의 상연은 전쟁기의 대중들에게 큰 인기를 끌었다. 그것이 문예 교양에 대한 욕구와 해외 문화를 접

---

32 『한국연극』에서는 1987년에 한국 사실주의 연극 특집을 기획하면서 중요 사실주의 공연에 대한 설문조사를 했다. 많은 연극인들이 〈뇌우〉를 한국 사실주의 연극의 큰 성취로 꼽았다. 그 주된 이유는 역시 유치진 연출이 획득한 '감동'과 '실감'나는 실물 사용이었다. 「내가 본 리얼리즘연극 베스트 5」, 『한국연극』, 1987. 4, 48~49쪽.

33 김성희, 「한국 역사극의 이념적 성격과 그 변모」, 『연극의 사회학, 희곡의 해석학』, 문예마당, 1995, 364쪽.

하고자 하는 욕망을 채워주었기 때문이었다.[34] 이들 공연에서도 신협의 공연 문법은 창작극에서와 큰 차이가 없었다. 〈햄릿〉(셰익스피어 작, 한 노단 역, 유치진 각색, 이해랑 연출, 대구키네마극장, 1951.9)의 경우, "첫 번 성벽 장면을 생략하고", "화려한 대관식에 문무백관이 모여 팡파르를 울리며" 시작되었다.[35] 이것은 객석 정원을 훨씬 뛰어넘어 몰려드는 관객 들로 인해 소란스러워진 공연 환경을 극복하여 관극의 집중을 유도하기 위한 것이었지만, 관객을 압도하는 방식을 통해서 집중을 창조하는 당시 의 관행을 보여준다.

이처럼 〈뇌우〉를 통해 신협이 사실주의의 힘을 재인식했다는 이해랑의 회고와는 달리, 이후 실제로 그들이 실행한 공연물의 특성은 낭만주의적 속성을 강하게 띠는 것이었다. 그것은 대형 스펙터클을 중심으로 작품의 사상을 감정적 고양을 통해 관객에게 전달하려 한 국민연극 시대의 소통 방식에 연원을 두는 것이었다. 해방기와 전쟁을 거치며 주제 의식을 달리 했지만 그 기술적, 형태적 측면은 이어져 내려온 것이었다. 이 과정에서 시각적 묘사의 세밀한 완성도는 거듭 추구되었다.

국민연극 이전, 기술적 발달이 미미했던 시기에 전체적으로 평면적 구도를 취하면서 배경 그림의 역할에 치중했던 무대장치는 입체적인 구도하에서 더욱 규모를 키웠다. 이러한 발전의 결과 〈검둥이는 서러 워〉(1948), 〈처용의 노래〉(1952)에서 보이듯 계단, 2층, 난간, 경사면 등 의 장치가 배우의 연기 공간이 되었고, 무대장치는 배경 그림이 아니라

---

34 김옥란, 「1950년대 연극과 신협의 위치」, 『한국문학연구』 제34집, 동국대학교 한 국문학연구소, 2008, 134~140쪽.

35 이해랑, 앞의 책, 364~365쪽.

그림 7 〈검둥이는 서러워〉(원제 〈포기와 베스〉),
헤이워드(Dubose Heyward) 작, 허집 연출, 극단 극협,
시공관, 1948.6.14~18.

그림 8 〈처용의 노래〉,
유치진 작. 극단 신협,
대구키네마극장, 1952.12.

배우의 역동적인 신체 사용을 통한 스펙터클의 공간으로 발전하였다. 그
리고 세부적인 치장은 그 웅장함과 화려함을 현시했다.

　의상과 분장에서는 배우의 개인적 자질을 완전히 소거함으로써 극중
인물을 완전히 실현하고자 했다. 특히 번역극 공연에서 완벽한 분장과 가
발은 배우가 무대 위에 서기 위해 반드시 갖추어야 할 인물의 '구성 요건'
이었다. 인물을 실재했던 존재로 여기는 재현주의의 입장에서는 등장인
물의 인종 역시 당연한 표현의 대상이 된다. 김동원이라는 한 배우가 연
기한 흑인인 크라운과 백인으로 표현
된 햄릿 사이의 차이는 분명하다.

그림 9 김동원, 〈검둥이는 서러워〉 크라운
역. 극단 극협, 시공관, 1948. 6. 14~18.

　햄릿을 연기한 김동원은 당시 서양
인의 각선미를 보여주는 데에 따랐던
고충을 토로한다. 타이즈를 입어서
더욱 볼품없어진 자신의 각선미를 감
추기 위해 그가 찾은 해법은 객석을
향해 옆으로 비껴서고, "두 다리도 꼿

꼿이 세우지 않고 한쪽 다리를 약간 들어 살짝 붙여", "미인대회에서 흔히 보는 포즈"[36]를 취하는 것이었다. 이 일화는 햄릿을 백인으로 표현해야만 한다는 것을 전제한 상태에서, 배우의 신체적 특성을 소거함으로써 재현 대상의 미적 자질을 성취해내려는 태도를 잘 보여준다.

그림 10 김동원, 〈햄릿〉 햄릿 역, 극단 신협, 대구키네마극장, 1951.9.

이러한 형상화 문법 속에서 등장인물은 무대 위에서 두 개의 이질적 지위를 동시에 지니게 되었다. 한편으로 등장인물은 역사적 시공간의 어디엔가 실재했던 존재로 제시되며, 다른 한편으로 미적 자질의 아이콘이 되었다. 이 미적 자질은 〈애국자〉와 〈마의태자〉에서 보이듯 서구 텍스트의 상연에서는 이국성과, 유치진의 역사극에서는 낭만성과 결

그림 11 〈애국자〉, 시드니 킹슬리 작, 극단 극협, 시공관, 1949. 5.

그림 12 〈마의태자〉, 유치진 작, 극단 신협, 대구키네마극장, 1951.3.

---

36 김동원, 앞의 책, 196쪽.

그림 13 〈처용의 노래〉, 유치진 작, 극단 신협, 대구키네마극장, 1952.12.

부되었다.

이와 같이 자체의 완성도와 존재감을 강하게 드러내는 시각적 형상화의 문법이 어떤 연기와 조화를 이룰 것인가는 자명하다. 〈처용의 노래〉(1952)에서 보이는 의상과 분장, 그리고 배우의 자세와 표정은 1950년대 초반 신협을 지배한 시각적 형상화와 연기의 문법을 단적으로 보여준다. 위의 사진을 통해 파악되는 연기 방식은 등장인물의 감정적 굴곡을 분명하게 강조하는 것이다. 이러한 연기법은 그 자체의 원숙한 실행을 통해 관객에게서 강력한 감정적 동화를 이끌어낼 수 있다.

이처럼 1950년대 신협의 공연물들은 대상 희곡의 상이한 양식적, 사조적 성격에도 불구하고 일관된 형상화 문법을 유지한 것이었다. 그것은 첫째, 이국성과 낭만성의 실현을 추구했으며, 둘째, 시각적 형상화에서 규모와 장식미를 추구했고, 셋째, 연기에서 감정의 강조를 통한 공감획득에 주력하는 것이었다. 이러한 양상이 1950년대 전반기 한국 연극을 지배했던 소위 "신협 스타일"이었다고 할 수 있다.

이상에서 살펴본 바와 같이 1910년대 신파극에서부터 1950년대 중반에 이르기까지 한국 근대극의 기본 문법으로 지속적으로 채택되었던 재현주의의 미학은 구조적인 폐쇄성, 사실적 형상화의 충실성, 관객에 대한 감정적 설득의 일방성의 성격을 띠는 것이었다. 감상성과 계몽성의 서사, 감정 중심의 연기, 사실적인 시각적 묘사 앞에서 관객은 그 완결성을 발견하고, 감정적 동화를 수락하고, 작품이 제시하는 세계상을 승인하는 입장에 놓이게 된다. 이러한 상황에서 연극은 '감동의 드라마'로 통칭되었다. 특히 국민연극 이후 신극의 계승자들은 통치 기구의 물량 지원하에 정치적 이데올로기를 선전하는 역할에 경도되면서 작품 내용에서 이분법적 세계관을 노정해왔다고 할 수 있다.

전후연극에서의 변화는 이러한 전통을 대타항으로 삼으면서 이루어졌다고 할 수 있다. 곧 그것은 구조에서의 개방성, 형상화에서의 생략과 비약, 무대-객석 관계에서의 관객의 능동적 역할을 추구하는 것이었다. 또한 이와 같은 방향을 통해 국민연극 이후 오랫동안 통치기구의 이데올로기 확산에 동조 혹은 침묵했던 태도로부터 벗어나 기존의 상식, 윤리, 현실 규정에 대해 대안적 사유를 모색하는 것이기도 했다.

그 구체적인 내용은 3장과 4장에서 다루어질 것인데, 이에 앞서 다음 절에서는 한국 연극에서 이전과는 다른 '새로운' 시도가 출현 하게 된 환경의 변화를 먼저 짚어볼 것이다. 이를 통해서 전후연극에서 탈재현주의 양상의 출현에는 연극 환경의 근본적인 변화가 내재되어 있었음을 확인하게 될 것이다.

2. 재현 문법의 한계 인식과 새로운 연극성의 모색

(1) 극적 의사소통의 요건 변화

1950년대 후반 한국 연극계에서는 기존의 연극 전통을 낡은 것으로 보면서 '새로운' 연극에 대한 모색이 이루어졌다. 그것은 직접적으로는 신협 중심으로 협소하게 전개된 연극 활동의 외연을 확장하기 위한 것이었지만, 근본적으로는 이전과는 다른 연극성의 추구를 의미했다. 1955년에 발표된 김경옥의 다음 글은 그 점을 잘 보여준다. 먼저 그는 근대극의 대명사처럼 사용되어온 '신극' 개념에 의문을 제기한다.[37]

　　일반적으로 신극이라는 용어를 문예극 예술극의 대명사로 사용하고 있는 듯하다. 그러나 신극이란 개념은 통속극에 대척되는 개념의 연극양식을 지칭하는 것은 결코 아니다. 그것은 확실히 관용적인 데서 유래하는 무비판의 관념이기는 하지만 다만 시대적 의미 밖에는 가질 수 없는 것이며 발전적 내용을 가지는 어휘라고 할 것이다.
　　즉 신극이라는 말은 낡은 연극형태로부터 전진하는 새로운 지표적 양식을 가리킨다고 할 때 씌어질 수 있는 용어임에 틀림없다. 그러나 우리나라에서 일반적으로 개념화된 「신극」은 구극이라던가 신파의 비예술적 무대와 차별 짓기 위하여 씌어진 것이며 구미 양식의 무대 예술극의 개념을 어휘화한 그때의 서양연극양식이 수입되었을 때 시대적 표현에 지나지 않는 것이다. **그러므로 엄연한 의미에 있어서 「신극이란 무엇이다」라는 정의를 설정할 수도 없는 것이다. 그럼에도 불구하고 일반 시민들뿐만 아니라 연극하는 사람 가운데도 많은 사람이 「신극이란 비예술적 무대에 대척되는 순예술적극이다」라고 오인하고**

37　'신극' 개념의 자의성에 대해서는 제1장 각주 50번 참조.

있는 것이다.

신극이란 임시적 용어이며 가변적인 것인 바 지금에 있어서는 현대극을 가리키는 것뿐이라고 할 것이다.

김경옥은 '신극'이 대중성과의 대비 속에서 예술성을 강조하기 위한 편의적인 용법으로 사용되었음을 지적하고, 그것을 '새로운 연극'이라는 본래 뜻으로 사용할 것을 요청하고 있다. 그런 의미에서 현재의 '신극'이란 '현대극'을 뜻하게 된다는 것이다. 사실상 그의 주안점은 신극으로 지칭되어온 기존의 연극 전통과의 단절에 놓여 있다. 그는 진부한 연극 관습을 지적하면서 그것에서 벗어난 '현대극' 수립을 요청한다.

그러면 우리가 신극이라고 부를 수 있는 현대극이란 어떠한 개념인가? …(중략)…

첫째 테마나 아이디어가 현대의식 현대윤리를 태반으로 하는 것이어야 한다. 우리의 사회현상에 비추어 보아 수긍되어야 하며 우리들의 생활 속에 또는 생리 속에 확인되는 것이어야 할 것이다. 설혹 그 플롯트를 역사적 사실에서 가져온 것이라 하여도 현대적 의의를 가진다고 하며는 확실히 현대극적이 될 것이다. 이와 반대로 현대의 사상을 비현대적으로 취급한 것이라고 하며는 그것은 두말할 필요도 없이 현대극일 수 없다. ①사실 현금의 우리 극장계에 있어서는 이러한 무대행동을 주로 하는 상업극단이 대다수라고 할 수 있다.

둘째 이렇게 현대적인 것을 비현대적인 것으로 왜곡하는 것은 감각상에서 더욱 나타난다. 사실 무대형상화된 극에서 현대를 직접적으로 인상 받을 수 있는 것은 극의 감각을 통해서인 것이다. 설정된 테마, 등장인물의 의식이 행동화 성격화되고 무대에 분위기화 될 때 비현대적 감각 즉 낡은 감각으로 형상화된다면 극의 현상이 아무리 현대의 사실이라고 하여도 그것은 현대극일 수 없다. ②그러므로 삼삭이 새로워야 신극(新劇)일 수 있고 감각이 현대적이어야 현대극일 수 있는 것이다.

셋째 이것은 구체적으로 양식에 있어서 증명된다. 양식이란 물론 생리의 형식화를 의미한다. ③지금 우리나라에 있어서는 리얼리즘의 무대가 가장 신극적인 것으로 통념되어 있다. 사조적 관점에서 볼 때 그것은 타당성을 가지고 있다. 그러나 그렇게 정의 지을 수는 없을 뿐더러 리얼리즘 역시 하나의 경향에 지나지 않는 것이다. 그러므로 리얼리즘이든 다른 어떤 것이든 간에 그것이 현대적인 새로운 양식이라고 한다면 현대극일 수 있다. …(중략)…

그러므로 우리가 신극이라고 지칭해도 좋은 것은 현대극 내지는 현대극적이어야 하며 그것은 내용 감각 양식에 있어서 현대적이어야 한다.[38]

새로운 연극이 내용, 감각, 양식에 있어서 현대적이어야 한다는 그의 주장은 너무 포괄적일뿐더러, 그 성격을 '현대적'이라는 말로 동어반복적으로 설명하고 있다는 점에서 구체성을 결여하고 있다. 하지만 답보 상태에 있었던 당시 한국 연극의 성격을 진단하고, 이를 통해 반사적으로 새로운 연극 실천에서 고려해야 할 항목을 제시하고 있어서 주목할 만하다. 그는 신협에서 공연된 유치진의 역사극과 서양 고전극, 그리고 1950년대에 성행했던 악극과 여성국극 등이 공유하고 있었던 낭만성이 당대 현실과의 관련성을 상실했다는 것(①), 기존의 표현법이 감각적 차원에서 더 이상 호소력을 가지지 못한다는 것(②), 사실주의를 연극 양식 일반으로 이해하는 것은 연극의 양식적 가능성에 대한 협소한 인식이라는 것을 지적한다(③). 이와 같은 지적을 역으로 이해한다면, '새로운 연극'의 요건은

---

38   김경옥, 「현대극의 생리—신극관념의 반성의 겸하여」, 『경향신문』, 1955.3.18.

현실과의 관련성, 관객 수용에서의 참신함, 그리고 그것을 뒷받침할 새로운 형식이라 할 수 있다. 비록 그 구체적인 내용을 제시하지는 못하고 있지만, 각각 연극의 생산, 수용, 그리고 소통 방식의 측면에 관련되는 내용으로서, 연극이라는 예술 양식과 관련하여 전반적인 변화가 촉구되었다는 점에 유의해볼 필요가 있다.

연극기호학의 시선을 빌면, 연극이란 복수의 발신자와 수신자 사이에 이루어지는 의사소통의 체계라 할 수 있다. 그런데 연극은 기호의 생산과 수용의 동시성을 본질적인 성격으로 가지므로, 발신자와 수신자 사이에 원활한 소통이 이루어지려면 의사소통의 약호(code)가 필요하게 된다. 이 세 항목이 하나의 체계를 이룰 때에 비로소 작품의 내용 혹은 주제 의식으로서의 전언(message)이 생성, 전달된다.[39] 이 세 가지의 측면에서의 변화가 이루어진다면 그것은 연극의 근본적인 성격 변화를 뜻한다고 할 수 있다. 그러므로 발신자, 수신자, 그리고 약호와 관련하여 연극 창조의 저변에서 이루어진 변화를 짚어볼 필요가 있다. 구체적으로, 발신자로서 연극이 다루는 내용과 표현의 변화, 수용자로서 새로운 관객의 형성, 그리고 약호와 관련하여 무대 위 기호의 성격 변화를 점검해야 하는 것이다.

1) 연극의 표현 대상으로서 '현실' 영역의 확대

1950년대 극작가들은 1930년대부터 활동해온 기성 작가들과 1950년대에 등단한 신인들로 나누어볼 수 있다. 전자에는 유치진을 비롯하여 이광래, 김진수, 김영수 등이 있으며, 후자에는 차범석, 김경옥, 임희재, 이용찬,

---

39 Anne Ubersfeld, 『연극기호학』, 신현숙 역, 문학과지성사, 1988, 28쪽.

하유상, 오학영, 김상민을 들 수 있다. 기성 작가들이 대체로 전쟁을 배경으로 반공 의식을 설파하거나 전쟁이 남긴 상처를 다루었다면, 신인 극작가들은 전쟁이 야기한 전후 사회의 빈궁과 가치관의 혼란에 주목한다.

기성과 신인을 아우르며 전후에 발표된 희곡들의 가장 큰 공통점은 시공간적 배경을 '현대'로 설정하고 있다는 점이다.[40] 이러한 현상은 해방기나 전쟁기에 역사극이 창작되던 것과는 대조를 이룬다. 해방기에는 건국을 통한 새로운 역사 창조의 전망을 '민족'이라는 이데올로기적 호명을 통해 비유적으로 드러내기 위해서, 전쟁기에는 반공 이외에 여타의 현실 인식의 틀을 획득하지 못한 상태에서 목전의 전쟁 수행을 위해 애족의 이념을 반공과 등치시키기 위해서 역사극이 창작되었다. 그러나 전후에 생존의 문제를 절감하고 세계사의 일원으로 '현대'라는 시간과 조우하게 된 체험은 작가들에게 직접 당대 현실을 보도록 요청했다. 이제 현실에 대한

---

40 동시대 시공간을 다루는 것은 전후연극뿐만 아니라 1960년대 말까지 한국 연극의 창작 경향으로 이어진다. 1960년대 등장한 작가들은 사실주의, 부조리극, 서사극 등 다양한 사조와 양식의 실천을 보이는데, 이때에도 동시대적 시공간 설정은 지속적으로 유지된다. 비록 특별한 집단적 선언이나 운동이 존재했던 것은 아니지만, 1950년대 중반에서 1960년대 말에 이르는 기간에 극작가들이 현실을 직접적으로 다루고자 하는 경향은 분명한 것으로서 하나의 시대 사조로 존재했다고 할 수 있다. 과거의 시공간을 작품의 배경으로 삼는 것은 역사극 창작이 활발해지고, 전통의 수용이 새로운 연극성 모색의 방법으로 주목을 받은 1970년대에 다시 두드러진 경향으로 나타나게 된다. 1950년대와 1960년대 희곡 목록은 민족문화연구소 희곡분과 편, 『1950년대 희곡 연구』, 새미, 1998, 부록 ; 『1960년대 희곡 연구』, 새미, 2002, 부록 참조. 1970년대 역사극 창작의 대두와 전통 수용에 대해서는 김민조, 「1970년대 역사극의 재현 방식 연구」, 서울대학교 석사학위 논문, 2013 ; 전통 수용의 양상에 대해서는 김윤정, 「1970년대 희곡의 전통 수용 양상과 극적 형상화 연구」, 서울대학교 박사학위 논문, 2005 참조.

은유로서의 역사적 시공간을 선택하기보다는, 동시대 시공간을 선택함으로써 무대가 현실에 대한 직접적인 환유가 되는 방법을 취했다고 할 수 있다.

우선 현실 취재를 통해 세태를 그려내는 창작 경향이 두드러졌다. 이 경우에는 신문지상에 발표되는 사회문제가 자주 작품의 직접적인 소재가 되었다. 예를 들어, 당시 쌀값 안정을 위해 내려진 금주령에도 불구하고 은밀하게 성행한 밀주 제조, 주거 안정을 명목으로 졸속으로 이루어진 철거와 바라크 제공 과정에 따르는 혼선과 마찰, 기아 문제를 단적으로 보여주는 복어로 인한 사망 등은 연일 신문지상을 오르내린 사건들이었다.[41] 이러한 사건들은 차범석의 〈밀주〉(1955), 임희재의 〈고래〉(1956), 〈복어〉(1956)에서 현실 세태를 드러내기 위한 주요 소재로 다루어졌다.

전후에 등단한 김경옥, 김상민, 임희재, 차범석, 하유상 등은, 세대로는 전후 신진 작가에 속하지만, 여전히 재현의 문법을 취하면서 이처럼 현실 세태나 사회적 부조리를 그려내는 창작 태도를 취했다. 이들은 사실주의로 통칭되었던 기존의 재현 전통이 사회현실에 대한 핍진한 눈을 상실했다고 보고 사실주의의 쇄신 혹은 진정한 확립을 주장했다.[42]

---

41   순서대로 다음과 같은 기사를 들 수 있다. 「밀주 550건 금년에 들어 적발」, 『동아일보』, 1955.3.9. ; 「판자집 주민의 소리」, 『동아일보』, 1955.5.22. ; 「복어알에 요경계(要警戒)! 사망1명 4명 중독」, 『경향신문』, 1955.4.4.

42   차범석은 자신의 사실주의 양식 선택에 대해 그것이 사실주의의 확립을 위한 것이었다고 밝힌다. "다만 한국 연극의 발전 과정이(고대 가면극을 빼놓고는), 이른바 신연극이 시작된 역사가 고작해서 60년밖에 안 된다는 서글픈 연륜을 헤아려 볼 때, 나는 먼저 리얼리즘 연극의 수립부터 공고히 할 필요가 있다고 주장하고 싶다." 차범석, 「무엇을 어떻게 쓸 것인가」, 『현대한국문학전집』 9, 신구문화사, 1966, 496~497쪽. 임희재는 전후 신세대 작가들의 특징을 논하는 좌담회에서 현

그러나 더욱 주목할 것은 당대 현실에 대한 관심을 공유하면서, 이를 현실 사건에 대한 직접적인 묘사를 통해서가 아니라 '연극적' 방식으로 무대화하려는 일련의 창작 경향이 나타났다는 점이다. 이 새로운 창작 경향은 주로 등장인물의 주관의 영역을 특별한 기법을 통해 드러내는 방식을 취했는데, 그 근저에는 사실주의가 전제하는 '객관적 현실'에 대한 의심이 내재되어 있었다. 사실주의에서도 등장인물의 심리와 주관의 영역은 존재한다. 그러나 그것이 객관적인 양태로 제시되는 일련의 상황으로 일원화되어 표현되었다면, 전후의 일련의 희곡에서는 인물의 주관의 영역 또한 그가 직면한 실체의 하나로 바라보게 되었다. 이제 '극중 현실'은 외부적 상황뿐만 아니라 등장인물의 내적 영역으로 분화되었다. 이에 따라 인물의 기억, 정체성, 자아, 실존 등이 새로운 테마로 다루어졌다. 그리고 그것에 가시적인 형태를 부여하기 위한 기법과 드라마투르기가 의식적인 실천의 대상이 되었다.

이러한 실천은 두 가지 양상으로 표출되었다. 외부적 상황과 등장인물의 주관적 영역 양자를 상호 규정의 관계 속에서 연결되어 있는 것으로 제시하거나, 이와는 반대로 서로 이해되거나 소통될 수 없는 단절적 관계로 그려내는 것이다.

이용찬은 전자의 입장을 보여준다. 그는 〈가족〉(1957), 〈기로〉(1959), 〈삼중인격〉(1960), 〈피는 밤에도 자지 않는다〉(1960)에서 외부적 환경에

실을 직시하는 작가의 눈을 강조한다. "엄격한 의미에서「새롭다」는 건 없다고 봐요. 말하자면 우리는 자신이나 작품에 있어 젊고 싱싱하다는 점, 현실에 대하여 비겁하지 않다는 점, 과감한 대결정신이 있다는 점, 피나는 공부를 하고 있다는 뭐 그런 점이겠죠."「신세대를 말하는 신진작가 좌담회」,『현대문학』, 1956.7, 186쪽.

따라 불안정하게 유동하는 인간의 정신적 허약성을 폭로하는데, 그것을 급변하는 시대상과의 상호 관계 속에서 제시한다. 그러한 점은 등단작인 〈가족〉(이원경 연출, 국립극장, 1958.4.29~5.4)이 대표적이다.

공연 당시 〈가족〉은 "줄거리 위주이기보다도 각 인물의 심리적 기복을 8·15 후의 세상과 인간상의 일 단면과 아울러 엮었다"[43]는 점에서 주목의 대상이었는데, 『동아일보』의 평자는 그것이 작가의 적극적인 시도였음을 전하고 있다.

> "종전처럼 관념적으로 주인공의 극적행위만을 쫓고 다른 인물들은 반주적 내지 설명적인 구실을 하는 데 그치는 일을 힘껏 피했다"고 작자는 이 새로운 시도의 요점을 말하고 있으며, 이러한 수법 속에서 "가정이라는 온상과 사랑이라는 패반(覊絆)이 때로는 인간을 위축시키고 당자가 헤엄쳐 뻗어나가려 해도 제어당하는 수가 많다"는 의식 속에 부친의 기형적인 사랑으로 말미암아 헛되게 세월을 보낸 끝에 자아를 잃고 오뇌에 우는 주인공을 그려보려 했다고 말하고 있다.[44]

또한 이해랑의 공연평은 당시에 이러한 구성 방식이 새로운 것으로 여겨졌음을 알려준다.

> 현실에서 도피하여 살려는 주인공의 분망한 내면의 풍경을 말로써가 아니고 조명의 깊은 음양에 의하여 그것을 보여주려고 하는 새로운 수법을 사용하였다. 시각화한 주인공의 내성(內省)의 세계가 현실

---

43 「연출에 호흡 맞춘 팀·월」, 『동아일보』, 1958.4.29.

44 주(州), 「신수법의 시도—이용찬작 "가족"을 보고」, 『동아일보』, 1958.5.6(글쓴이의 필명 "주"는 김광주인 것으로 보인다).

의 그를 설명하는 것이 아니고 **오히려 그의 오늘의 환경을 자극하여 내면의 풍경과 현실의 환경이 극적으로 일치되어 새로운 시츄에숀을 전개하는 세련된 극작술은 도저히 신인의 솜씨라고는 볼 수 없을 만큼 교묘하였다.**[45]

이처럼 〈가족〉에서 극중 현실이란 인물의 주관성에 독립하여 고유의 객관성을 띠는 것이라기보다는, 인물의 주관성과의 상관관계 속에서 재구성되어 드러나는 것이었다고 할 수 있다.[46]

새로운 현실 인식을 무대화하기 위해서 새로운 표현 방식이 이루어지는 것은 지극히 당연한 일이었다. 〈가족〉에서는 가족사를 바라보는 종달의 시각을 장면화하기 위해 동시 무대, 조명을 이용한 장면전환과 심리 강조, 플래시백을 통한 회상구조 등 다양한 기법이 도입되었다. 또한 〈기로〉에서는 인물이 직면하는 심리적 현실의 상대성을 드러내기 위해 해설자를 등장시켜 극중극의 구조를 취했고, 〈피는 밤에도 자지 않는다〉에서는 4 · 19 혁명을 바라보는 여러 시각을 병치, 충돌시키기 위해 무대 구역을 넷으로 나누고 거기에서 다수의 플롯을 교차하며 전개했다. 이를 통해 단선적인 시점이 아니라 다각화된 시점에서 현실을 구성해 냈다.

이와는 다른 경향으로 이광래, 오학영, 장용학은 외부 상황과 단절된 채 자신의 내면에서 또 다른 현실을 구축하고 있는 자아의 모습을 그린다. 이광래의 〈기류의 음계〉(1957), 오학영의 3부작인 〈닭의 의미〉(1957),

---

45 이해랑, 「극작술이 선행된 무대」, 『경향신문』, 1958.5.8.

46 그 외 〈기로〉, 〈삼중인격〉, 〈피는 밤에도 자지 않는다〉에서 '극중 현실'의 문제에 대해서는 3장에서 다루어질 것이다.

〈생명은 합창처럼〉(1958), 〈꽃과 십자가〉(1958), 장용학의 〈일부변경선근처〉(1959)에서는 주인공들이 선언, 독백, 그리고 자신의 분신들과의 대화를 통해 여타의 등장인물을 철저히 배제한 채 자기 내부에서만 진행되는 담화 상황을 창조한다. 또한 공통적으로 극의 말미에서 주인공의 죽음을 통해 외부 세계와의 단절을 고착시킨다.

오학영의 3부작은 주인공 '상화'가 가출, 살인, 처형에 이르는 과정에서 외부 세계와 극한으로 대립하는 모습을 그린다. 이러한 대립은 결국 상화의 죽음으로 끝나는데, 그의 정신은 내면적 승리를 얻었지만 주변의 누구도 이를 알지 못한다. 객관적 시각에서 그는 사형수로서 처형당했을 뿐이다. 작가는 정신의 승리가 오히려 세계와 자아의 괴리를 극대화하는 상황을 냉정하게 그려낸다.

오학영은 극작가로 등단한 경위를 설명하면서 당시 자신의 정신적 정황을 이렇게 설명한다.

> 6 · 25 전란 후 서울의 거리에 전흔이 핏자국처럼 도처에 남아 있을 무렵, 혼돈과 회의, 좌절과 분노가 가슴마다 부글부글 끓어오르는 속에서 나의 문학은 잉태하였고 그 시대의 상황과 그 시대의 의식으로 작품이 짜여져서 1957년 처음 추천을 받아 문단에 희곡 한편을 소개하였다.[47]

이처럼 오학영은 외부 세계와 자아의 내적 세계를 단절적이며 대립적인 것으로 파악하는 자신의 시각이 전쟁이 남긴 시대적, 정신적 혼돈의 영향이라 말한다. 다음의 글에서 그는 그러한 영향이 자신의 창작 태도에

---

47 오학영, 「후기」, 『꽃과 십자가』, 현대문학사, 1976, 345쪽.

연결된다는 점을 밝힌다.

> 나는 다만 타자와 타협하지 않을 〈나〉요, 〈나 자신〉의 내부를 통하
> 여 재발견되는 〈나 자신〉을 구현하기 위하여 〈나〉가 되고 싶다. …(중
> 략)… **불완전의 세계를 불완전으로 파악하는 동시에 완전으로 지향하
> 는 노력과 완전에 권태를 갖는 부조리의 반항을 계속 반영한 것이고
> 이것이 나의 문학의 작업이다.** 내겐 뼈으스러지는 행위의 발전을 기
> 대할지언정 어느 특정된 주의의 카테고리에 종속되기를 거부한다.[48]

오학영에게 세계는 불완전한 것이며, 주체는 이러한 세계에서 불완전
의 여정을 겪는 존재로 파악된다. 이 여정이야말로 주체가 만날 수 있는
진정한 세계 체험이다. 그런 점에서 세계는 주체의 근거가 될 수 없다. 오
히려 '자아'야말로 주체의 근거로서 절대화된다. 이러한 시각에서 그는
어느 하나의 '완전'이란 한시적인 현상일 뿐만 아니라 사실상 존재하지
않는 것이며, 그러한 세계를 대하는 자신의 문학 역시 지속적인 변화를
그 성격으로 가질 수밖에 없음을 토로하고 있는 것이다.

그의 이러한 발언은 젊은 작가가 실존주의 세계관을 생경하게 늘어놓
은 것으로 읽히기도 한다.[49] 하지만 이와 같은 인식은 다른 극작가들에게
서 찾아보기 힘든 것이며, 불안정한 세계상에 대한 연극 창작 주체의 대
응으로서 이채를 띤다. 그에게 현실이란 인물의 외부가 아니라 외부와 내

---

48 오학영, 「추천완료소감—최초의 발언」, 『현대문학』, 1958.5, 257쪽.
49 박명진은 전후 세대가 학교나 서적을 통해 전쟁을 간접 체험했기 때문에 그것을
    역사화시킬 수 없었다고 전제하고, 오학영 3부작에서 실존주의 사상의 지적 유
    희를 보여준다고 평가한다. 박명진, 『한국 전후희곡의 담론과 주체구성』, 월인,
    1999, 212~252쪽.

부 사이의 불완전한 공존 혹은 부조리한 대치 상황으로 이해되고 있는 것이다.

이러한 상황을 구성해내기 위해 〈꽃과 십자가〉에서 오학영은 등장인물의 심리적 분신들을 등장시킨다. 후에 그는 그 취지를 다음과 같이 설명한다.

> 인물 구조에 있어서 근대주의적 리얼리즘은 통일된 성격의 한 인물로 형성된다. 예를 들어보자. A는 대학교수로 주위의 존경을 받는 인물인데, 어떤 계기로 B라는 연인과 교제를 갖게 되며 그 관계로 인하여 A는 B로부터 재산상 피해를 입고 고민하게 된다. A는 극심한 심경적 압박과 고뇌로 성격 이상이 일어난다. 이런 경우 교수 A는 한 인물로 등장되어 B여인과 사건을 발전시키고, B의 위협으로 재산상 타격을 받아 번민하는 과정이 하나하나 계단식으로 구성되어가며 사건의 구성 성격에 따라 A의 언어와 행위가 결정된다.
>
> 그러나 위에 인용한 〈꽃과 십자가〉는 한 인물을 분석 분신화해서 지성을 대표하는 허상, 감정을 대표하는 허상, 의지를 대표하는 허상을 구체적으로 인물화함으로써 모두 4인의 등장인물이 나오게 된다.[50]

'근대주의적 리얼리즘'의 인물 배치에 대한 오학영의 비판은 그대로 기존의 재현 전통 하에서의 플롯 구조에 대한 지적과 연결되어 있다. 등장인물을 하나의 통일된 인격체로 전제하고 그들이 "하나하나 계단식으로 구성"해 가는 플롯 구조를 취하는 드라마투르기로서는 인물의 내적 실상을 드러내는 데에 한계가 있음을 지적하고 있는 것이다. 또한 전통적인 드라마투르기에서 외부 세계와의 상호작용이라는 역할을 수행했던 대사

---

50 오학영, 『희곡론』, 고려원, 1979, 179~180쪽.

로는 인물의 내적 분열 상태를 표현하는 데에 제약을 느낄 수 있다. 독백이 하나의 방법이 될 수 있지만, 이때에는 등장인물이 현재 자신의 고뇌가 무엇인지를 알고 있음이 전제된다. 즉 독백에서 등장인물은 여전히 통일성 있는 존재로 전제되어 있기 때문에, '의식의 분열'을 드러내기에는 적합하지 않은 것이다. 분신의 등장이란 이러한 '분열'에 적합한 형태를 부여하기 위해서 요청된 기법이라 할 수 있다.

이광래의 〈기류의 음계〉에서도 주인공 박환기의 정신적 분열 상태를 분신들의 등장으로 표현한다. 그는 이러한 기법을 사용하는 이유를 "현대의식"의 특성에서 찾는다.

> 의식의 흐름이 오늘같이 혼잡한 때가 있었던가? 또 있을 수 있을 것인가? 잡다한 불협화음계가 소연(騷然)한 가운데 현대 의식은 갈피를 차리지 못하고 광망(狂忘)한다. 作者는 이러한 상황을 『기류의 음계』라고 제하였다. 그리고 『기류의 음계』 아래 이율배반적으로 분열하고 갈등하는 현대의식의 생태를 분석하여 의지적 정열적 변화의 경과를 내험(內驗)하는 현대의식의 비장미를 시간적으로 공간적으로 구상화해 보려고 했다. …(중략)… 그러므로 의식 작용을 화술(話術)에만 의존치 않고 의식의 요소를 구체적으로 직관케 하기 위하여 작중 「박환기」의 인물을 삼인으로 등장시켜 각각 〈지〉, 〈정〉, 〈의〉를 분담케 하였다.[51]

이광래가 파악하고 있는 현대 의식의 특징은 "이율배반적 분열과 갈등"이다. 그는 등장인물을 통일성이 해체되어 있는 존재로 인식하면서 그것을 특별히 '연극적'인 것이 아니라 "우리 주변에서" 충분히 발견할 수 있

---

51 이광래, 『이광래 희곡집(1) 촌선생』, 현대문학사, 1972, 251쪽.

는 '상식적'인 일로 이해한다. 곧 그에게 한 인물의 정신적 분열이란 현대인들이 내적으로 경험하는 것으로서 '현실에 존재하는 것'이다. 그러므로 분열된 자아들은 〈知〉, 〈情〉, 〈意〉 등의 관념어를 자신의 이름으로 삼아 등장하지만, 순전히 상징적인 것이 아니라 박환기가 직면한 '극중 현실'의 인물들이 되는 것이다.

장용학 역시 〈일부변경선근처〉에서 인물과 세계 사이의 화해할 수 없는 대립을 그린다. 이 작품은 "휴전 수년 후"[52]의 전후 사회를 배경으로 삼고 있으면서도, 등장인물들은 현실에 실재하는 사실적 인물로서가 아니라 각기 자신의 욕망 실현에 극단적으로 매달리는 욕망하는 기계들로 묘사된다. 이렇게 장용학은 현실에서 객관성을 찾기보다는 극단성을 발견해낸다. 그리고 그로테스크한 형상화를 통해 전후 사회의 현실을 반영하고자 한다.

이상에서 살펴본 것처럼 전후 일군의 극작가들은 현실을 보는 눈을 달리했다. 현실은 객관적인 것이 아니라 그것을 대하는 시각에 따라 양상을 달리하는 것으로 다루어졌다. 희곡에서 외부 현실이란 그것을 받아들이는 인물의 입장에서 구성되었으며, 동시에 인물의 주관적 영역 역시 그가 직면한 현실로 다루어졌다. 요컨대 연극이 다루는 현실은 상대화되었으며 그 영역은 확장되었다고 할 수 있다.

현실에 대한 새로운 인식과 규정은 새로운 기법을 요청하게 되었다. 객관적 현실을 묘사하는 데 유용했던 시공간상의 통일성은 해체되었다. 하나의 장면 안에 여러 시간과 공간이 공존했고, 현실적 존재가 아닌 자아의 분신들, 욕망의 알레고리들이 무대에 등장했다. 그 결과 연극의 기호

---

52 장용학, 〈일부변경선근처〉, 『장용학문학전집 2』, 국학자료원, 2002, 383쪽.

들은 현실적 대상을 묘사하는 것이 아니라 연극 자체의 구성 논리를 보여주는 데에까지 그 역할이 확대되었다. 그것은 자못 의미심장한 하나의 사건이었다고 할 수 있다. 이제까지 관객이 보지 못했던 새로운 성격의 무대 기호가 출현한 것이며, 근대 연극의 형성 이후 오랫동안 지속되었던 연극 문법에 변화가 일어났음을 의미하는 것이었기 때문이다. 하지만 그것이 '연극'이라는 문화적 실천 형태 안에서 받아들여지기 위해서는 두 가지의 요건이 더 필요했다고 할 수 있다. 관객의 수용과, 그것이 '연극적'이라는 인정이 그것이다.

2) 시민의 출현과 대학생 관객의 등장

전쟁이 끝난 후 침체된 연극 활동에 새로운 활력을 불어넣기 위한 노력은 전쟁을 통해 파괴된 연극의 물적 토대를 재정비하는 것[53]과 새로운 창작 주체들의 등장을 촉진하기 위한 제도 마련[54]에 맞추어졌다. 하지만, 이에 못지않게 달라진 관객의 기호와 감각에 부응하는 작품이 창작되어야 한다는 점 역시 지속적으로 요청되었다. 당시 연극인들에게 관객 측의 변화는 실제로 감지된, 연극이 직면한 '현실'이었다. 1955년에 신협에 의

---

53 국립극장 재건 운동과 소극장 건립 운동의 추진, 국립극단의 재정비 등이 이에 속한다. 이 과정에서 소위 '왜 싸워' 사건으로 표출된 국립극단과 신협 사이의 알력과 갈등은 제도 운영을 주체로서 연극계 주도권을 확보하려는 과정에서 일어난 헤게모니 갈등이었다고 할 수 있다. 그 전반적인 개황에 대해서는 김성희, 「전쟁기와 전후연극의 전개」, 한국연극협회 편, 『한국현대연극 100년–공연사Ⅱ』, 연극과인간, 2008, 67~92쪽 참조.

54 주요 일간지의 신춘문예, 문예지의 추천 제도, 국립극장의 장막희곡 공모제, 소극장 원각사의 개관과 무료 대관 운영 등이 그것이다.

해 공연된 〈욕망이라는 이름의 전차〉의 관객 동원 성공은 그 대표적인 사례로 지적되었다.

> 오늘날 예술계의 불경기를 비탄만 할 것이 아니다. 전쟁경기니 혼란기니 하는 따위는 벌써 지나간 잠꼬대다. **관중 민중은 맹렬한 자기 반성 아래 선택의 자유를 갖추어 있다.** 한때 번성하던 악극단이나 창극단이 퇴조하는 것도 그 때문이요, **「신협」에서 공연한 「욕망이라는 이름의 전차」가 비록 무료입장자 투성이라고 하지만 근래에 드문 초만원의 성황을 이룬 것도 그 때문이다.** …(중략)… 따라서 우리 극단도 모든 객관적 조건의 불리만을 탓하지 말고 종합예술이라는 불명예스러운 감투를 떨어버리고, **현대감각에 알맞도록 메커니즘을 극복할 수 있는 역량을 기루어 몸차림을 다시 하여야 한다.**[55]

이광래는 1955년도 연극계 현황을 개관하면서 관객의 성장이 창작자들의 변화, 발전을 상회하고 있음을 지적한다. 그가 "종합예술이라는 불명예스러운 감투를 떨어버리자"고 말하는 것은, 종합예술이라는 점을 들어 연극성의 쇄신의 어려움을 토로하는, 되풀이 되어 온 변명을 비판하기 위한 것이라 할 수 있다.

최일수 역시 같은 공연을 예로 들며 한국의 신극이 더 이상 관객 대중에게 실득력을 가질 수 없다고 주장한다.

> 그런데 이러한 관점에서 우리나라의 희곡 작품을 볼 때 몇 작품만 제외하고는 거의 전부가 본질적으로 19세기 말엽의 신극 단계에서 현

---

55 이광래, 「연극시평—1955년의 회고와 신년에의 희망」, 『새벽』, 1956.1, 93쪽.

대로 한 걸음도 移向해 오지 못하고 있는 것이다.

그것은 우리나라의 희곡이 일본에 있어서 자연주의 연극이 번성했던 축지소극장 운동시대에 머물은 채 독창적인 민족적 현대화를 이루지 못한 데 있으며 한편 일종의 현대극이라 이름하는 것마저 수입극의 테두리에서 벗어나지 못한 데 그 원인이 있는 것이다.

그러나 연극이 기업적으로 제약을 받는 바와 마찬가지 조건으로 희곡도 역시 문학으로서 대중적 기반을 확보하지 못하고 극단적인 창작의 빈곤을 가져오고 있는데 또 하나의 원인이 있다고 본다.

그것은 첫째 이미 읽기 위한 희곡의 창작시대는 넘어섰다는 것이며 둘째 이에 병행하여 신극으로서는 이미 대중을 가질 수 없게 되었다는 이러한 두 가지 현상을 말해주고 있는 것이다.

그것은 이미 우리나라의 관객이 「체홉」의 『앵원』보다는 「테네시 윌리암스」의 『욕망이라는 이름의 전차』에 더 많이 쏠리고 있다는 것으로도 미루어 알 수 있는 것이다.[56]

위의 논자들이 〈욕망이라는 이름의 전차〉를 '새로운 감각'의 연극으로 꼽는 이유는 등장인물 내면에 잠재되어 있는 뒤틀린 욕망, 이들이 발산하는 성적 섹슈얼리티, 미국식 생활 방식 등의 새로운 인물상과 감각적 향유 대상에 관객들이 적극 호응했기 때문이다.

1957년 신협에서 공연된 〈세일즈맨의 죽음〉 역시 복잡한 구성에 대한 창작자들의 우려와는 달리 관객에게 어려운 것이 아니라 신선한 것으로 다가왔다. 이해랑은 이 공연의 새로운 점을 "부조리 이율배반의 환영 무대를 (무대가 주인공의 환상과 같이 비약하는 것도 우리에게는 신기했다)

---

56 최일수, 「현대희곡의 특질」, 『사상계』, 1957.5, 65쪽.

제시하여 우리의 주목을 끈 연극이었다"[57]고 정리한다. 이해랑이 말하는 신기함이란 현실 차원의 장소가 윌리 로먼의 환상과 함께 비사실적인 내면 공간으로 질적 변화를 보인다는 점이다. 이해랑은 또한 "예술적으로 난삽한 이러한 연극이 또 만이천 명 이상의 많은 관객을 동원하였다는 사실을 우리는 굳이 망각해서는 안 된다"[58]며 일반 관객에게 이 새로운 형식이 그리 난해하지 않게 받아들여졌음을 전하고 있다.

이들 공연에 대한 관객들의 호응은 새로운 관객이 등장한 결과라 할 수 있다. 〈욕망이라는 이름의 전차〉에 배우로 참가했던 이해랑은 당시 대부분의 관객이 대학생이었다고 회고한다.[59] 유민영에 따르면 이 공연은 "전후 연극에서 대학생층이 주 관객층을 형성하는 첫 번째 작품"[60]이었다. 고등교육을 받았으며 서구 사조에 강한 관심을 가지고 미국 대중문화의 향유 주체이기도 했던 이들은 연극에서 달라진 관객의 관심과 수용 감각을 대변했다.

대학생은 실로 전에 없던 새로운 관객층이었다. 식민지 시대에 정식 교육을 받은 한국인은 전체 인구 중 25%에 불과했으며 그중에서 전문학교 이상의 교육을 받은 수는 1% 미만이었다. 그러나 1952~1954년 사이에 이른바 '대학 붐'이 일어난 결과, 1945년에 19개였던 대학의 수는 1960년에 63개로 3.3배 늘어났고, 대학생의 수는 7,819명에서 97,819명으로 12배 이상 증가했다.[61] 이처럼 식민지 시기 극소수에 불과했던 대학생은

---

57 이해랑, 「1957년의 반성 연극계—객석은 언제나 한산」, 『동아일보』, 1957.12.29.

58 이해랑, 위의 글.

59 이해랑, 『허상의 진실—이해랑 연극론』, 새문사, 1991, 392쪽.

60 유민영, 『이해랑 평전』, 태학사, 1999, 300쪽.

61 유성익, 『서시석으로 본 1950년대의 역사—남한의 변화를 중심으로』, 『해방전후

1950년대의 뜨거운 교육열에 힘입어 급속도로 늘어났다.

그러나 대학생의 관객층 형성이라는 직접적인 현상 이면에, 관객의 질적인 변화가 있었다는 점이 더욱 주목된다. 그 질적인 변화란 '시민'의 출현으로 요약된다. 앞에서 지적한 1950년대 교육의 향상은 비단 대학 교육에 국한된 것이 아니라 전 교육과정에서 일어난 일이었다.[62] 1950년대에는 역사상 최초로 의무교육이 실시되었고, 초등학교에서 대학교에 이르는 학년 과정이 제도화되었다. 그 결과 식민지 시기 78%에 달했던 문맹이 퇴치되었다.

이와 더불어 도시화가 급속도로 진행되었다. 전쟁은 도시 집중을 가속시킨 요인이었다. 사람들은 전쟁의 위협을 피해 방위력을 구비한 도시에 몰려들었고, 전쟁 후 재건과 경제개발의 과정에서 도시화가 지속되었다. 인구의 도시 집중으로 인해 전후 사회에서는 '시민'이라는 새로운 사회계층이 대두했다. 당시의 민주주의는 이승만 정권의 권위주의적 독재의 테두리 안에서 제도적, 형식적인 것에 지나지 않았으나, 새로운 시민은 정부통령 선거, 국회의원 선거, 지방의회 의원 선거를 등을 통해 민주주의

사의 재인식 2』, 책세상, 2006, 461~462쪽. 이하 1950년대 사회 · 정치적 상황에 대해서도 같은 논문을 참고했음.

62 이를 수치적으로 살펴보면 다음과 같다. 1945년과 1960년을 비교할 때, 초등학교는 2,834개에서 4,620개로 62.3% 증가했고, 학생 수는 1,366,024명에서 3,599,627명으로 2.6배 증가했다. 중학교는 97개에서 1,053개로 무려 11배나 증가했고, 학생 수는 50,343명에서 528,614명으로 10배 이상 증가했다. 고등학교는 224개에서 640개로 3배 증가했고, 학생 수는 84,363명에서 263,563명으로 3.1배 증가했다. 1950년대 교육의 발전은 세계적으로 그 유래를 찾기 힘든 '교육기적'에 가까운 것이었다. 또한 당시의 교육은 개인의 잠재력 개발을 중시하는 민주화, 민족적 자주성을 강조하는 '민족주의', 그리고 과학기술 연마를 강조하는 '과학 교육'을 그 이념으로 하며 내실을 갖추고 있는 것이었다. 유영익, 위의 논문, 462쪽.

의 절차를 익혀나갔고 자신의 주권을 행사했다. 이 과정에서 이들은 선거에 자신의 판단과 관심을 개입시키는 정치 주체로서 자신을 재인식했다.[63] 이처럼 교육을 통한 개인의 잠재력 신장, 도시화, '시민적·참여적 정치 문화'의 성장을 통해 '시민'은 1950년대의 주체로 등장했다. 그리고 새로운 가치로서 '민주'와 '자유'가 시대 의식과 사회담론을 형성했다. 요컨대 전후 사회의 시민들은 정치적, 사회적 낙후성에도 불구하고 내적으로 성장하고 있었다고 할 수 있다.

이렇게 볼 때, 관객의 수준이 연극의 그것을 상회하고 있다는 이광래와 최일수의 진단은, 비록 직관에 의한 것이었지만 정확한 것이었다고 할 수 있다. 즉 시민으로서의 관객은 연극에서 새로운 내용과 형식을 수용할 능력을 충분히 갖추어 가고 있었던 것이다.

3) 문화 지형 안에서 연극의 지위 이동

전후연극은 새로운 연극성 모색을 강제하는 근본적인 환경 변화에 직면해 있었다. 그것을 문화장 안에서 연극의 지위 이동이라는 측면에서 살펴볼 수 있다. 전후 사회에서 연극은 이전 시기에 구가했던 대중적 연예물로서의 전성기를 마감하고 있었다.[64] 그것은 인접 장르인 영화의 부상

---

63 그 결과 1950년대에는 여촌야도(與村野都)라는 투표 경향이 나타났다. 이를 유영익은 농촌지역의 주민들이 권위에 대한 추종, 상황의 자극 또는 외적 압력에 반응하는 이른바 '동조투표(conformity voting)'를 하는 데 만해 도시 주민들은 자신의 판단, 확신, 그리고 이익과 관심에 따라 투표하는 이른바 '관심 투표(interest voting)'를 하기 시작한 것으로 설명한다. 유영익, 위의 논문, 473쪽.

64 김옥란, 「1950년대 연극과 신협의 위치」, 『한국문학연구』 제34집, 동국대학교 한국문학연구소, 2008, 121쪽.

과 라디오 드라마의 출현으로 인한 매체적 환경의 변화가 낳은 결과였다.

1954년 한국 영화에 대한 입장세가 면제되면서 한국 영화는 급성장하게 된다. 영화에 대한 면세 조치는 미국 영화의 범람으로부터 한국 영화를 보호 육성하기 위한 것이었다. 한국에서 미국 영화는 해방기 미군정청의 비호 아래 대량 배급되었고,[65] 전쟁 이후에도 대다수의 상영관을 차지했다. 1950년대 후반 서구 영화는 연간 150여 편이 수입되었으며 이 중에서 미국 영화가 100여 편으로 2/3를 차지했다. 이에 비해 턱없이 부족했던 한국 영화의 제작 편수는 영화에 대한 보호 정책에 힘입어 지속적으로 증가했다. 식민지 시대 연평균 10편 내외로 제작되던 것에서 1950년대 후반에 이르면 100여 편으로 비약적으로 증가하여 수입 영화와 대등한 수준이 된다. 1955년 이규환 감독의 〈춘향전〉이 18만의 관객을 동원하면서 영화는 '돈벌이가 되는' 사업이 되었다. 제작자들이 난립한 나머지 영화의 사행성과 투기성을 제어하기 위해 제명을 통한 정리가 시도될 지경이었다.[66]

---

65 노지승, 「1950년대 후반 한국에서의 서구영화 수용과 모방의 양상」, 『국어교육연구』 57호, 국어교육학회, 2015, 365~366쪽.

66 1954~1960년 한국 영화 제작 현황

년도	제작 편수	제작자 수	특기 사항
1954	18	12	
1955	15	10	
1956	30	26	
1957	37	12	
1958	74	72	
1959	111	71→52	제작자협회가 정부 뒷받침으로 자체 정리(제명) 시도
1960	92	55	

영화진흥공사, 『한국영화자료편람』, 1976년 48쪽(정종화, 「1950~60년대 한국영화 스타시스템에 대한 고찰—'영화기업화'와 '배우전속제'를 중심으로」, 『한국영화학회 학술발표대회 논문집』, 2007, 21쪽에서 재인용).

이에 반해 연극의 입장세는 40%에서 30%로 10% 낮추어졌지만 여전히 높은 세율이 유지되면서 관객 유치에 불리한 입장에 처했다.[67] 1956년 연극의 입장세가 10%로 낮추어졌지만, 한국영화의 면세 조치는 유지되었고, 외국 영화에 대해서는 입장세를 150%까지 높이는 등 영화 진흥의 정책 기조는 유지되었다.[68] 그러다 1958년에 이르러서야 외국 영화에 대해서 입장세를 65%로 대폭 인하하고 국산 영화에 대해서는 10%의 입장세를 다시 부과한다. 그리고 연극에 대해서는 입장세를 면제하는 조치가 이루어졌다.[69] 이러한 개정은 고사 상태에 빠진 연극을 회생시키고, 어느 정도 경쟁력을 갖추게 된 국산 영화에 다시 세금을 부과하기 위한 것이었다. 이처럼 1950년대 후반 연극과 영화는 서로 다른 명암을 맞이했다.

한국 영화의 성장은 단순히 양적 성장에 그치지 않았다. 1950년대 후반에서 1960년대 초반은 '특수효과'의 개념과 기술이 재확립된 시기이다. 식민지 시기 간헐적으로 이루어지던 특수효과는 해방 이후부터 전쟁기까지 거의 사라졌다가 1950년 중반부터 본격적으로 실행되기 시작한다. 이전의 특수효과가 실재하지만 실사로 촬영하기 어려운 대상을 표현하기 위한 사실성의 획득에 주력했다면, 1950년대 후반에는 이러한 사실성뿐만 아니라 실재하지 않는 대상을 묘사하기 위한 도구로서 환상성을 지향했다. 이에 따라 특수효과의 개념이 확대되었고 다양한 기법의 활용이 서서히 징착되어갔다. 영화 관객들은 특수효과를 통해서 낮과 밤의 시간적

---

67 1954년에 이루어진 입장세법 개정 내용은 다음과 같다. "연극물의 입장세는 정부 안 40%를 30%로 낮추고 영화에 있어서는 외국품은 80% 그대로 두고 국산 영화는 입장세를 면제하기로 결정 통과." 「단상단하」, 『동아일보』, 1954.3.29.
68 「외국영화는 인상 입장세법개정안통과」, 『동아일보』, 1956.12.13.
69 「세법개정안일부수정」, 『동아일보』, 1958.11.22.

배경(〈자유부인〉 1956), 창밖의 풍경 묘사(〈인생화보〉 1957), 눈과 비 등의 기상 변화(〈그대와 영원히〉 1958, 〈로맨스 빠빠〉 1960)에서 더욱 매끄러운 표현을 볼 수 있었으며, 미니어처(〈대원군과 민비〉 1959)와 화공 효과(〈현해탄은 알고 있다〉 1961)를 통해 대형 스펙터클을 접할 수 있었다. 또한 와이어 액션을 통한 인체의 공중 비행, 하늘의 구름이 지상으로 내려오는 장면, 합성을 통한 초자연적 존재의 현시 등을 보게 되었다(〈백사부인〉 1960).[70]

이에 반해 연극은 대중적 흥행물로서의 경쟁력을 상실했다. 1958년『동아일보』의 기사는 이러한 연극의 현황을 진단하고 있다.[71] 이 글에서는 극단 신협의 〈한강은 흐른다〉가 관객 동원이 용이한 추석 기간에 공연되어 여타의 연극 공연에 비해 상대적으로 많은 8,500여 명의 관객을 동원하였음에도 불구하고 적자를 면치 못했음을 언급하면서, 제작비조차 건지기 힘든 연극의 수입 구조를 지적한다. 영화와 같은 입장료를 받지만 그만큼의 관객을 동원하지는 못하고 더구나 입장세까지 내야 하는 상황에서 연극은 "도저히 채산이 맞지 않는 노릇"[72]이라는 것이다. 당시 흥행에 성공한 영화가 6~8만의 관객을 동원했던 점과 비교해볼 때, 연극의 관객 동원은 이와는 상당한 격차가 있었다고 할 수 있다. 기사는 연극계의 침체된 분위기를 전하면서 이러한 현상의 원인으로 연극의 구태의연한 표현 방식이 관객 대중에게 매력을 상실했음을 지적한다. 즉 국가의 보조를 받는 국립극장의 공연물들조차 "재래식의 구태의연한 연기와 발성법으로

---

70 1950년대 한국 영화의 특수효과 기술의 발전에 대해서는 정승언, 「한국영화 특수효과 정착과정에 대한 연구」,『현대영화연구』제21집, 2015를 참조했음.
71 「하기 힘든다는 연극 해도 안봐주는 연극」,『동아일보』, 1958.10.5.
72 위의 기사.

운치 있는 분위기와 대사를 말살해버릴 때, 들리지도 않는 대사를 관객에게 들으라고 강요하는 것은 무리"이므로, "연극 자체의 매력은 살아 있는가 한번 검토해보아야 할 때"[73]라는 것이다. 유치진 역시 다음과 같이 연극에 미친 영화의 영향을 지적한다. 그는 연극이 영화와 달리 관객의 기대에 부응하지 못하고 있다고 진단하면서, 그 결과 영화로의 인재 유출과 극장의 대관 거부라는 실제적 어려움에 처했음을 지적한다.

> 외화를 통해서 소개된 외국의 세계적인 우수한 배우들의 연기와 극술(劇術)이 우리의 관중의 눈과 감상력을 높였기 때문에 종래의 우리의 연기 수준이나 극 수준에 우리 관중은 만족할 수 없게 된 점과 다른 하나는 전국 각 극장이 외화에 의해 점령당했기 때문에 연극은 그 상연무대를 잃고 만 것이다. 그리고 국산 영화에 있어서도 연극에 대하여 두 가지의 압력을 가하고 있는데 그 하나는 연극인들이 수입이 나은 영화제작에 전업 내지 품팔이로 동원되기 때문에 그나마 질적으로 얇은 연극의 수준을 올릴 겨를과 인재의 결핍으로써 연극은 갈수록 빈혈증이 노정되는 점과 다른 하나는 상술한 외국 영화와 같이 국산영화 역시 연극의 극장진출을 봉쇄하고 있는 사실을 지적할 수 있다.[74]

실제로 작가, 배우 등 연극계 인물들은 대거 영화에 진출했다. 주요 배우들이 영화사의 전속 배우가 되고 영화계에 스타 시스템이 구축됨으로써 이제 연예계 스타란 연극, 악극, 국극 등의 무대예술의 배우가 아니라, '영화배우'를 지칭하는 것으로 판도가 바뀌게 되었다. 또한 연극 전용관

---

73 위의 기사.
74 유치진, 「극계 위기를 극복하는 길」, 『서울신문』, 1958.5.25.

이 전무한 상황에서 영화와 연극이 같은 극장을 사용해야 했으므로 흥행과 입장세 등을 고려한 극장주들은 연극 대관을 꺼리게 되었다. 그 결과 대중적 연예물로서의 연극은 그 무대를 찾기가 몹시 힘들게 되었다.

연극과 영화의 길항 관계와 함께, 라디오 연속극의 출현은 연극의 입지를 더욱 좁게 만들었다. 극 형식의 작품이 라디오를 통해 방송된 것은 일찍이 경성방송국(JODK) 개국을 위한 시험 방송이 이루어진 1925년부터의 일이다. 이때의 방송은 무대 공연을 위한 연극 대본을 그대로 사용했으며 여기에 청취자를 위한 설명이 덧붙여진 것이었다. 시험방송에 참여했던 복혜숙의 회고에 의하면 당시의 연출과 연기는 마이크 앞에서 '연극'을 한 것이었다.[75] 1930년대의 라디오극 방송은 자주 무대 공연물을 중계하는 방식을 취했다. 이때의 중계 방식은 "막이 오르기 전에 먼저 이야기의 줄거리와 등장인물, 주역, 배우, 무대장치 등을 설명해서 라디오를 듣는 사람들에게 사전에 지식을 충분히 가지게 하며 연극이 진행되는 동안에도 틈틈이 대사를 방해하지 않는 범위 내에서 등장인물의 동작이라든지 표정, 소도구의 위치 등 청취자가 눈으로 볼 수 없는 광경을 자세히 설명"[76]하는 것이었다. 이와 같은 방식은 라디오 드라마의 장르적 변별성이 획득되지 못한 상태에서 연극을 청각적으로 전달하는 데 치중했음을 알게 한다.

간헐적으로 연극과 변별되는 라디오 드라마만의 특성에 대한 탐구와 창작이 이루어지기도 했다. 1934년에는 연극 대본에 의지하지 않는 순수 라디오 드라마가 창작, 방송되었다. 극작가 김희창, 배우 윤성묘, 연출

---

75 한국방송인클럽 편, 『한국방송보도70년사』, 한국방송인클럽, 1994, 77쪽.
76 위의 책, 78쪽.

가 박진이 결성한 '라디오 플레이 미팅'이라는 단체를 통해 〈노차부(老車夫)〉가 방송되었는데, 그것은 "군더더기 설명이 없는 대사로만 꾸며지는 라디오 드라마의 기본형, 또는 원형"[77]이었다. 1936년 부민관에서 '라디오 드라마 실연대회'가 개최되는 등, 라디오 드라마에 대한 관심이 고조되기도 했다. 그러나 1937년 중일전쟁 이후 전쟁 수행을 위한 목적극이 방송되었고, 1941년 이후에는 보도에 밀려 방송극의 비중은 대폭 감소했다. 이처럼 라디오 드라마는 1930년대 중반에 짧은 개화기를 가졌지만, 연극 형식에 기대는 측면이 강했고 연속극의 형태로 발전한 것은 아니었다.

해방 이후 미군정기를 거치며 이러한 판도에 변화가 일어난다. 소설가와 극작가가 방송 드라마 창작을 겸하던 것에서 한운사, 최요안, 조남사 등 전문 라디오 드라마 작가들이 등장해 무대극을 방송극으로 고쳐 쓰던 방식을 지양하고 본격적인 라디오 드라마 대본을 창작하기 시작한 것이다.[78] 또한 비록 각색물이었지만 연속극이 시도되었다. 〈톰 소여의 모험〉을 번안, 각색한 〈똘똘이의 모험〉(1946)이 3년여 간 인기리에 방송되면서 연속극 형식을 정착시켰고, 그 성공을 바탕으로 윤백남 각색의 〈임거정〉, 김회창 각색의 〈대원군〉 방송이 이루어졌다. 이렇게 이 시기에 라디오 드라마는 독자적인 영역과 형식을 갖추어나가기 시작했다고 할 수 있다.

이러한 변화를 기반으로 1950년대 중반에는 라디오 드라마 붐이 일었다. 1956년에 서울중앙방송국(HLKA) 제2방송이 개국하고 최초의 순수 창작 연속극 〈청실홍실〉이 방송되면서 본격적인 라디오 연속극의 시대가

---

77 위의 책, 같은 쪽.
78 위의 책, 152~154쪽.

열린 것이다. 〈청실홍실〉은 일주일에 한 번 방송되는 '일요연속극'이었지만, 1957년 6월 1일부터 종일 방송이 실시되면서 그해 10월에는 '일일연속극' 〈산 너머 바다 건너〉가 방송되기에 이른다. 이제 청취자들은 방송을 통해 매일 라디오 드라마를 들을 수 있게 되었고, 연속극이라는 라디오 드라마의 형식은 수용자인 청취자에게 성공적으로 안착했다. 연속극 방송 시간이 되면 하던 일을 멈추고 라디오 수신기 앞으로 사람들이 모여들 만큼 당시 라디오 드라마의 인기는 높았다. 라디오 연속극은 새롭게 부상한 극 형태로서 "1950년대 후반 연예·오락 분야의 성공사례"[79]라 할 수 있다.

라디오 드라마는 영화와 연극에 대해 각기 상이한 관계를 맺으며 연극의 지위 하락을 가속화했다. 많은 수의 라디오 드라마가 영화화되면서 영화와 라디오 연속극 사이에는 동반 성장의 관계가 형성되었다. 당시 급성장하던 영화는 라디오 드라마에서 원활한 대본 공급처를 발견했고, 라디오 드라마의 인기를 영화 흥행에 십분 활용했다.[80] 반대로 라디오 드라마는 영화화를 통해서 일회성의 방송 '대본'에서 영화의 '원작'으로서 자신

---

79   최미진, 「1950년대 후반 라디오연속극의 영화화 경향 연구」, 『한국문학이론과 비평』 제49집, 한국문학이론과 비평학회, 2010, 123쪽.

80   1956년부터 1960년까지 서울중앙방송국에서 방송된 라디오 연속극은 일요연속극 9편, 일일연속극 24편이었다. 이 중에서 일요연속극의 89%인 8편, 일일연속극의 67%인 16편이 영화화된다. 한편 라디오 드라마 원작 영화는 흥행에서도 나쁘지 않은 성적을 거두었다. 〈산 넘어 바다 건너〉는 8만여 관객을 유치하면서 1958년 국산 영화 4위를 기록했고(「58년도 관객동원수로 본 내외 영화 베스트·텐」, 『동아일보』, 1958.12.24), 1959년에 제작된 〈동심초〉는 12만 명이 관람하여 1959년 국산 영화 2위를 기록했다(「관객동원수로 본 올 해 베스트 10」, 『동아일보』, 1959.12.23.).

의 지위를 높일 수 있었으며, 방송 고료에 비해 상대적으로 높은 원작료는 방송극 작가들의 창작 의욕을 고취시키는 역할을 했다. 라디오 드라마의 광범위하고 급속한 영화화는 방송이 영화의 상업성과 결탁했다는 논란을 불러일으켰고, 그것은 양자 사이의 고유 특성에 대한 논의를 촉발했다. 이 점에서 양자는 시각성과 청각성이라는 분명한 차이를 고유성으로 인식함으로써, 자신의 영역을 비교적 손쉽게 확보했다.

가령 "영화처럼 눈으로 보고 느낄 수 있는 인상은 강렬한 대신 고정적인 한계를 가진다면, 라디오 드라마에서 흘러나오는 정확하고 세련된 소리의 배열은 듣는 사람에게 시공을 초월한 자유로운 상상력을 허용한다. 그 소리의 배열은 음악이 '느끼는' 상상력과 달리 '보는' 상상력을 창조해 내야 한다"[81]는 지적이 라디오 드라마쪽의 전형적인 입장이라면, 영화는 라디오 드라마가 제공할 수 없는 시각적 스펙타클을 제공함으로써 대중에 대한 호소력을 확보했다. 가령 〈로맨스 빠빠〉나 〈현해탄을 알고 있다〉 등의 영화는 라디오 드라마를 원작으로 해서 제작되었지만, 각기 날씨 표현과 전투 장면에서 특수효과를 사용하여, 높은 시각적 완성도를 보여주었다.

영화와 라디오 드라마의 이러한 상생 관계에 비해 연극은 양자로부터 도전을 받게 되었다. 우선 연극은 식민지 시대와는 달리 더 이상 라디오 드라마의 형식적 준거로서의 역할을 하지 못하게 되었다. 라디오 드라마가 연극과의 변별성 확보에 주력했던 것과는 반대로 이제 연극이야말로

---

81 윤병일, 「나는 이렇게 생각한다—연출·연기에서 본 '라디오·드라마'」, 『방송』 제3권 제5호, 공보실 방송관리국, 1958.5, 36쪽(최미진, 앞의 글, 130쪽에서 재인용).

자신의 변별성을 재확보해야 하는 처지에 놓이게 된 것이다. 라디오 드라마의 출현으로 인해, 등장인물의 대화를 통한 이야기의 전개라는 의미에서의 '극적' 형식은 청취자의 생활 속에 늘 함께 있는 것으로서 일상화되었다. 근대 연극이 이전의 전통 연희와의 변별성의 지점으로 삼았으며, 이후의 전개 과정에서 연극의 드라마투르기 자체를 의미했던 '극적' 형식이, 이제는 연극의 특별한 속성이 아니라 일상적으로 향유할 수 있는 것으로 보편화된 것이다. 1950년대 후반에 이르러 연극, 영화, 드라마가 이 극적 형식을 공유하면서 각기 자신의 독자적 영역을 확보해나가야 했을 때, 이처럼 라디오 드라마는 일상성이라는 영역을 독점했다.

일상성을 기준으로 할 때, 연극과 영화는 특별한 여가의 대상으로 분류된다. 그러나 향유의 대상으로는 영화가 압도적인 우위를 점했다. 앞에서 살펴보았듯 영화의 제작 편수는 급속도로 늘어났고 대부분의 극장이 연극과 영화 대관을 병행하던 것에서 영화 전용관으로 전환했다. 양적 성장과 함께, 영화는 매체로서의 경쟁에서 연극을 앞질렀다. 라디오 드라마가 근본적으로 청각 매체라면, 연극과 영화는 청각과 시각에 동시에 호소하는 매체라 할 수 있다. 시각성 구현에서 기술적 진보를 보였던 영화와 비교할 때, 사실적 묘사에 공을 들이는 근대극의 미적 관습은 더 이상 매력적인 것이 될 수 없었다.

전후의 연극의 장 안에서 새로운 연극에의 목소리가 높았던 것은 이처럼 문화장 안에서 이루어진 변화에 따라 기존의 연극이 매력을 상실했기 때문이었다. 연극이 시대적 변화에 민감하게 대응해야 한다는 연출가 이원경의 다음과 같은 요청에는 당시 연극이 처한 위기 상황이 반영되어 있다.

솔직히 말해서 오늘날의 우리의 연극은 시대와 유리되어 있는 상 싶다. 다시 말하자면 매력을 상실하고 있다. 여기엔 여러 가지 원인이 있겠지만 무엇보다도 가장 큰 원인은 연극인 자신들의 시대적 착각 내지 인식 부족에 기인하는 것 같다. **오늘의 관객이 무엇을 요구하고 있는지를 모르고 다만 연극의 전통만 고집하고 있는 것 같다.** …(중략)… 전통이란 베일 속에 숨어 있는 타성과 인습을 아낌없이 버려야 한다. 그리고 이 시대를 정시하고 이 시대가 요구하는 것을 파악하고 그것을 보여주려는 노력과 자기 자신의 수련의 재출발이 있어야 한다.[82]

이원경은 연극이 침체에 빠진 가장 큰 원인을 연극인들의 시대착오에서 찾는다. 관객의 기호 변화에 둔감한 채 타성과 인습에 빠져 있다는 것이다. 이러한 진단을 바탕으로 이원경은 연극의 쇄신을 위해 연극인들 자신의 각성을 촉구한다.

연극의 관객 회복이라는 그의 염원은 절실한 것이지만, 연극인들의 각성을 통한 쇄신이라는 방향설정은 다소 평면적이며 순진한 것이라 할 수 있다. 실제로 전후 사회의 문화장 안에서 연극의 위기는 연극인들 타성 이전에 더욱 근본적인 환경변화에 결부되어 있었기 때문이다.

이에 비해 임희재의 진단은 더욱 비관적이지만 훨씬 도전적이며, 또한 정확한 일면을 지니고 있다.

①연극 이야기가 나오면 의례히 비관적인 얘기뿐이며 결론에 가서는 희곡의 빈곤 작가의 빈곤이 오늘날 우리 연극을 결정적으로 침체케 하는 책임자처럼 추궁을 받는다. (중략) 그러나 오늘날 극예술의 부진은 비단 우리나라뿐만이 아니라 세계 공통적인 실정인 것 같

---

82 이원경, 「시대적 요구에 민감할 것—새로움을 찾는 길」, 『동아일보』, 1958.1.18.

다. (중략) 확실히 오늘의 기계주의 문명의 발달은 현대인으로 하여금 연극에 대한 매력을 상실케 하고 있으며 이러한 상태가 더 계속된다면 연극은 하나의 고곡(古曲)으로서 유물화가 되지 않을가 하는 우려까지 가져지는 것이다. 이를 가리켜 인간정신의 타락이라고 슬퍼할지 모르겠으나 이는 어찌할 수 없는 현대의 표정의 일면이며 성격이며 공포요 비극이기도 하다. (중략)

②어지간히 사실주의적인 표현에는 매력을 잃었고 공상적이며 상징적인 형식에는 내 자신이 동화적이 못되기 때문에 거기 공감할 수도 없고 하여 나는 사회적 관습과 제도에 굴종하며 필요 이상으로 무력한 자아의 비열함에 대한 레지스탄스의 한 방법으로서 **무언가 내 내부에 있어서 절대를 갈망하는 자기표현이 치열한 작품으로서 제작되었던 것이다.** (중략)

③요즈음 나는 과거 발표한 몇몇 작품을 통해서 또한 작금 발표되는 대부분의 작품을 통해서 우리들 극작가라는 사치스러운 이름은 대본가로 변경함이 옳다는 것을 통감하고 있다. (중략) 이러한 대본들은 대개의 경우 가정극을 소재로 하고 있음을 본다. 따라서 등장하는 인물들도 천편일률적으로 아버지 어머니 아들 오빠 남편 아내 등등 이러한 혈족으로 구성되며 이들의 상반되는 의지의 대립은 결국에 가서는 혈족애 밑에서 굴복하고 마는 것이 통례처럼 되어 있다. 따라서 **이러한 가정극은 결국 안이한 인정극의 테두리를 벗어나지 못하는 위험성이 많다.** (중략) 우리들은 이미 낡은 봉건문화의 붕괴로부터 낡은 가족주의는 차츰 민주주의적인 체제로 변화되면서 군중 속에서 생활하고 사고하고 또한 즐거움을 느끼는 그러한 연극을 생각하게 되었다.

④나 개인의 존재가 거대한 대사회(對社會) 대국가(大國家) 나아가서는 대인류(對人類)와 견주어 어떠한 가치와 의의를 지니고 있으며 개인의 존재가 무엇인가 하는 불가사의한 문제를 나의 자유로운 생각에 의해서 구명해보자는 데에 작품의도를 두고 있다. 이러한 이야기들이 나의 희곡방법이 될는지 의문이며 또한 이러한 작품 의욕이 발동되어 언제 희곡다운 작품을 쓸 수 있을는지 현재 나는 혼란한 속에

서 시력을 잃고 방황하고 있는 느낌이다. (중략) 현재 나는 실의상태에서 내가 나의 존재가 무엇인가를 알지 못하면서 연극을 생각하는 것이 비극적이며 견딜 수 없는 고통이다.[83]

임희재는 연극의 침체를 단순히 연극인들의 타성 문제에 두지 않고, 현대 문명의 결과로 보려 한다(①). 그에 의하면 그것은 어쩔 수 없는 현대의 한 현상이다. 그러므로 막연히 관객 회복을 부르짖는 대신에, 극작과 연극의 근거와 방법을 다시 물어야 하는 것이다. 임희재는 이에 대한 자신의 숙고를 소개한다. 그는 연극사적 관점에서 이전과는 다른 내용과 기법이 요구되고 있다는 점을 분명히 하면서, 아직 새로운 기법을 확실히 획득하지 못한 자신에게 극작의 방법이란 "사회적 관습과 제도에 굴종"하는 무력한 자아에 대한 대응으로서 "내부에 있어서 절대를 갈망하는 자기 표현"이라고 말한다. 이러한 언급을 통해서 그는 자신에게 새로운 기법을 탐구할 필요성이란, 이원경처럼 시대에 맞는 세련된 감각을 통해 연극 관객을 회복하기 위해서라기보다는, 근본적으로 연극의 과제를 무엇에 두는가에 달려 있다는 점을 밝히고 있는 것이다.

그 연장선상에서 그는 당시에 만연하고 있었던 가정극의 창작 경향에 반대를 표한다. 그것은 결국 인정극의 테두리를 벗어나지 못한다는 것이다(③). 임희재는 이제 연극이 다루어야 힐 내용이란 가족주의 차원에서의 '인정(人情)'의 문제 아니라, 민주주의의 지평 속에서 개인의 문제로 바뀌어야 한다고 제안한다. 그는 "군중 속에서 생활하고 사고하고 또한 즐거움을 느끼는 그러한 연극을 생각"한다고 밝히는데, 이때의 군중이란 흥

---

83 임희재, 『연극공황과 희곡—연극은 유물화되지 않을까』, 『동아일보』, 1958.4.17.

행의 대상으로서의 대중이 아니라 민주주의의 주체로서의 대중을 뜻한다는 것은 쉽게 알 수 있다. 이러한 문제의식 하에서 그는 사회, 국가, 인류 등의 인간 공동사회와의 관계에서 "개인의 존재가 무엇인가"를 자신의 극작 테마로 선택한다(④). 비록 그 내용과 형식에서 아직 답을 찾지 못했다고 고통스럽게 고백하고 있지만, 이러한 논의는 그가 앞서 진단한 현대 문명에서의 연극의 불안정한 지위를 염두에 두면서 연극의 진로를 근본적으로 새로운 방향에서 모색하고 있다는 점에서 의미가 있다. 그 방향이란 관객 획득이라는 일차원적인 생존의 목표가 아니라 현대에 새롭게 대두된 '개인'의 문제에 대한 천착이자 해명이다.

이렇게 임희재는 '현대'라는 새로운 시대에 연극이 대중성을 좇기보다는 진지한 주제의식으로 밀도 높은 담론을 형성해 나가야 한다는 것을 앞으로의 방향으로 제시한다. 그리고 그것은 당시 연극이 직면한 상황에 더욱 부합하는 것이었다. 실제로 1950년대 중반 이후 한국 연극사에서 연극의 관객 회복은 연극인들의 자세나 염원과는 상관없이 더욱 요원한 과제가 되어 갔으며, 전후의 문화장 안에서 여타의 '극적' 문화적 실천형태들과는 다른 변별성을 획득하려는 연극의 '쇄신'의 방향은 대중성보다는 소위 '예술성'을 획득하는 것에 맞추어졌다. 범박하게 말해서 하나의 연극 작품이 내용과 형식의 분리 불가능한 결합을 통해 성립되는 것이라면, '예술'로서의 연극은 영화나 라디오 드라마와는 다른 '진지한' 내용을 다루어야 하며, 형식상에서는 이를 반영한 특별한 형태를 보여야만 했다. 이 둘의 결합을 통해, 연극은 대중적 오락물이 아니라 하나의 '사유의 형식'이 되어야 했다. 그리고 바로 이러한 모색의 과정에서 전후연극의 새로운 드라마투르기가 출현했다고 할 수 있다.

(2) 해외 연극 수용의 이중성

이처럼 새로운 드라마투르기가 출현하게 된 근본적인 여건의 변화가 작가의 현실 규정의 확대, 관객의 수용 능력 신장, 연극의 고유성과 매력의 상실 등 한국 연극의 내적 맥락에서 일어난 것이라 하더라도, 그것이 구체적으로 어떤 형태로 발현될 것인가의 문제에서 해외 연극의 사조와 동향은 분명한 영향을 주었다. 이광래, 오학영의 희곡에서는 표현주의적 요소를, 이용찬의 희곡에서는 형식 무대(formal stage), 극중극, 몽타주 기법의 수용을 확인할 수 있다. 극작가뿐 아니라 공연 창작자들 역시 해외의 선진적 기법 수용에 적극적이었다. 무대미술가 박석인이 헬싱키에서 구미의 연극 무대를 보고 온 경험을 살려 〈삼중인격〉(1960)의 무대를 디자인한 것[84]이나, 일본에서 연출 수업을 받은 박용구가 〈피는 밤에도 자지 않는다〉(1960)에서 새로운 연출을 선보이려 한 것[85]등은 당시 새로운 것을 받아들이고자 하는 열망이 전방위로 열려 있었음을 짐작케 한다.

이미 많은 연구자들이 지적했듯, 전후에 미국연극의 영향은 강하고 분명한 것이었다. 그것은 번역과 공연에서의 작품 선택에서뿐만 아니라 연극 시찰을 통한 기술 전수의 차원에서도 이루어졌다. 당시 전체 연극 활동의 한 부분으로 인정받았었던 대학극,[86] 새로운 연극 운동으로 부상한

---

84 「현대 연극의 전위―기대되는 '팔월극장'의 춘계 공연」, 『동아일보』, 1960.4.13.

85 「합동 공연을 기획」, 『경향신문』, 1960.10.8.

86 일례로 대학극이 활발했던 고려대학교와 연세대학교의 1950년대 공연 목록을 일별하면 다음과 같다. 고려대학교. ― 1949년, 루이지 필란델로 〈천치〉 ; 1952년, 〈테베의 항거〉(소포클레스 〈오이디푸스 왕〉, 〈콜로노스의 오이디푸스〉, 〈안티고네〉 3부작) ; 1954년, 소포클레스 〈오이디푸스 왕〉 ; 1955년, J. B. 프리스틀리 〈에바 스미스의 죽음〉 ; 1956년, 유리피데스 〈메데아〉 ; 1957년, 조지 버나드 쇼 〈악

소극장 운동,[87] 그리고 기성 연극을 대표했던 신협의 공연[88]에서 미국 작

마와 제자〉; 1958년, 서머셋 모옴 〈성화〉; 1959년, 손턴 와일더 〈우리 마을〉, 존 밀링턴 싱 〈그늘진 계곡〉. 연세대학교—1953년, 유진 오닐 〈고래〉; 1955년, 릴리언 헬먼 〈짓밟힌 포도원〉, 스탠리 호오튼 〈집주인〉, 존 패트릭 〈사랑은 죽음과 함께〉; 1957년, 테네시 윌리엄스 〈유리 동물원〉, 리차드 N. 네쉬 〈비는 행운을 싣고〉; 1959년, 도날드 비반 & 에드몬드 트로친스키 〈제17 포로수용소〉. 고려대학교에서는 한국 연극사 최초로 소포클레스와 유리피데스의 비극이 상연되어 번역극 선택의 폭이 서양 연극사 전체로 확대되었으며, 고려대학교와 연세대학교에서 모두 영미권 희곡이 주류를 이루고 있다. 김효, 「1950년대 대학연극의 발전과 전개」, 한국 근·현대 연극 100년사 편찬위원회 편, 『한국 근·현대 연극 100년사』, 집문당, 2009, 621~622쪽.

87 1950년대 소극장 운동은 1953년 테아트르·리이블의 결성으로 시작되어 1956년 제작극회로 이어지고 1959년 소극장 원각사의 개관으로 급속하게 확산되어 소극장 원각사가 소실된 1960년까지 지속된다. 이 기간에 공연이 확인되는 단체는 20개이며 작품은 대략 36편 정도인데, 창작극과 번역극이 반반으로 같은 비중을 차지하고 있다. 번역극 중에서는 영미권 희곡이 14편으로 다수를 차지한다. 1953년, 테아트르·리이블—호든 〈The Dear Departed〉, 아더 밀러 〈세일즈맨의 죽음〉; 1956년, 제작극회—홀워디 홀 로버트 & 미들매스 〈사형수〉; 1958년, 청포도극회—T. C. 메레이 〈장남의 권리〉; 1959년, 제작극회—테네시 윌리엄스 〈유리 동물원〉, 팔월극장—개스린 획비스 〈엄마의 모습〉, 현대극회—T.S.엘리엇 〈칵테일파티〉, 신인소극장—헨리 덴커 & 랄프 비어커 〈문제된 시간〉, 신무대 실험극회—〈햄릿〉; 1960년, 제작극회—존 오스본 〈성난 얼굴로 돌아보라〉, 업 선 스테이지—유진 오닐 〈지평선 넘어〉, 햇불극회—골즈워디 〈승리자와 패배자〉, 〈첫과 끝〉, 발견극회—제임스 리 〈어느 배우의 생애〉. 이상의 공연 목록은 이진순, 「한국연극사 자료」, 김의경·유인경 편, 『지촌 이진순 선집 1』, 연극과인간, 2010, 266~276쪽의 공연 연표와 정호순, 「1950년대 소극장 운동과 원각사」, 『한국극예술연구』 제12집, 한국극예술학회, 2000, 90~92쪽에 소개된 소극장 원각사 연극 공연 목록을 참고했음.

88 신협은 〈욕망이라는 이름의 전차〉(테네시 윌리엄스 작, 유치진 연출, 시공관, 1955.8.26~30), 〈느릅나무 그늘의 욕망〉(유진 오닐 작, 이해랑 연출, 시공관, 1955.12.5~7), 〈다이알 M을 돌려라〉(프레더릭 노트 작, 오화섭 역, 이해랑 연출,

품의 공연은 다수를 차지했다. 또한 이러한 공연은 미국 희곡의 번역 출간과 병행되면서 서로를 뒷받침했다.[89] 미국 연극계의 동향은 한국 연극계의 관심의 대상이었고,[90] 이해랑과 유치진은 직접 미국연극을 견학함

시공관, 1956.9.15~21), 〈세일즈맨의 죽음〉(아서 밀러 작, 오화섭 역, 김규대 연출, 시공관, 1957.1.1~9), 〈뜨거운 양철 지붕 위의 고양이〉(테네시 윌리엄즈 작, 이해랑 연출, 원각사, 1959.12.31~1960.1.10)를 공연하여 미국 현대극의 동향에 민감하게 반응했다.

89 1950년대에 번역 출간된 미국 희곡들은 다음과 같다. 릴리언 헬먼, 『라인강의 감시』, 문조사, 1950 ; 유진 오닐, 『고래』, 항도출판사, 1952 ; 유진 오닐, 『지평선 넘어』, 수도문화사, 1956 ; 존 패트릭, 『사랑은 죽음과 함께』, 수도문화사, 1956 ; 테네시 윌리엄스, 『욕망이라는 이름의 전차』, 청수사, 1957 ; 손튼 와일더, 『우리 읍내』, 수도문화사, 1959 ; 유진 오닐, 『지평선 넘어』, 정신사, 1959 ; 테네시 윌리엄스, 『유리 동물원』, 정신사, 1959 ; 유진 오닐, 『기묘한 막간극』, 계명문화사, 1959. 이상과 같은 번역 목록을 당시 공연 단체들의 공연 목록(각주 86~88번)과 비교해보면 유진 오닐의 〈기묘한 막간극〉 이외의 모든 작품이 상연되었음을 알 수 있다. 1960년에도 미국 희곡 번역은 지속되었다. 유진 오닐, 『황제 죠온즈』, 세계문학전집, 동아출판사 ; 유진 오닐, 『밤으로의 긴 여로』, 수도문화사 ; 유진 오닐『긴 귀향 항로』, 『카리비 도의 달』, 『카디후를 향해 동쪽으로』, 『위험지역』, 『고래』, 『십자가의 표지가 있는 곳』, 『밧줄』, 박영문고 2~14, 박영사 ; 테네시 윌리엄스, 『뜨거운 양철지붕 위의 고양이』, 정민문화사. 희곡 텍스트 번역에서 이러한 미국 희곡의 번역은 셰익스피어 다음으로 많은 수를 차지하는 것이었다. 희곡 번역 목록은 김병철, 『한국 현대 번역문학사 연구(上)』, 을유문화사, 1998 참조.

90 1950년대 하반기 내내 신문과 잡지에는 미국 연극의 현황을 소개하는 글들이 심심치 않게 게재되었다. 라이스, 「미국연극과 인간정신」, 최병묵 역, 『문학예술』, 1956.4 ; 크롯취, 「현대 미국연극은 얼마나 현대적인가」, 『문학예술』, 1956.8 ; 주요섭, 「영미 현대극작가들의 동태」, 『자유문학』, 1956.8.12 ; 전제옥, 「최근 미국연극계의 동향」, 『서울신문』, 1957.12.13 ; 여석기, 「극작가의 숙명—유진오닐론」, 『자유문학』, 1958.10 ; 얼만, 이종구 역, 「유진오닐의 문학세계」, 『사상계』, 1958.10 ; 「브로드웨이의 화제」, 『평화신문』, 1959.4.18 ; 「미연극의 새 상징—오프브로드웨이」, 『동아일보』, 1959.8.23.

으로써 자기 수정의 계기를 마련했다. 주지하듯 이해랑은 미 국무성의 초
청으로 3개월간 미국 연극을 시찰하고 리 스트라스버그가 이끄는 액터스
스튜디오에서 스타니슬랍스키의 연기론에 따라 연기 교육이 이루어지는
것에 큰 영향을 받아 자신의 연기론을 수정했고, 유치진은 록펠러 재단의
초청으로 미국과 유럽의 연극을 시찰하고 사실주의의 퇴조와 브로드웨이
연극의 대중성을 발견했다.[91]

이와 같이 미국 연극의 영향이 두드러진 이유를 여석기는 다음과 같이
지적한 바 있다. 첫째, 해방 이후 한미 관계의 밀착, 둘째, 미국 전후 극작
가의 작품이 한국인들에게 매력적으로 느껴졌다는 점, 셋째, 전후 한국
사회에서 영문과의 인기, 넷째, 한국인의 번역극 선호 등이다.[92]

여석기가 지적한 대로 전후 사회에서 미국이 행사한 국가적 영향력, 영
어라는 언어의 위상 제고, 그리고 영문학이 차지하는 문화적 파급력은 분
명 미국 희곡 번역과 공연에 영향을 준 것으로 보인다.

그러나 이를 연극 수용 주체의 적극적인 관심의 결과로 생각해볼 필요
가 있다. 이 점에 대해서 여석기는 관객들의 번역극 선호와 미국 희곡의
매력이라는 다소 모호한 설명을 붙이고 있다. 하지만 그는 1950년대 중
반 이후 신협에서 일련의 미국 현대극을 상연한 이유에 대해서는 좀 더
참조할 만한 시각을 제공한다. 그는 "신협의 생리가 근대극적 심리주의
의 기반 위에서 풍속적 리얼리즘을 추구하기를 좋아하기 때문에 문제 추
구에 엄격하거나 극적 뉘앙스에 민감한 유럽 대륙의 근현대극보다 브로

---

91 이해랑, 『허상의 진실—이해랑 연극론』, 새문사, 1991, 388쪽 ; 유치진, 『동랑 유
    치진 전집 9-자서전』, 서울예술대학 출판부, 1993, 234~267쪽 참조.
92 여석기, 「한국에 끼친 미국연극의 영향」, 『한국연극의 현실』, 동화출판공사, 1974,
    111쪽.

드웨이 스타일의 미국 현대극과의 친근 현상이 생긴 것"[93]으로 설명한다. 비록 극단 신협이라는 단일 극단의 성격으로 설명했지만, 1950년대 중반까지 한국 연극사에서 신협의 역사적, 시대적 대표성을 상기한다면, 이를 한국 연극의 생리로 읽어도 무방할 것이다. 곧 당시 미국 희곡의 수용에서, 발신자는 미국, 영어, 영문학의 높아진 위상이었다 하더라도, 수신자인 한국 연극에서는 사실적 재현의 전통이 일정한 영향을 미치고 있었다고 할 수 있다. 이렇게 볼 때, 번역과 공연, 그리고 기술 전수에서 미국의 광범위한 영향을 다른 각도에서 바라볼 필요가 있다. 다시 말해 그것을 발신자의 영향력이 아니라 수신자의 선택으로 바라보는 것이다.

전후 미국 작품의 주된 영향은 표현 대상으로서 '욕망'의 발견에 놓인다. 1950년부터 1960년까지 수용된 미국 연극으로는 유진 오닐의 작품이 번역 11회, 상연 3회로 가장 많은 수를 차지한다. 그 뒤를 테네시 윌리엄스가 번역 3회, 상연 3회로 따르고 있다. 이러한 경향 속에서 극단 신협은 유진 오닐의 〈느릅나무 그늘의 욕망〉, 테네시 윌리엄스의 〈욕망이라는 이름의 전차〉를 상연하여 미국 연극 수용에 중심적인 역할을 했다. 이들 작품들은 전후희곡이 인간을 욕망하는 존재로 보면서, 개방적인 애정 윤리, 자유로운 성애 표현, 대중적 섹슈얼리티의 테마를 다루는 데에 일정한 영향을 미쳤다. 이 점은 하유상의 〈딸들은 자유연애를 구가하다〉, 주평 〈성야의 곡〉, 오학영 〈심연의 다리〉에서 간접적으로 드러날 뿐만 아니라, 임희재의 〈꽃잎을 먹고 사는 기관차〉가 〈욕망이라는 이름의 전차〉에 영향을 받아 창작되었다는 사실[94]에서 단적으로 드러난다.

---

93 여석기, 위의 글, 119쪽.

94 〈꽃잎을 먹고 사는 기관차〉는 작품 안에서 영화 〈욕망이라는 이름의 전차〉를 직

탈재현주의적 드라마투르기와 기법에서도 미국 연극의 영향은 분명하다. 이용찬의 〈가족〉은 한국 연극사에서 플래시백, 동시 무대, 조명에 의한 심리묘사와 장면 전환 등의 기법을 최초로 보인 작품이었다.[95] 〈가족〉이 공연된 것이 1958년이었다는 것을 상기한다면, 1957년 1월에 공연된 〈세일즈맨의 죽음〉은 주인공의 심리적 세계에 대한 조망, 구성주의적 무대, 인물의 회상을 통한 주관적 영역의 가시화 등에서 일정한 영향을 준 것으로 보인다. 또한 유치진은 구미 연극 시찰이 〈한강은 흐른다〉에서 새로운 드라마투르기를 시도한 직접적인 계기가 되었다고 밝히는데,[96] 미국 브로드웨이의 빠른 장면 전환의 문법이 이 작품의 구성에 영향을 미친 것으로 보인다.[97] 〈세일즈맨의 죽음〉이 '수정사실주의'로 평가되고 브로드웨이의 연극이 분명한 플롯 전개를 통해 긴장감을 유지하는 문법을 견지하는 것이라고 할 때, 그것은 한국의 사실적 재현의 전통에 비추어서 비교적 무난하게 수용될 수 있는 대상이었다고 할 수 있다.

이해랑과 유치진의 미국 시찰이 각각 연기와 드라마투르기에 가져온 변화의 폭은 그리 크지 않다. 이해랑은 과도한 행동과 감정 표출을 자제

접 언급하고 있으며, 한창선이라는 남성 인물은 스탠리와 유사한 성격을 가진다. 또한 자매 사이의 성애의 갈등 구도 역시 분명한 영향 관계를 보인다.

95 오화섭은 1948년 정부 수립 이후 10년간 문화계 활동을 정리하는 자리에서 이용찬의 〈가족〉이 새로운 형식의 작품이었다고 말한다. "오화섭 : 그런데 최근에 신인들이 많이 나오고 해서 새로운 것을 쓰는데 이용찬씨의 「가족」이 국립극장 입상작품인데 아마 그러한 형식을 취한 것은 우리나라에서 처음인 것 같애요." 「명암십년을 말한다」, 『동아일보』, 1958.8.15.

96 유치진, 〈한강은 흐른다〉, 『유치진희곡선집』, 성문각, 297쪽.

97 김미도, 「1950년대 희곡의 실험적 성과」, 「어문논집」 제32집, 고려대국어국문학과, 1993, 104~108.

하는 것을 좀 더 자연스러운 연기를 추구하는 방법으로 삼았지만, 그것은 전후연극에서 일반적으로 요청된 사항이기도 했다(4장 1절 참조). 유치진의 〈한강은 흐른다〉는 새로운 장면 구성의 문법을 보였지만, 그렇다고 이제까지 그가 구사해 온 기존의 드라마투르기에서 크게 벗어난 난 것은 아니었다(3장 2절 참조).

이처럼 해외 연극이 수용되는 지점에는 한국의 사실적 재현의 전통과 전후연극에서 요청된 새로운 드라마투르기에 대한 창작 주체의 모색 방향이 동시적으로 작용하고 있었다. 이러한 상황에서, '선진적'이라는 인식하에 이루어진 서구 연극의 수용이, 당시 한국 연극이 선택할 수 있는 '새로움'의 방향과 거리가 먼 것일 때, 그 영향은 제한적인 것으로 드러난다. 그 대표적인 예를 현대 연극의 성격을 연극성의 '부활'로 보고 있는 여석기의 비평과 〈작가를 찾는 6인의 등장인물〉(1959), 〈칵테일파티〉(1959)의 공연에서 볼 수 있다.

1959년에 발표한 글에서 여석기는 서구 연극사에 대한 이해를 바탕으로, 입센 이후의 연극이 합리주의적 경험론과 사실적 재현의 테두리 안에서 연극 본래의 것인 '연극성'을 상실했다고 말한다.

> 일찍이 연극은 그 위대한 어느 시기에 있어서도 단순한 현실의 모방이거나 인간 생활의 단순한 사실에 만족한 적이 없었다. 그 옹졸한 합리성의 재현을 위하여 전전긍긍한 나머지 무대에서 상상과 미의 날개를 앗아버린 「리얼리즘」의 방법이 지양되지 않는 한 연극은 그 본연의 자세—고전 희랍의 것이고 구라파 중세의 것이고 르네쌍스 영국의 것이고 또한 동양의 것인—로 돌아 갈 수 없다.[98]

---

98 여석기, 「연극성의 부활—현대극의 반사실적 경향」, 『신문예』, 1959.7, 47~48쪽.

그림 14 〈작가를 찾는 6인의 등장인물〉, 루이지 피란델로 작, 국립극단, 1959.3.

이어서 여석기는 연극성의 재강조를 시도하는 "새로운 연극은 「리얼리즘」과 그것이 엄격하게 규정해 놓은 평면적인 형식에 대한 반발을 나타" 낸다고 설명한다. 그리고 구체적인 작품을 들어 '연극성의 재강조'가 실천된 방식을 보이는데, 루이지 피란델로(Luigi Pirandello)의 〈작가를 찾는 6인의 등장인물〉에서는 연극에 대한 메타적 인식을, 손튼 와일더의 〈위기일발〉에서는 보드빌 형식을 통한 관객과의 상호교류를, T.S. 엘리엇 (Thomas Stearns Eliot)의 〈사원의 살인〉에서는 제의적 성격을, 역시 T.S. 엘리엇의 〈칵테일파티〉에서는 "은총과 영혼의 구제"라는 "영원의 주제"[99] 를 운문 형식으로 다루어졌다는 점을 그 예로서 제시한다.

현대 연극의 최신 경향이 반사실주의적인 것이라는 그의 지적은 오랜 재현 전통을 지녀온 한국 연극에 분명 참고가 되는 것이다. 그러나 이와 같은 원칙적인 차원 이상으로, 한국 연극에서 '연극성의 회복'이 어떤 구체적인 실현 방안을 가질 수 있는가에 대해서는 이렇다 할 논의를 보이지

99　여석기, 위의 글, 51쪽.

못한다. 그 이유는 근대 연극 이전의 오랜 연극 전통을 참조할 수 있는 서구 연극과 근대적 연극 성립 이후 최초로 연극성의 내용을 달리해야 하는 한국 연극 사이에 근본적인 거리가 내재되어 있었기 때문이다.

여석기가 예로 든 서구의 반사실주의적인 현대극은 비평가뿐 아니라 공연 주체에게도 관심의 대상이었다. 공교롭게도 〈작가를 찾는 6인의 등장인물〉과 〈칵테일파티〉가 같은 1959년에 여석기의 글을 전후하여 공연되었다. 이들 공연은 새로운 연극성의 작품을 시연해 보인다는 점에서 관심의 대상이었지만, 한국 초연이라는 의미 부여 이외의 파장은 크지 않았다.

〈작가를 찾는 6인의 등장인물〉은 1959년 3월 5일부터 7일까지 3일간 국립극장(시공관)에서 국립극단 제1기 연구생들의 연구 발표 공연으로 올려졌다. 공연을 본 정인섭은 작가인 루이지 피란델로가 1934년에 노벨상을 받을 당시에 『해외문학』을 통해 국내에 그를 최초로 소개한 사람으로서 특별한 관심을 가지고 공연을 보았다고 밝힌다. 메타극적 구성을 통해 연극에서 진실의 구현 가능성의 문제를 다루는 이 작품이, "내용이 난해요 또 수법이 독특한 것이었기 때문에 이것이 실제로 한국무대에 올려서 어떤 효과가 나느냐 하는 것이 참으로 주목할 만한 사실"[100]이었기 때문이었다.

> 그 희곡이 신수법으로 된 난해의 작품이란데 대해서는 연구생 일동이 어느 정도까지 잘 이해를 하고 있었다고 본다. 즉 작품 해석에 있어서 그들이 대학교육의 수준에 있기 때문에 연출자 이진순씨의 노력도 있었겠지마는 무난히 극복했다고 보여진다. 그들의 행동이나 정서의 표현에 있어서 작품내용을 체득했다고 본다. 그런데 이 극은 어떤

---

100 정인섭, 「연극의 장래와 화술의 재인식」, 『동아일보』, 1959.3.13.

6인 가족이 어떤 무대를 찾아서 이곳 연출가 앞에서 지도를 받아 가면서 그들의 가정비극을 재연하는 현실과 환상의 착란 사이에서 예술과 인생이 교착되는 것이요, 거기 또 무대 위의 관객으로서 무대인들이 나타나는데, 여기 대해서 전체의 효과는 잘 나타났다고 본다. **그러나 나의 의견으로서는 무대장치가 「레알리즘」이 아니요, 좀 「그로데스크」하게 꾸며져서 이 희곡의 분위기에 적합하게 되어 있는 만큼 6인의 가족만의 행동은 좀 더 「그로데스크」하게 말하자면 표현파적인 수법으로 유도하고 무대 위에 관중들은 완전히 「레알리즘」으로 대조시키고 그 가운데 연출자 하나만은 두 가지의 태도로 6인의 가족에 대해서는 역시 표현식으로 대하고 기타 무대인들에게는 「레알리즘」으로 대응했으면 어떠했을가 생각한다. 화장이나 의상에 있어서도 위에 말한 두 개의 대립이 있었으면 좋았을 줄 안다.**[101]

정인섭의 관심은 우선 상연자들이 텍스트의 성격을 이해했는가에 놓인다. 그는 대학생 출신 연기자들과 연출자[102]가 작품의 성격을 잘 이해했다고 평가한다. 그로테스크하게 꾸며진 무대, 연기자들의 행동과 정서 표현에서 작품에 대한 공연 창작 주체들의 이해가 간접적으로 드러나고 있음을 확인한 것이다. 그러나 6인의 가족이 연극을 만들어 가는 내용의 외부극과 그들이 만든 연극으로서의 내부극 사이에 구분이 선명하지 못했다고 지적한다. 그는 연기에서 6인의 가족을 좀 더 "그로테스크하게" 묘사하고 분장과 의상에서도 이를 뒷받침함으로써 극중극을 "표현파적인 수법"으로 강조할 것, 이에 비해 그들을 바라보는 무대 위의 다른 인물들, 즉 "무대

---

101 정인섭, 위의 글.
102 정인섭은 이진순을 연출자로 소개하고 있지만, 당시 언론 보도에서는 이진순 번역, 방헌 연출로 소개되어 있다. 「국립극장연구생발표공연―작가를 찾는 6인의 등장인물」, 『경향신문』, 1959.3.3.

위의 관중들"은 "레알리즘"으로 대조할 것을 제안한다. 이러한 제안이 이루어졌다는 것은 비록 일부 비사실적인 시도가 있었다 하더라도 공연 전반이 사실적인 묘사의 테두리 안에 있었음을 짐작케 한다.

이처럼 원작의 비사실주의적 성격을 공연의 의미로 삼으면서도, 정작 구체적인 무대 형상화에서는 사실적인 묘사에 그치는 것은 〈칵테일파티〉에서도 발견되는 현상이다. 〈칵테일파티〉는 1959년 10월 13일부터 15일까지 3일간 소극장 원각사에서 현대극회 창립 공연으로 올려졌다. 1959년에 소극장 원각사가 개관하면서 소극장 운동은 활동의 터전의 찾게 되었고, 이에 따라 그해에만 현대극회, 원방각, 신인소극장, 횃불극회, 협연, 발견극회 등 6개 단체가 결성되는 등, 동인제 극단의 결성과 활동이 급속히 활발해졌다.[103] 현대극회의 〈칵테일파티〉 역시 당시 소극장 운동 주체로서 동인제 극단들이 공통으로 표방했던, 새로운 연극으로서 '현대극 수립'의 기치하에 이루어진 공연이라 할 수 있다. 이 공연에 앞서 〈칵테일파티〉는 1959년 4월 12일과 19일에 각 1시간씩 라디오로 방송되었는데, 여기에는 당시에 이미 결성되어 있었던 현대극회의 동인들이 연출과 배우로 참여했다. 방송 후 연출을 맡은 이보라는 한국에서 국외 작가의 시극이 최초로 소개되었다는 것에 큰 의미를 부여한다. 더불어 시극에 대한 T.S. 엘리엇의 설명[104]을 빌려 '시극'이라는 생소한 장르에 대해 소개하고, 방송을 준비할 때에 이 점에 유의했음을 밝히고 있다.

---

103 「활기 띤 소극장 운동」, 『동아일보』, 1959.10.30. 이 기사에서 극단 현대극회는 이보라, 조풍연, 임희재 등 방송계 작가, 연출가들과 성우들 이십 여명으로 편성된 단체로 소개되고 있다.

104 T. S. Eliot, 최장호 역, 「시의 세 가지 음성」, 『엘리어트 문학론』, 서문당, 1973.

지난 12일 일요일 밤(8시~9시) HLKA 제2방송에서 『T. S. 엘리엇』의 시극 『칵텔·파아티』 전편(前篇)이 방송되었고 19일 밤 같은 시간에 그 후편(後篇)이 방송되었다. 이것은 원작 3막5장의 번역(이창배)을 각색(윤병일) 연출(필자)한 것으로서 『현대극회』가 출연하였다. …(중략)…

이 방송이 가져온 몇 가지의 기록적인 의의란 (1) 『T. S. 엘리엇』의 『칵텔·파아티』가 우리나라에서 비로소 처음으로 음성화되어 (2) 우리나라에서의 국외 작가 시극의 첫 소개(방송)가 되었다는 사실 (3) 지난 해 가을 결속된 『현대극회』가 행동개시를 시도했다는 사실, 끝으로 HLKA 제2방송 역시 처음으로 장편 시극 방송을 계획하였다는 사실 등이라 하겠다. …(중략)…

우리는 우선 시극이라는 『쟝르』에 대한 특이성을 인식해야 했다. 역시 『엘리엇』의 말을 빌리면 시극의 바탕을 세 가지 소리의 혼연일치라 하여 세 성음(聲音)을 말하고 있다. 작가가 만들어내는 극중 인물이 발하는 성음에는 서정시에서와 같이 (1) 시인자신이 아무런 청중도 예상치 않고 혼자 명상하는 성음과 (2) 극중 인물이 긴장된 그 장면에서 극 진행과 성격에서 적절히 발하는 성음과 (3) 그리고 그 양자의 어느 누구도 아닌 초개인적인 존재의 성음들이 있는데 이것들이 그대로 어울려 그것이 누구의 말인지 분간이 가기 어려울 정도로 혼연일치되어 서사시나 종교시에서와 같이 직접 청중에게 향하는 성음으로 되어 강력히 들리게 되는 것이니 이러한 효과는 시극에서만이 기대되는 특징이라고 설파하고 있다.

『인간의 혼은 강렬한 정서 밑에서일수록 운문의 형식으로 자기를 표현코자 한다』고도 말한 그가 『칵텔·파아티』에 와서 운문의 세계를 어느 정도 확연히 극에 종속시킨 사실을 우리는 흥미 있게 생각하였다.[105] (번호-원저자)

---

105 이보라, 『『엘리엇』 시극을 방송하고—『칵텔·파아티』 연출 『메모』에서」, 『서울신문』, 1959.4.21.

소극장 원각사에서의 공연 역시 현대극회에 의해 이루어졌으므로 공연 창작자들의 이와 같은 인식은 무대 상연으로 이어졌으리라 생각된다. 그러나 '시극'으로서의 성취도는 그리 높지 않았던 것으로 보인다.

우리나라에서 처음으로 무대화된 시극이 20일부터 원각사에서 공연되었다. 원작은 『엘리오트』의 『칵텔·파티』를 이보라씨의 연출로 현대극회가 제1회로써 창립공연을 한 것이다. 우선 이 공연은 우리나라 최초의 공연이라는데 그 의의가 있는데 이를 위하여 헌신적인 노력과 새로움을 탐구하는 젊은 연극인들에게 경의가 앞선다.

그러나 이 공연을 볼 때 그것은 시극으로서가 아니라 시극 『칵텔· 파티』를 연극의 형식으로 연출하고 있다. 첫째 『옥타불』의 문제에서 강세와 의미표현이 내재된 음각(音覺)이 무시되고 전연 연극의 낭독조 대사였으며 둘째 연기에 있어서도 『발레』와 같은 율동의 미적 조화가 없이 무배치적상태였으며 셋째 무대장치가 너무나 범속적이고 넷째 조명이 시정(詩情)을 말살해 버렸으며 거기다가 음악효과가 하나도 없는 것이 되고 말았다.

하여튼 이번 공연은 시보다 연극공연이었는데 이것을 알고도 우선 산문극형식으로라도 시극을 무대화해 보겠다는 그 열의가 좋았다. (秀)[106]

『서울신문』의 평자는 화술, 배우의 신체 운용, 무대와 조명에서 하등의 시적인 특성을 찾아 볼 수 없다는 점을 들며, 이 공연이 '시극'으로서가 아니라 보통의 연극 형식으로 연출되었다고 평한다. 이와는 대조적으로 『한

---

106 「연극조의 시극─현대극회 칵텔·파티」, 『서울신문』, 1959.10.16. 필명이 "수(秀)" 로 되어 있는 점으로 보아 글쓴이는 당시 시극에 깊은 관심을 가지고 시극론을 펼치기도 했던 비평가 최일수로 짐작된다.

그림 15 〈칵테일파티〉, T.S. 엘리엇 작, 현대극회, 1959.10.

국일보』의 평자는 이 공연이 엘리엇의 시극 이론을 정당화했다고 평가한
다. 하지만 그 어조는 상당히 조심스럽다.

> 현대극회가 창립 제1회 무대로서 지난 13, 14, 15, 3일간 연6회에 걸
> 쳐 원각사에서 공연한 「T·S·엘리오트」의 운문극 「칵텔·파티」는 침
> 체한 우리 무대에 참신하고 고무적인 원동력을 주었다는 추상적인 말
> 뿐만이 아니라 **그것이 우리 무대에서는 처음으로 심리적인 「리알리
> 즘」의 가능성(새로운 경지)을 시현했다는 사실이 무대와 연기상의 장
> 단점을 상쇄하고 침전한 결정이었다.**
> **물론 그것이 어디가 시극 같으냐고 다시 말하자면 산문극과 운문극
> 의 차이점을 감득할 수 없는 것이 일반적인 결론이었을지도 모른다.**
> 그렇다면 이번 공연은 「엘리오트」 자신이 시극에 있어서의 운문의 기
> 능을 설명한 바 관중으로 하여금 「잠재적으로」 그것이 운문이라는 것
> 을 터득케한다는 그의 시극이론을 결집적으로 정당화했음으로써 뜻
> 밖의 성과를 거두었다고도 하겠으나 그것은 침체한 우리 극예술의 보

호 육성을 위한 과호(過護)인지도 모를 일이
다.

현대극회가 다른 소극장들보다 월등한 성
과를 올릴 수 있었다는 데는 방송 「드라마」를
전문으로 하는 기성 성우들의 세련된 화술도
그것이려니와 그것보다는 산문극이 일차적으
로 요구하는 「액숀」을 「액숀」의 피안에서나
포착할 수 있는 고차적인 감정의 세계로 지양
해야 한다는 운문극을 성우들이 공연했다는
점에 귀착시켜야 할 것이다.[107]

그림 16 〈칵테일파티〉, T.S.
엘리엇 작, 현대극회, 1959.10.

시극에 대해 T.S. 엘리엇은 그것이 운문으로 되어 있음을 관객이 의식
하지 않도록 해야 한다는 점을 분명히 한다. 운문이 자체로 강조되어 산
문과의 차이점을 인식하게 되면, 관객들의 주의가 극 자체에서 떠나 표현
수단으로 향하게 될 것이기 때문이라는 것이다.[108] 그런 점에서 엘리엇은
"운문은 산문만큼 자연스러울 수도 있다"[109]고 말한다. 그러나 그가 '자연
스러움' 자체나 산문과 운문 사이의 모호성을 지향하는 것은 아니다. 그
는 "오히려 운문이 자연적인 표현이 될 수 있으리만큼 강렬한 극적인 상
태에 도달"하는 연극을 주장하며, 그러한 상태의 극을 '시극'으로 제시하
고 있는 것이다. 영어와 한국어의 근본적인 차이에 기이한 결과이겠지만
당시 번역을 맡은 이창배의 번역은 엘리엇이 말하는 시극의 운문의 성격

107 「심리적 '리알리즘'의 시도―현대극회창립공연 "칵텔·파티"」, 『한국일보』,
　　1959.10.17.

108 T. S. Eliot, 「시와 극」, 『엘리어트 문학론』, 최창호 역, 서문당, 1973, 112쪽.

109 T.S. Eliot, 위의 글, 111쪽.

이 충분히 반영되지 못한 채 산문으로 되어 있다.[110] 그러므로 『한국일보』의 논자가 세련된 화술을 지닌 성우들의 연기에 주목하여 언어의 시적 형상화에 성공하였다고 평하고는 있지만, 그것은 운문을 통한 극적 언어를 탐색하고자 했던 엘리엇의 지향점[111]과는 일정한 거리가 있는 것이었다고 할 수 있다. 오히려 『한국일보』의 논자는 "심리적인 「리얼리즘」의 가능성(새로운 경지)"의 성취도에 일차적으로 주목하고 있다.

당시 무대 사진을 보면 공연은 시공간적 배경과 인물에 대해 사실적 묘사를 크게 벗어나지 않았음을 알 수 있다. 현대극회의 공연은, 『한국일보』의 논자가 스스로 인정하듯 "산문극과 운문극의 차이점을 감득할 수 없는 것이 일반적인 결론"이라 할 수 있는 것이다.

위에서 살펴본 것처럼 〈작가를 찾는 6인의 등장인물〉이나 〈칵테일파티〉 등의 공연은 새로운 연극성을 선보인다는 의도와는 달리 그 구체적인 형상화 방법에서 여전히 사실적 재현의 표현법이 무대 형상화의 규준으로 영향력을 유지하고 있었음을 보여준다.[112] 사실성의 탈피는 해외 현

---

110 T.S. Eliot, 「칵테일파티」, 『T.S.엘리엇 전집—시와 시극』, 이창배 역, 동국대학교 출판부, 2001.

111 엘리엇은 자신이 이룬 진보에 대해 다음과 같이 설명한다. "내가 확신할 수 있는 한 가지 것으로서는—나는 산문에 의뢰하지 않고, 모든 목적에 사용할 수 있고, 가장 긴장한 말과 가장 이완한 대화와의 사이의 끊임없는 전환이 가능한 한 운율의 형식과 관용어를 발견하는 데 큰 진보를 보였다" T.S. Eliot, 위의 글, 127~128쪽.

112 1950년대 중반에 장호는 현대적 시 창작의 일환으로 시극 운동의 필요성을 역설하면서, 사실적 재현에 치우쳐 있는 한국 연극의 상황을 지적한다(장호, 「시극 운동의 필연성」, 『조선일보』, 1957.8.2~5). 그는 시극 창조를 위해 극복되어야 할 사항을 다음과 같이 제시한다. ① 우리나라 무대들이 고정식이라 회전이 힘들어서 막 전환 시 시간이 많이 들고 대체로 협소하다는 것, ② 배우의 연기 면에 있어서

대 연극 사조에 대한 관심과 수용에서 분명한 지향점이었지만, 구체적인 무대 형상화에서는 철저하게 실천되지 못했다. 또한 해외의 연극작품에서 성취하고 있는 반사실주의적 연극성이 전후연극의 지평 안에서 새로운 창작의 계기로 분명한 파장을 형성하지도 못했다.[113]

특히 억양과 인토네이션에 있어 문어체를 외우고 있는 현황, ③ 연기도 자연주의적인 설명조라는 것, ④ 음악도 무대효과 정도에 그치는 것이 아니라 때로는 상징적이고 돌발적이기도 한 합창도 가능해야 하고, 창작곡도 필수적이라는 것이다.

113 시극의 경우 1950년대 중반부터 그 필요성이 지속적으로 제기되었으며 T.S. 엘리엇을 중심으로 해외 시극 이론이 소개되고, 최일수, 장호 등에 의해 자체적인 시극론이 제시되는 등 이론적 축적도 이루어졌다. 또한 간헐적으로 시극이 창작되었으며 1959년에 시극연구회가 결성되는 등 적극적인 이론 전개와 창작을 위한 교두보가 마련되기도 했다. 이러한 축적을 바탕으로 1963년에는 시극연구회가 시극동인회로 재편되면서 창작 시극 공연이 이루어진다. 그러나 1950년대 한국에서의 시극 논의는 1인칭 중심의 종래의 시적 화자의 틀을 벗어나 시적 비전을 확대하기 위한 '현대시' 수립 운동의 성격을 강하게 띠면서 전후연극의 연극장 안에서 이루어진 현대극 수립의 구체적인 실천과는 직접적인 영향 관계를 형성하지 못했다. 또한 매체적 차원에서는, T.S. 엘리엇이 운문을 중심으로 시와 극의 완전한 혼융을 주장한 것과는 달리 산문과 운문의 혼용, 조명과 장치에서 상징성과 감각적 호소의 획득을 추구하는 등 다매체적인 종합예술의 형태를 지향했다. 이러한 특성을 감안할 때, 한국에서의 시극은 여전히 강력한 재현의 전통이 지배하고 있는 전후연극에서보다는, 그 전일성이 해체되고 난 후에 구체적인 성과를 보게 된 1960년대의 중요한 예술적 실천이라고 볼 수 있다. 그런 점에서 〈칵테일파티〉의 한국 공연 역시 전후연극의 탈재현주의적 연극 실천으로서보다는 1960년대 이루어지는 시극 운동과의 연관성 속에 그 의미가 있다고 할 수 있을 것이다. 물론 그것은 엘리엇 시극의 단순한 수용이라기보다는 그와 변별되는 한국 시극 및 시극론의 형성과의 관련성 속에서 파악될 수 있을 것이다. 1960년대 시극에 대해서는 강철수, 「1960년대 한국 현대 시극 연구—신동엽·홍윤숙·장호를 중심으로」, 한양대학교 국어국문학과 박사학위 논문, 2010, 54~59쪽 참조.

이처럼 전후연극에서 사실적 재현은 여전히 강력한 표현법이었다. 이와 같은 사실은 전후연극에서 새로운 드라마투르기의 모색이 사실적 재현의 문법에서 과감하게 이탈하는 것보다는 여전히 그것을 활용하면서 동시에 그것을 비틀거나 이면을 드러내는 것을 구체적인 실천의 방향을 취하게 되었음을 시사한다. 번역극의 공연이 이러한 노선에서 벗어나 자체의 양식적 성격을 강하게 요구할 경우에는, 적당한 공연 형상화의 방법을 획득하지 못하거나 기존의 재현 문법 안에서 그 성격이 휘발되어 버리고 만 것이다.

이상에 살펴본 것처럼, 전후에 연극은 의사소통의 요건에서 발생한 변화로 인해 자신의 고유한 성격을 재인식해야 하는 입장에 놓이게 되었다.

발신자로서 극작가들은 전쟁이라는 미증유의 혼란이 가져온 세계상의 변화에 따라 이전과는 현실을 보는 눈을 달리했다. 작가들은 극중 현실을 객관적인 양태로 존재하는 것이 아니라, 등장인물의 주관 속에서 구성되는 상대적인 것으로 묘사하기 시작했다.

수신자로서의 관객의 변화 역시 이루어졌다. 전쟁기에는 원활한 전쟁 수행을 위해서, 전쟁 이후에서는 새로운 삶의 터전을 찾아 도시를 찾는 사람들로 인해 전국의 도시화율은 급속히 상승했다. 도시화는 교육열을 높였으며, 서구적 생활 습속과 문화 확산의 기제가 되었다. 보통교육이 시작되면서 문맹이 퇴치되었고, 대학 교육의 급성장으로 대학생이 문화 향유의 새로운 주체로 떠올랐다. 비록 권위주의 독재 치하였지만, 다양한 선거를 통해 자신의 주권을 행사하면서 내적으로 시민의식이 성장했다. 그리고 이들은 새로운 연극을 바라는 관객층을 형성해 갔다.

'연극성'에 대한 재인식이 이루어졌다. 그것은 영화와 라디오 드라마의 부상에 따른 연극의 위기가 가져온 결과였다. 정부의 영화지원책에 따라 영화산업이 급성장했고, 본격적인 라디오 드라마 시대가 개막되었다. 이에 따라 연극은 대중문화로서의 지위를 상실했다. 라디오 연속극을 통해 청취자들은 자신의 일상의 영역 속에서 극형식을 향유했고, 특별한 여가의 대상이었던 영화는 특수효과의 발전을 통해 연극의 인기를 앞질렀다. 대중에게 연극은 구태의연한 형식으로 인식되고 있다는 위기감이 고조되었다. 이제 연극은 단순히 '극형식'이라는 점으로 자신을 설명할 수 없었고, 자신의 '연극다움'을 재규정해야 할 입장에 놓이게 되었다.

그러나 기존의 사실적 재현의 전통에서의 급격한 이탈이 허용된 것은 아니었다. 이 이중적 상황 안에서 전후연극에서는 여전히 재현적 문법을 활용하되 근대극의 재현 전통에 가려져 있었던 측면, 즉 연극의 '수행적' 측면에 주목하기 시작했다.

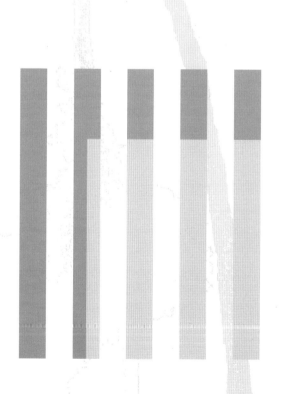

제3장

희곡 : 수행성의 형태화를 통한
사유의 형식 추구

1. 공연 요소의 노출과 수행성의 형태화

전후에 새로운 드라마투르기를 지향하는 일군의 희곡들에서 가장 눈에 띄는 점은 지문의 내용이 달라졌다는 것이다. 희곡은 공연을 전제로 쓰이 므로 지문에서 배우가 아닌 다른 표현 요소들 곧 무대장치, 음향, 조명에 대한 지시가 이루어지는 것은 당연하다. 그런데 이전의 희곡에서는 재현 의 대상으로서 시공간적 배경을 제시하는 것을 우선시했다면, 전후 일군 의 희곡에서는 공연상의 표현 방식과 기법에 대해 직접적인 지시가 이루 어지고 있다. 곧 공연의 각 요소들을 실제 공연에서 어떻게 운용할 것인 지에 대한 '수행적' 측면에서의 지시가 이루어지고 있는 것이다. 다음의 무대 지문은 이를 분명하게 보여준다.

①무대 전면 약간 왼쪽 윗켠으로 일정한 처소. 이것은 박기철 부부의
거실. 그 옆 무대 중앙에 걸쳐서 조금 앞으로 얇게 뜬 한 스페이스.

이것은 박종달 내외의 방. 바른쪽 윗켠으로도 일정한 처소. 이것은 제1막, 제3막에서는 형사실, 제2막에서는 연희의 방이 된다. 박기철 방과 형사실 사이는 교외의 산길. 형사실 뒤쪽으로 층계가 있고 그 위가 제1막과 제3막에서는 빠아, 제2막에서는 애리의 방이 된다. 정면이나 뒷켠은 각기 필요에 따라 층계 등으로 관계 장면을 잇는다.[1]

②극적 흐름에 따라 다섯 개 장면의 전환이 생긴다. 따라서 극적 액숀의 편리상 다면적이고, 입체적인 구성을 필요로 하고 있다. 바른쪽에, 교수대가 위치하고 중앙 뒷 끝에 검은 중간대(뒷幕)가 드리워 있다. …(중략)… 어느 틈엔가, 검은 막 뒤 희미한 불빛 속에서 나, 크로즈 엎 된다. 스포트 집중.[2]

①은 이용찬의 〈가족〉(1957)의 무대지문이다. 여기에서는 무대를 상이한 장소를 재현하는 몇 개의 구역으로 분할하고 있으며 분할된 무대 구역에서 막별로 다른 장소를 재현할 것을 지시하고 있다. 이와 같은 공간 구성에서 무대는 '하나의' 장소에 대한 재현을 완결하고 그것을 고정시키는 공간이 아니라, 극 진행상의 필요에 의해 특정 장소가 창출되었다가 소멸되는 실행의 공간으로 드러난다. 이러한 방식으로 제시되는 장소는 사건의 사실적 배경이라기보다는 작품이 구축해가는 서사 진행의 '연극적' 구성 요소가 되며, 이때 관객들은 무대를 단순히 사건이 진행되는 곳이 아니라 작품의 구성적 특성이 드러나는 곳으로 발견하게 된다. 무대장치에 부여하는 이와 같은 성격은 ②오학영의 〈꽃과 십자가〉(1958)에서도 분명

1   이용찬, 〈가족〉, 무천극예술학회 편, 『이용찬희곡집 1』, 푸른사상사, 2005, 15쪽.

2   오학영, 〈꽃과 십자가〉, 『꽃과 십자가』, 현대문학사, 1976, 74쪽.

하게 드러난다. "극적 액숀의 편리상 다면적이고, 입체적인 구성"이 필요하다는 요청은 무대장치의 성격이 대상의 재현에 국한되는 것이 아니라 공연 수행상의 효과를 극대화하기 위한 것임을 보여준다.

③ 제6경
익일 새벽, 아직 깜깜하다.
조명이 국부에 FI. 거기엔 두더지, 그의 어린 것과 겹쳐서 자고 있다. 소장, 전재민 구호소에서 나와 하품을 한다. 철, 등장.[3]

④ 아버지 주려고 주워 온 돌을 만지작거리고 있다. 라이트, 이를 비춘다.[4]
울음이 터지는 종달의 모습을 스포트라이트가 처절하게 드러낸다.[5]

⑤ E-비행기의 폭음이 나머지 낙조(落照)를 말아가듯 이 주위는 어두워진다. F.O.
L-시그넬과 가로등과 방문 앞에 매달린 전등에 불이 켜진다.
E-공장에서 주간 작업반의 퇴근 시간을 알리는 싸이렌 소리 날카롭게 들린다.[6]

⑥ 노크소리
경사의 유리창을 노크한다.
리드미칼하게 몇 번 계속―
(상화는 미친 듯 일어나서 창을 응시한다.)

---

3 유치진, 〈한강은 흐른다〉, 『유치진희곡선집』, 성문각, 1959, 20쪽.
4 이용찬, 〈가족〉, 무천극예술학회 편, 앞의 책, 57쪽.
5 이용찬, 위의 책, 57, 89쪽.
6 이광래, 〈기류의 음계〉, 『이광래 희곡집 (1) 촌선생』, 현대문학사, 1972, 252~253쪽.

노크 소리 끝나면 유리창이 안으로 활짝 열린다.

스포트 화사한 햇빛처럼 직사.

그와 동시에 코러스가 들려온다. 하늘에서인 듯 웅엄하고 아름답게―[7]

공연의 진행에 따라 반복적으로 실행할 수 있는 조명과 음향에 대한 지시는 더욱 빈번하다. 인용 ③은 국부 조명을 이용한 초점의 형성과 이동을, ④는 조명을 이용하여 인물의 심리적 상태를 강조할 것을 지시하고 있다. ⑤의 조명과 음향은 일차적으로 극 중 시공간을 재현하지만, 동시에 강렬한 이미지가 지배하는 극중세계의 특성을 관객의 감각에 직접 제시한다. 그리고 그 운용 방식에 대한 자세한 지시를 통해 관객을 극중 세계에 점차 몰입시키고 있다. ⑥에서는 더 나아가 조명과 음향이 현실 사물을 재현하지 않고 직접적으로 관객을 향한 지각적 효과에 초점을 두고 있다. 여기에서 사용되는 강렬한 빛과 웅장한 음향은 그저 등장인물의 심리 상태를 설명하는 것이 아니라, 관객 스스로가 그 실제적 내용을 체감하도록 의도하고 있는 것이다. 이와 같은 지문들은 텍스트가 상정한 상연의 성격과 그 진행 방식을 직접 지시하고 있다는 점에서 '공연 대본화'로의 경향을 보인다고 말할 수 있다.

그런데 이러한 변화는 연극의 의미 생성과 소통의 방식에서 중요한 인식의 변화가 일어났음을 시사한다. 이제 연극의 의미는 인물의 대사와 행동, 그리고 이를 통해서 구축되는 사건 등의 모방적 측면에서뿐만 아니라, 공연의 현장에서 다양한 표현 매체들을 어떻게 운용할 것인가의 수행

---

7 오학영, 〈생명은 합창처럼〉, 『꽃과 십자가』, 현대문학사, 1976, 72쪽.

적 측면에서도 생성되는 것으로서 그 범위가 확장된 것이다. 이들 희곡에서는 공연의 제 요소들을 의미 구성의 중요 '어휘'들로 삼아 그 자체를 노출시키고, 이를 통해 해당 작품의 수행성을 가시적으로 형태화하고 있는 것이다. 이때 관객은 전개되는 이야기의 내용뿐만 아니라, 장면 배치의 방식, 무대장치, 조명, 음향, 오브제 등 사건과 인물을 무대 위에 구현할 때 동원되는 제반 요소들의 특성에 주목하게 된다. 요컨대 한 작품의 '수행적 특성'이 의미 구성의 주요 요소가 된 것이다.

이전의 연극 전통에서 연극의 의미는 우선적으로 희곡에서 구현된 모방 대상에 있는 것으로 이해되었다고 해도 과언이 아니다. 주요 모방 대상으로서 사건과 인물은 이러한 점에서 작가가 가장 신경 써야 하는 부분이었다. 그러나 전후 일군의 희곡들은 무대와 객석의 맞대면 상태에서 관객이 무대 기호의 특성을 발견하게 될 때에 비로소 연극의 의미가 발생한다는 입장을 취한다. 그러므로 이때 희곡은 사건과 인물을 모방하는 데에 그치는 것이 아니라, 이 무대효과 자체를 자신의 드라마투르기적 요소로 포괄하게 된 것이다.

그런데 이들 희곡에서 관객을 수행적 측면에 주목시킨 것은 단순히 다양한 지각 자료들에 대한 관심을 제고하기 위한 것만은 아니었다. 수행성을 형태화하여 의미 생성의 요소로서 삼은 이유는 이를 통해 관객에게 반성적 사유를 전개할 것을 요청하기 위해서였다. 이러한 점은 관객과의 관계에서 서사극이 취하는 전략에 비추어 이해할 수 있다. 벤야민(Walter Benjamin)은 다음과 같이 서사극이 취하는 관객과의 소통 방식을 요약한다.

집단으로서 이들 관객은 대체로 즉각적으로 견해를 표명하지 않으면 안 된다는 점을 알게 될 것이다. 하지만 이러한 견해표명은 충분한 숙고를 거침으로써, 긴장이 풀린(이완된) 상태에서의 견해표명, 요컨대 관심과 흥미를 가진 자들의 견해표명이어야 한다고 브레히트는 생각하고 있는 것이다. 그들의 관심을 모으기 위해서는 두 개의 대상이 마련된다. **첫째는 사건의 진행과정이다. 이 진행과정은 관중이 그들의 경험에 비추어 보아 결정적인 대목에서 통제할 수 있는 성질의 것이어야 한다. 둘째로는 상연이다. 상연에 소모되는 예술적 장비에 따라 그 상연은 훤히 들여다 볼 수 있도록 형상화되어야 한다**(이러한 형상화는 〈꾸밈없는 태도〉와는 정반대되는 것이다. 실제로 이 형상화는 무대감독의 예술이해도와 통찰력을 전제로 하는 것이다).[8]

벤야민은 사건의 진행 과정과 상연이 조직되는 양상을 노출하는 것을 관객의 인식적 참여의 요건으로 꼽고 있다. 이 점에 비추어 전후희곡에서 그것이 시도된 양상을 살펴볼 수 있다. 우선 플롯 구성의 측면에서 그것을 '완결된 것'으로서가 아니라 무대에서 '형성되어가는 것'으로 제시함으로써 관객의 스스로의 서사의 진행 양상을 파악하도록 유도한 작품들을, 다음으로 희곡의 언술 방식을 다각화함으로써 극중 상황에 대한 다층적 인식을 요청한 작품들을, 마지막으로 무대−객석의 관계에 직접적인 형태를 부여하여 연극의 상연성을 재인식하도록 유도한 메타 연극적 시도를 고찰하게 될 것이다.

---

8 Walter Benjamin, 「서사극이란 무엇인가」, 반성완 역, 『발터 벤야민의 문예이론』, 민음사, 1983, 53~54쪽.

2. 개방적 서사 구조를 통한 단선적 주제 의식의 탈피

(1) 다수의 플롯 병존

한국 근대극의 사실적 재현의 전통하에서, '막(幕)'은 대단히 유용한 단위였으며 연극을 통한 서사 전개의 기본 원리였다. 하나의 막은 시공간의 통일을 전제하기 때문이다. 인물과 환경을 객관적인 양태로 묘사해야 할 때, 막에 의한 시공간의 통일은 사실적 재현에 가장 기본적인 틀거리를 제공하는 것이다.

이러한 전통에 비추어볼 때, 유치진의 〈한강은 흐른다〉(1958)는 주목의 대상이다. 장면 구성에 새로운 단위가 사용되었기 때문이다. 즉, '경'이라 지칭되는 22개의 장면을 나열하는 구성을 취하고 있으며, 작품의 이러한 성격이 공연에서도 분명히 구현될 수 있도록 무대 막의 개폐 없이 조명과 음악만으로 장면구분을 해 줄 것을 당부하고 있다.

> (주의)
> 이 연극의 연출은 되도록 단일장치로서 막 대신에 조명과 음악을 사용하여 막간 없이 진행되었으면 한다. 만일 막간을 설정할 경우엔 제10경의 끝에 둠이 좋을 것이다. 그리고 또 하나의 다른 막간은 제15경 끝에도 둘 수 있을 것이다.(61)[9]

이와 같은 진행 방식은 22개의 달하는 장면들을 원활하게 교체하기 위한

---

9   유치진, 〈한강은 흐른다〉, 『유치진희곡선집』, 성문각, 1959(이후 희곡에서의 인용은 처음 출처를 밝힌 후 인용 안에 페이지를 병기).

것이다. "단일 장치"에 대해 요구한 것 역시 이를 위한 것이다. 막별로 무대 장치를 교체하며 공간의 변화를 표현하는 기존의 방식은 빈번한 장면 교체를 실현하는 데에 비효율적이다. 상대적으로 넓은 구역을 포괄하는 하나의 공간을 설정하고 국부적인 공간 활용을 통해 장면을 나열해가는 것이 적당한 해법인 셈이다. 이때 "F.O., F.I."의 용어로 지시된, 조명에 의한 초점 이동은 22개의 장면을 교체하는 기본 방법이 된다.

이처럼 공간 분할, 조명에 의한 장면 교체가 필요한 이유는 다수의 플롯을 병치하기 위해서이다. "동대문시장 부근"(9)의 "ㄴ자로 된 두 한길"(9)이라는 작품의 포괄적인 배경은 다시 여러 소구역으로 세분된다. 무대 중앙, 두 한길이 만나는 교차점에 위치한 이층 벽돌 건물에서는 희숙, 정애, 철을 중심으로 전쟁통에 야기된 희숙의 정신적, 신체적 상처와 전쟁으로 인해 거칠어진 철의 심성이 치유될 가능성이 다루어진다. 그 양쪽에 위치한 양식 목조 건물과 한국식 고옥에서는 각각 클레오파트라와 미꾸리의 범죄 행각, 전재민 구호소라는 간판을 내걸고 자행되는 구호소장의 폭리 취득이 그려진다. 무대 후면에는 매춘굴의 댄스홀이 위치한다. 여기에서는 후방의 퇴폐와 함께 접대부 로즈메리의 생존의 절실함이 제시된다. 이를 통해서 전쟁에 아랑곳없이, 혹은 그것을 이용해 물질적 이익만을 쫓는 타락한 사회상이 다루어지는 것이다.

이들 공간을 서로 연결하는 것은 '한길'이다. 그것은 인물의 이동 통로로서, 다양한 사건이 서로 얽히며 전개될 수 있는 공간적 배경을 제공한다. 또한 한길은 등장인물들의 삶의 부유성을 상징하는 공간이다. 이 작품의 인물들은 누구나 할 것 없이 폐허 상태인 자신의 거주지를 삶의 터전으로 삼지 못하고 거기에서 떠나려 한다. 그러나 그 방법이 사기이든, 범죄이든, 매춘이든, 결혼이든, 결국 떠나는 데에 실패하고 더욱 비참해진 상태로 그곳에 남게 된다. 이 점을 상징적으로 대변하는 것이 두더지라는 인물이다. 그는 특별한 거처 없이 한길에서 자신의 아이와 함께 노숙하면서 피난 중에 헤어지게 된 아내를 찾아 부산으로 가고자 한다. 그러나 그의 바람은 끝내 무산되면서 극은 마무리된다.

이처럼 〈한강은 흐른다〉는 전쟁이 한창 진행 중인 1951년 4월을 배경으로 인간관계의 단절, 물신화의 풍조, 그리고 윤리적 타락과 정신적 공황의 세태 등 전쟁이 야기한 문제들을 만화경처럼 펼쳐 보이고 있다.

유치진은 이와 같은 드라마투르기에 대해 "종래에 내가 시도해오던 구심적인 삼일치식 고전극 형태의 작법을 지양하고 각 장면을 풀어헤친 원심적인 수법을 써본 첫 솜씨"[10]라 소개한다. 이러한 드러마투르기가 목표로 하는 것은 선악의 선명한 이분법 속에서 '반공'이라는 단선적인 주제의식을 추구한 전쟁기의 극작법에서 탈피하여 현실 반영의 관점을 회복하려는 것으로 보인다.[11] 남자 주인공인 철을 선량한 피해자가 아니라 전쟁을 통해 심성이 거칠어진 폭력적인 인물로 그리는 것이나, 후방의 인물들을 전쟁을 겪는 비참한 자들이 아니라 오히려 생존이라는 미명하에 물신적 욕망을 쫓는 이들로 묘사하는 것은 이러한 인식의 발로라 할 수 있다. 즉 〈한강은 흐른다〉는 다수의 플롯을 병치시킴으로서 전쟁이 야기한 문제에 대해 '총체적' 인식을 달성하고자 하는 것이다.

페터 손디의 설명을 빌리면, 〈한강은 흐른다〉는 '경'이라는 구성 방식을

---

10 유치진, 앞의 책, 297쪽.
11 김옥란은 유치진이 1950년대 후반기 작품인 〈자매2〉와 〈한강은 흐른다〉에서 전쟁 수행의 목적의식에서 벗어나 현실에 대한 거리감을 확보하고 있다고 평한다. 김옥란, 「유치진의 50년대 희곡 연구」, 『한국극예술연구』 제5집, 한국극예술학회, 1995, 250쪽.

취하여 전적으로 등장인물 '사이'의 대화를 통해서만 사건이 진행되는 '드라마의 절대성'에서 탈피했다고 할 수 있다. 이것은 장면 구성에 드라마 내적 논리가 아닌 외부적 논리가 개입된 것이라 할 수 있는 것이다. 관객이 이 외부적 논리를 인지하는 것은 작품 수용에서 중요한 부분이 된다. 그것은 기존의 관례에서 벗어나 있는 구성 방식에 일련의 맥락을 부여해야 한다는 점에서 능동적인 관람 태도를 요청할 뿐만 아니라, 작품의 전언을 이해하는 데에도 직결된 요소이기 때문이다.

그러나 관객의 능동적인 인식 활동에 대해 〈한강은 흐른다〉가 열어놓은 폭은 제한적이다. 우선 총 21번의 장면 교체 중 과반수가 플롯 전개의 필요에 따라 등장인물이 공간적으로 이동한 것이어서 각 장면의 독립성은 약화되어 있다(총 11번이며, 장면번호 4, 5, 7, 9, 10, 12, 13, 14, 15, 19, 22의 시작이 이와 같은 방식으로 앞에 연결되어 있다). 곧 그것은 상대적으로 넓은 공간을 배경으로 중단 없이 이어지는 이야기의 흐름을 형성하기 위한 것이다. 이때 이동하는 인물들은 주로 철이거나 희숙으로서, 이 작품의 중심 플롯은 이들의 관계 회복의 가능성에 맞춰져 있다. 유치진은 작의에서 10경과 15경 뒤에 막간을 둘 수도 있다고 제안하는데, 그것은 서로 간의 오해로 인한 철과 희숙의 관계 악화, 그리고 다시금 회복의 가능성이 제시되는 대목으로서, 막간의 허용은 이들을 중심으로 한 플롯 전개의 맥락에 따른 것이라 할 수 있다. 이 작품은 전쟁기 후방의 세태에 대한 총체적 제시를 시도하고 있지만, 이처럼 철과 희숙의 애정 문제를 중심 플롯으로 삼은 결과 다른 사건들은 이들의 비극성을 부각시키기 위한 배경이 됨으로써 그 중요성이 약화 된다.

다음으로, 전쟁기의 세태 묘사 역시 관객의 능동적 현실 인식을 폭넓게 허용하는 것은 아니다. 소매치기들의 범죄와 구호소장의 사기 행각은 물질적 욕망만을 쫓는 윤리적 타락상을 보여준다. "예선 나 같은 건 정말 못 살겠어. 거짓말을 잘해야 하니……"(33)와 같은 삼룡의 대사는 극중 세계를 '속임수와 약탈이 지배하는 곳'으로서 파악할 것을 제안하고 있다. 그러나 이들을 중심으로 전개되는 사건은 모의와 발각의 플롯을 취하고 있어서 관객의 관심이 현실 인식에 맞추어지기보다는 다분히 사건의 진행과 결말에서 오는 긴장감에 놓이게 되는 것이다.

이렇게 보면, 이 작품은 '원심적인 수법'을 바탕으로 다수의 플롯을 전개시키고 있지만, 사실상 관객이 접하게 되는 극 전개의 양상은 유치진의 이전 작품의 드라마투르기에 비해 크게 달라지는 것이 없는 셈이다. 곧 철과 희숙의 애정 관계를 중심으로 전쟁의 비극성에 대한 멜로드라마적 공감을 기획하기, 그리고 음모와 발각이라는 '잘 짜여진 극(well-made play)'류의 플롯을 통해 관객의 흥미 유지하기의 드라마루트기가 여전히 활용되고 있는 것이다. 이러한 점은 각 세부 플롯이 마무리되는 방식에서도 드러난다. 소매치기의 범죄와 구호소장의 사기 행각은 발각되어 처벌받게 되고, 연인의 이야기는 희숙의 자살과 철의 압송으로 비극성을 고조시키며 마무리된다. 마지막 장면에서 이루어지는 철의 다음과 같은 대사는 이 작품에서 다루고 있는 '전쟁의 상처'가 현실 반영에 관련되기보다는 다분히 감상적 차원에서 다루어지고 있음을 보여준다.

철   잠간만 나으리. 여기에도 또 한놈의 죄인이 있습니다. 이놈은 그까짓 소매치기 따위가 아니고 천하에도 잔인 무도한 살인범예요. 이놈은 공산당에 가까이 갔다가 무참히도 사람을 죽였소. 보십시오, 여기에 그 증거가 이렇게 뻗으러져 있습니다. (정보원, 희숙의 시체를 본다) 그뿐이겠습니까? 이놈은 체 은사 (성애늘 가리키녀) 바로 이 부인의

남편입죠. 그 은사를 죽였소. 자아, 이 가증한 살인마를 잡
아 가십시오! 이놈은 이미 하늘의 벌을 받은 놈이니 이 지
상에서도 가장 준엄한 형벌에 처해 주세요.(60~61)

이처럼 〈한강은 흐른다〉에서 관객은 다수의 서사를 파악해야 하는 좀
더 입체적인 수용 방식에 노출되지만, 선명하게 구축되어 있는 서사적 맥
락을 따라가야만 한다는 점에서는 그 참여의 폭은 제한적이다. 관객은 서
사 구성, 그리고 이를 바탕으로 한 의미 구성에 일부 참여하지만, 여전히
감정적 공감과 긴장의 해소를 수용의 주요 기제로 삼게 된다. 결론적으로
관객의 역할은 '경'이라는 작품의 표면적인 형태가 환기하는 방향과는 여
전히 거리가 먼 것이었다고 할 수 있다.[12]

(2) 분절적 장면 구성과 결말의 유보

〈한강은 흐른다〉의 드라마투르기가 기성 극작가의 미온적인 변화를 보
여준다면, 이보다 한 해 먼저 발표된 이용찬의 〈가족〉(1957)은 신인 극작
가에 의해 본격적으로 시도된 새로운 드라마투르기를 보여준다. 〈한강은
흐른다〉가 '경'이라는 새로운 형태를 표방했지만 기존의 드라마투르기에

---

12 〈한강은 흐른다〉에서 보이는 형식 도입과 내용상의 충돌은 이승희와 이정숙에 의
해 지적된 바 있다. 이승희는 이 작품에서 유치진이 원심적 구성에 어느 정도 성
공했으나 여전히 단순한 '계몽성의 감옥'에 포획되어 있다고 보았으며, 이정숙 역
시 형식적 새로움에 비해 내용상의 새로움이 없었다고 평가한다(이승희, 「1950
년대 유치진 희곡의 희곡사적 위상」, 『한국극예술연구』 제8집, 한국극예술학회,
1998;이정숙, 「유치진의 새로운 극작 모색과 〈한강은 흐른다〉」, 『한국극예술연구』
제38집, 한국극예술학회, 2012).

서 크게 벗어나지 못했다면, 〈가족〉은 '막'과 '장'이라는 재래의 용어를 사용하여 단위를 구분하고 있지만 실제로는 작게 세분될 수 있는 장면들의 연속을 실질적으로 실현하고 있다.

먼저 주목되는 것은 공간 설정의 차이이다. 〈한강은 흐른다〉가 하나의 넓은 구역을 설정했다면, 〈가족〉은 무대 공간 자체를 분할하여 서로 떨어져 있는 상이한 장소를 무대 위에 병치한다. 이러한 차이는 플롯 전개 방식에 연결된다. 전자는 단선적 시간의 흐름 속에서 플롯을 전개한다. 이에 반해 〈가족〉은 오히려 시간의 재구성이 요청되는 사건 외적 논리에 따라 플롯을 전개한다.

〈가족〉은 박종달의 아버지 박기철의 사망 장면으로 시작한다. 이어 시간적 역전을 통해 고리대금업자인 임봉우가 죽은 지 얼마 안 된 시점으로 돌아가 박기철의 사망에 이르기까지의 과정을 그려낸다. 이러한 구도 속에서 〈가족〉의 플롯은 중층적으로 진행된다. 표층적인 차원에서는 '임봉우의 진짜 살해자는 밝혀질 것인가'의 문제를 다룬다. 그것은 계단에서 임봉우를 밀친 종달이 실질적인 살해자인 상황에서 아버지 박기철이 받고 있는 살해 혐의가 풀릴 것인가의 문제이다. 심층적 차원에서는 아버지와의 관계에서 무기력하고 무능력한 아들로 자라난 종달이 '아버지에게서 독립된 자아를 성립시킬 수 있을 것인가'의 문제를 다룬다. 마지막 장면에서 이 두 개의 플롯은 하나로 합해진다. 극의 말미에서 종달은 자신이 임봉우의 살해자라는 사실을 아버지에게 알리고 그 충격으로 인해 박기철은 사망한다. 이렇게 살해범 밝히기의 플롯은 박기철의 혐의를 벗기는 것으로 해소되지 않고, 오히려 박종달의 부채 의식을 강화시키면서 자아 성립여부의 플롯에 합류하게 되는 것이다.

이 작품에서는 이러한 중층적 플롯을 전개하기 위해, 빈번한 시공간의 교체가 이루어진다. 표층적인 차원의 플롯은 아버지의 죽음으로 인한 종달의 회상이라는 시간 역전의 틀 안에서 진행된다. 여기에 심층적 차원의 플롯에서 빈번한 시간적 역전이 다시 일어나, 전체 작품은 복잡한 시간 구성을 갖추게 되는 것이다. 막별로 살 필 때, 시간의 변화는 1막 : 현재→1956, 7년의 과거→2막 : 1946년 및 50년 경의 더 먼 과거→3막 : 1956, 7년 경의 과거로의 복귀→박기철의 사망 시점으로의 진행으로 이루어진다. 여기에 각 막에서 종달의 연상과 꿈을 더하면 총 9회의 시간변화를 구분해낼 수 있다. 공간상의 교체는 더욱 빈번해서 총 28번에 이른다. 이와 같은 시공간의 빈번한 교체가 무대 위에서 실현되는 구체적인 방법은 조명에 의한 장면 변화이다.

〈가족〉이 공연되었을 때, 이 작품에서 새롭게 시도되는 기법은 그 세목이 소개될 정도로 큰 주목을 받았다. 〈가족〉은 "일종의 「지물탄·뷔네」(동시 무대)에 주로 「행깅·스폿트·라이트」를 이용하여 「후랫쉬·빽」과 「크로즈·엎」 수법을 새로이 시도한 것[13]"으로 소개되었다. 사실적 재현의 전통 하에서 그것은 그 자체로 새롭기도 했지만, 정작 그 새로움이란 무대와 조명이 시공간의 재현에 머무는 것이 아니라 직접적으로 플롯 전개의 구성 요소로 부각되었다는 점에 있었다.[14] 다시 말해 모방성에 치중되

---

13 「새로운 수법을 시도—국립극단 4월 공연 〈가족〉」, 『한국일보』, 1958.5.3.

14 〈가족〉에 대한 언론의 관심과 소개는 뜨거운 것이었다. 여기에는 물론 국립극단의 위상과 홍보 노력이 있었지만, 이 작품의 새로운 기법이 분명 큰 관심의 대상이었기 때문이었다. 주요 일간지에 게재된 기사와 논평을 날짜 순서대로 소개하면 다음과 같다. 「새로운 형식의 연극—국립극단 〈가족〉 공연」, 『동아일보』, 1958.4.25 ; 이원경, 「희곡의 현대성—이용찬 작 〈가족〉의 경우」, 『한국일보』, 1958.4.27 ; 오화섭, 「형식과 내용의 일치—국립극단의 〈가족〉 상연에 즈음하여」, 『경향신문』, 1958.4.29 ; 「연출에 호흡 맞춘 팀·웍」, 『동아일보』, 1958.4.29 ; 「새

어 있던 수행성의 전통과는 달리 구성적 차원에서의 수행성이 직접 노출 되었기 때문이었다. 비평가 오화섭은 이에 대해 〈가족〉이 "형식과 내용의 일치"를 보여주었다며 고평한다.

이 작품은 객년(客年) 국립극장 희곡현상모집에 입선된 것으로서 필자는 당시 심사위원의 한 사람으로서 이 작가의 수법에 경탄한 바 있었다. **이제 이 작품이 각광을 보게 됨을 기뻐하면서, 연극에 있어서 형식이 어떻게 내용과 일치되는가를 살펴보기로 하겠다.** …(중략)…

어떤 이들은 문학으로서의 희곡과 비문학으로서의 상연된 연극을 별개의 것으로 간주한다. 그러나 연극의 형식이 무엇인가를 구명하여 볼 때 이러한 관찰이 잘못임을 알 수 있다. …(중략)…

햄릿이나 맥베스의 독백이 좋다는 것은 그것이 단순히 시이기 때문이 아니라 그러한 독백을 하게 된 플롯트의 전개를 이미 우리가 체험했기 때문에 비로소 그 독백의 훌륭함을 느끼게 되는 것이다. 그러니까 이런 경우에 있어서는 형식과 내용은 완전히 일치되어 있는 것이며 이것을 따로 분리시킨다면 무의미한 것이 되고 만다. …(중략)…

현대 미국연극의 대부분이 실험을 통하여 새로운 타이프를 형성하고 있지만 그들의 연극이 해설자의 등장과 조명에 의한 장면전환으로 내용에 시적 요소를 풍겨주고 있음을 볼 수 있다. 혹자는 이를 영화적 수법이라고 하나 그것은 그릇된 관찰인 것이며 우리도 이를 쉑스피어 때의 부활이라고 말하고 싶다. …(중략)…

현대 미국에서 볼 수 있는 해설자는 곧 쉑스피어의 독백자인 것이요 조명에 의한 빈번한 장면전환은 쉑스피어극의 수많은 장면변화와 같은 것이다. **한걸음 앞서 현대극에 있어서는 무대 위에 몇 개의 장면**

로운 수법을 시도─국립극단 4월 공연 〈가족〉, 『한국일보』, 1958.5.3 ;「새로운 수법의 시도─〈가족〉 국립극단 공연, 『서울신문』, 1958.5.4 ;「신수법의 시도─ 이용찬작 〈가족〉을 보고」, 『동아일보』, 1958.5.6 ; 이해랑,「극작술이 선행된 무대」, 『경향신문』, 1958.5.8.

을 고정해 놓고 이를 조명을 통해서 나타낼 수 있게 하였다. 이러한 장면전환은 전체연극의 리듬을 살리는 동력이 된다. 비문학적인 요소인 이 전기는 문학을 돕는 큰 역할을 한다.

이용찬씨는 아직 우리 극작가들에게 익숙하지 않은 '플래쉬 빽'과 조명에 의한 장면전환의 수법을 사용함으로써 종래의 드라마트루기에서 완전히 벗어나고 있다.[15]

다소 길고 장황하게 전개되고 있는 오화섭의 글은 다음과 같이 요약될 수 있다. 셰익스피어의 극에서는 내용과 형식이 일치되어 있는데, 그 이유는 인물의 독백이 취하는 시적 형식과 플롯의 전개라는 내용이 분리 불가능한 것으로 통합되어 있기 때문이다. 이와 같은 예를 현대 미국 연극에서 활용되고 있는 해설자와 조명에 의한 장면 전환에서 찾아볼 수 있다. 그것은 희곡의 내용을 부각시키기 위한 상연상의 기법에 국한되는 것이 아니라 내용에 통합되어 있는 형식이 되기 때문이다. 이런 입장에서 오화섭은 조명의 역할을 강조한다. "비문학적 요소인 이 전기는 문학을 돕는 큰 역할을 한다"는 주장은 단순히 희곡이 상연될 때에 조명이 그것의 무대 형상화에 일조해야 한다는 것을 뜻하지 않는다. 오히려 조명은 하나의 '무대 언어'로서 새로운 드라마투르기 창조의 주요 도구가 될 수 있다는 것이다. 조명에 대한 이러한 이해는 이 작품의 다른 공연 요소들에도 적용해볼 수 있다.

〈가족〉을 대할 때 관객은 이전과는 다른, '구성상의 특징'을 파악해야 하는 입장에 서게 된다. 관객들은 분할된 무대 구역에서 조명의 변화에

---

15   오화섭, 「형식과 내용의 일치—국립극단의 〈가족〉 상연에 즈음하여」, 『경향신문』, 1958. 4. 29.

따라 시공간의 빈번한 교체를 이루며 진행되는 작은 장면들의 연속을 접하게 된다. 이 장면들은 단일한 장소나 단선적 시간 등 그것을 하나로 엮어내며 이해할 단순하고 쉬운 규칙을 제공하지 않는다. 대신 〈가족〉은 작품의 내용을 무대에 구현할 때에 공간의 병치, 플래시백, 조명에 의한 장면 전환 등 관객이 구현의 방식 자체를 인지할 수 있는, 혹은 인지해야만 하는 방법을 취한다. 관객은 서로 다른 공간적 배경을 지시하고 있는 무대 분할의 문법을 이해하고, 연상 및 회상에 따라 이루어지는 공간상의 이동과 시간의 역전을 파악하여 장면의 순서에 일치하지 않는 작품의 이야기를 스스로 파악해 나가야 한다. 장면 구성, 조명 기법, 무대의 형태 등을 통해 노출되는 수행성이 드라마투르기의 구성 요소가 될 때, 역으로 관객은 그 성격에 주목하여야만 작품의 '내용'을 파악할 수 있는 것이다.

이렇게 볼 때, 관객의 역할은 이전과 사뭇 달라진다. 무대 기호에 대한 종합의 방법이 사실적 재현을 중심으로 단선적으로 제시될 때와는 달리, 제반 무대 기호들을 입체적으로 종합해야 하는 '능동적'인 역할이 부여된 것이다. 〈가족〉의 연출을 맡은 이원경이 희곡에 대해 '현대적 드라마투르기'라 고평하면서도 새로운 연극을 위해서는 새로운 관객이 요청된다고 언급한 것은 이 점을 지적한 것으로 볼 수 있다.

> **좋은 연극은 좋은 작품과 좋은 배우 그리고 좋은 관객, 이 셋이 합해져야만 이루어진다. 그리고 연극이란 그 시대의 것이다. …(중략)…**
> 오늘날 현존작가가 내놓는 희곡들이 의식적으로나 무의식적으로나 예전에 쓰여진 어느 누구의 것 혹은 그 어느 것에 유사한 것만을 써낸다면 아마 이것이 무대 위에 형상화된다 하여도 혹시 연출이나 연기 면으로 어느 정도 매력을 유지할지 모르나 작품으로서, 나아가서는 진정한 이 시대의 예술로서의 연극을 만들어내지는 못하게 되는 것이

다. 현대인의 희곡은 작품 속의 내용 만에 의거하지 않는, 더 나아가서 감각적으로 현대인의 공명을 받을 표현 방법을 겸하여 작품 속에 담아서 극단으로 넘겨야 한다는 말이다. …(중략)…

희곡 「가족」은 그 작품의 질적 가치문제는 별문제로 하고라도 작품이 우리나라에서는 아직 아무도 해보지 않은 표현방법을 대담하게 시도했다는 점은 이 작가가 아직 젊은 그리고 생신한 감각의 소유자이기 때문이다.

모두에 말한 바와 같이 좋은 연극은 좋은 작품, 연기, 관객으로 이루어진다고 했는데 이 「가족」의 경우는 좋은이라는 것보다 오히려 새로운…이라는 말로 바꾸어 놓고 싶고 **그런 의미에서 「가족」이란 연극이 새로운 우리의 연극이 되려면 새로운 연기(배우)와 새로운 관객(대학생 및 그 위의 지식층)으로써 이루어져야 할 것이다.** 사실 말이지 관객의 이단층(異端層) 같이 곤란한 문제는 (아마 일반은 알 수 없는) 정말 큰 문제인 것이다. 이번 연출담당에 있어서 무엇보다도 관객이 좀 새로워졌으면 하는 욕구를 간절히 느끼며 연습을 진행시키고 있다.[16]

이원경은 당시 관객 일반의 수준과 수용 능력에 대해 불신을 내비치고 있는데, 이는 쉽게 예단할 문제는 아니다. 앞에서 살펴본 것처럼 전후 사회를 관통하면서 시민이 성장하고 있었고, 직접적으로 대학생 관객이 형성되고 있었으므로 관객의 성장은 지속적으로 이루어졌다고 볼 수 있다(2장 2절 참고). 분명한 것은 〈가족〉이 보인 새로운 드라마투르기에 대해 관객에게도 새로운 역할이 요청된다는 것이 연출을 맡은 이원경에게 감지되었다는 사실이다.

그런데 〈가족〉의 새로운 구성과 이를 무대 위에 실현하기 위한 기법들

---

16 이원경, 「희곡의 현대성—이용찬 작 〈가족〉의 환경」, 『한국일보』, 1958.4.27.

은 관객에게 신선한 감각의 연극을 선사하기 위한 것만은 아니다. 그것은 이전의 희곡과는 다른 관점에서 인간을 바라보기 위한 것이었다. 사회적 일원으로서의 개인이 아니라 심리적 존재로서의 개인의 정체성이 그것이다. 이 점에 주목하지 못할 때, 〈가족〉의 구성과 기법은 단순한 실험으로 치부되기 쉽다. 많은 논자들이 이미 부정적 의견을 제출한 바 있다. 이 의견들은 이 작품이 무기력한 종달의 내적 심리를 그리고 있다는 것을 인정하면서도, 구성과 기법의 산만한 사용이 그 효과를 반감시켰다는 견해를 피력한다. 〈가족〉에 나타난 회상 장면들은 "종달의 내면 세계의 갈등을 극적 필연성에 의해 보여준다기보다 사건나열적이며 부연설명적"[17]이라는 김방옥의 의견이나, 조명의 과도한 사용이 "인물의 성격 묘사를 직접적인 행동과 말로서 깊이 있게 처리하는 데 방해"[18]가 되었다는 한상철의 의견은 이러한 입장을 보여주고 있다.

그러나 이러한 의견이 가진 문제는 '극적 필연성' 창조의 요건으로서 분명한 정체성의 인물을 상정하고 그의 '행동'을 통해 일관성 있는 '성격'을 제시하는, 이른바 '정통'의 드라마투르기를 새로움에 대한 평가의 잣대로 삼고 있다는 점이다. 정작 주목해야 할 것은 이 작품이 애초부터 미숙한 정체성의 소유자인 박종달의 심리의 흐름을 작품의 구성 원리 자체로 삼고 있다는 점이다.

박종달은 시종일관 무기력한 인물로 그려진다. 그는 나이를 먹고노 집안의 장남으로서나 한 가장으로서, 또한 사회인으로서 제 구실을 하지 못한다. 여기에는 단순히 '아버지의 그늘'에서 벗어나지 못했다는 식으로

---

17 김방옥, 『한국 사실주의 희곡 연구』, 가나, 1988, 183쪽.
18 한상철, 「가족의 의미와 전통적 가치」, 『한국현역극작가론2』, 예니, 1988, 141쪽.

설명되기에는 미진한 부분이 있다. 아버지의 지배는 가부장적 권위에 의한 억압의 형태가 직접 표출되는 것이 아니라 무의식의 차원에서 내밀하게 이루어지고 있는 것이다. 곧 아버지 박기철은 종달의 무의식의 지배자라 할 수 있다. 이러한 점은 아버지가 만류한 여행에서 종달이 실수로 넘어져 사진기가 깨져버리는 장면에서 단적으로 드러난다. 프로이트는 일상생활의 실수 속에는 무의식적 자기 비난이 개입되어 있다고 설명하는데,[19] 이렇게 본다면, 종달은 아버지의 만류에 암시를 받아 실수를 하게 되는 것이다. 사진기를 고장 내는 것은 아버지에게 도전하는 것으로 보일 수도 있지만, 아버지의 권위에서 이탈하는 행동인 연희에 대한 사랑 고백을 하기 전에 미리 아버지에게 처벌받을 실수를 함으로써 무의식적으로 아버지의 권위에 귀속되고 있는 것이다.

또한 종달은 계획에 의해서가 아니라 우발적으로 임봉우를 계단에서 밀친다. 여기에는 아버지에게 밀착하고자 하는 그의 무의식적 욕망이 개입되어 있다. 임봉우가 채권자이기는 하나 아버지 박기철의 사정을 자주 보아 주었으며 그를 술친구로 여기고 있음에 반해, 종달은 그를 아버지의 적대자로 여긴다. 그러므로 그가 임봉우를 밀친 행위는, 아버지가 욕망할 것으로 상상되는 것을 욕망한 결과라 할 수 있다.[20] 작품의 마지막에서 종달은 아버지에게 자신의 행각을 밝힘으로써 아버지의 욕망의 대리인의 위치에서 벗어나려 한다. 그러나 그것이 오히려 아버지의 죽음을 초래함으로써, 종달은 심리적 예속에서 벗어나는 것이 아니라 더 큰 굴레에 직

---

19   Sigmund Freud, 『일상생활의 정신병리학』, 이한우 역, 열린책들, 1997, 232~233쪽.

20   그런 점에서 종달은 아버지에 대해 라깡이 거울 단계라 칭한 상태에 놓여 있다고 할 수 있다. Jaque Lacan, 『욕망이론』, 권택영 외 편역, 문예출판사, 1994, 15~16쪽.

면하게 된다. 이처럼 '아버지에게 지배받는 종달의 무의식'은 전체 드라마를 지배하는 모티프로 제시되어 있다.

그렇다면 그것은 과연 어떻게 '연극적으로' 구성될 것인가? 그것은 종달의 자기 진단이라는 형식이다. 자기 진단의 구체적인 자료들인 '외적 사건'과 '내적 심리'는 각각 그가 하는 '회상'과 '설명'으로 발현된다. 플래시백과 장면전환을 통한 회상 장면은 종달의 무의식이 작용하는 순간을 묘사하고, 종달의 독백에 의해 이루어지는 그것에 대한 '설명'은 자신의 심리적 무기력의 원인과 역사를 탐구한다. 이렇게 보면, 〈가족〉은 자신의 심리에 대한 종달 자신의 분석이라 할 수 있다.[21] 이 작품의 복잡한 구성과 기법은 바로 종달의 정신분석적 자기 이야기의 내용이자 형식인 것이다.

이렇게 볼 때, 아버지와의 갈등이 이 작품에서 가장 중점적으로 다루어지고 있지만, 혹자가 지적하듯[22] 부자간의 정리(情理)가 이 작품의 주제인 것은 아니다. 그것은 한 인물의 자아를 천륜 속에서 고정된 것이 아니라 환경과의 관계 속에서 형성되어 가는 유동적인 것으로 제시하기 위한 소재인 것이다.

21 　정신분석에서 의뢰인이 자신의 이야기를 하면, 분석가가 분석을 한 후 처방을 내리는 것으로 생각하기 쉽다. 그러나 지젝의 설명에 의하면 분석을 행하는 것 역시 이야기하는 의뢰인 자신이다. 분석가는 '안다고 가정된 주체'(subject supposed to know)의 위치에서, 의뢰인 스스로가 자신의 무의식적 실상을 대면할 수 있는 장을 제공한다. 그러므로 의뢰인이 하는 이야기는 곧 '자신을 분석하는' 이야기가 된다. Slavoj Žižek, 『How to Read 라깡』, 박정수 옮김, 웅진 씽크빅, 2007, 63쪽.

22 　박명진은 〈가족〉의 이야기를 "주인공 박종달이 아버지에 대한 애증의 고통 속에서 '끊어질래야 끊어질 수 없는 정, 즉 혈연(특히 부자)간의 얽힘의 끈'을 인식해 가는 과정"으로 파악한다. 이렇게 볼 때, 〈가족〉은 "1950년대 후반기 가장 첨단적인 연극 기법이 가장 보수적 이데올로기와 결합되어 있는 현상의 한 예"가 된다. 박명진, 『한국 전후희곡의 담론과 주체 구성』, 월인, 1999, 82, 90쪽.

이 작품의 주제가 천륜의 강조가 아니라는 점은 결말처리 방식에서도 살펴볼 수 있다. '범인 밝히기'와 종달의 '심리적 독립'의 두 층위에 걸쳐 있는 이 작품의 서사는 미스테리 플롯과 성장 서사에 대해 일반적으로 기대하는 분명한 결과를 제시하지 않는다. 그 대신에 아버지의 사망에 직접적인 원인을 제공하게 된 종달이 더 큰 심리적 압박 속에 놓이게 되었음을 보여주면서 마무리된다. 그렇게 함으로써 종달의 심리적 여정은 부정(父情)의 확인으로 끝나게 되는 것이 아니라 새로운 시작점에 놓이게 된다.

> 종달　이 밤이 새거든…… 좌우간 이 밤이 새구 봅시다. **내게는 너무나 짐이 무거운 숙제가 두 어깨를 짓누르구 있어……. 너무나 벅찬 무거운 짐이야. 난 어떻게 될지 몰라. 내일을 기약할 수 없어……. 이 밤을, 오늘 밤을 넘겨보자는 것 그것뿐이야…….** 여보! 아버진…… 결국……, 우리를 무척 사랑하다가 돌아가셨어…….
>
> 울음이 터지는 종달의 모습을 스포트라이트가 처절하게 드러낸다.
> 무대 용암되면서…….
> 〈막〉 (88~89)

물론 종달은 아버지가 가족들을 무척 사랑했다는 점을 고백한다. 작품의 마지막에 최대의 수혜자로서 행하는 이러한 고백은 관객들에게 분명한 메시지로 다가올 수도 있다. 그러나 그 내용은 이 대목에서 그가 주로 토로하고 있는 정신적 압박에 비하면 지극히 간결하다. 이 고백은 망자에 대한 원론적인 규정 이상의 반향을 가져오지 못한다. 오히려 "내일을 기약할 수 없"다는 종달의 공황 상태가 더욱 주목을 끈다. 이에 대한 대응을 그의 몫으로 남겨 놓음으로써 〈가족〉은 혈연의 정을 강조하는 닫힌 결말이 아니라 일종의 '열린' 결말을 취하고 있다. 관객은 종달의 자기 분석의 입회자로서 산만하게 진행되는 그의 이야기에 맥락을 부여하며 그의 심리적 궤적을 추적한다. 그리고 이 열린 결말에서 인간을 지배하는 심리적 예속의 강력한 힘과 이에 대한 심리적 투쟁의 현장을 발견한다.

이렇게 볼 때, 〈가족〉의 성취는 단순히 기법적 새로움에 있지 않다. 그것은 심리적 존재로서의 인간을 바라보는 새로운 시선에 관객을 참여시키는 연극적 형태를 제시했다는 점에 있다. 이것이야말로 〈가족〉의 드라마투르기적 성취라 할 수 있다.

이용찬의 1960년도 작품인 〈피는 밤에도 자지 않는다〉 역시 분할된 무대 구역, 빈번한 장면 교체, 다수의 서사 진행, 열린 결말로 자신의 전작인 〈가족〉과 유사한 구성 양상을 보인다. 그러면서 장면의 분절적 성격은 한층 짙어진다. 이에 따라 그것에 일종의 맥락을 부여해야 하는 관객의 역할 역시 증대된다.

이용찬은 분절성의 실현을 위해 '경'이라는 단위로 장면을 구성한다. 유치진의 〈한강은 흐른다〉와 같은 용어가 사용되고 있지만, 그 밀도에는 차이가 있다. 〈한강은 흐른다〉가 빈번한 장면 교체와 다수의 플롯을 구성하면서도 그것을 하나의 중심 플롯으로 통합하는 양상을 보인다면, 〈피는 밤에도 자지 않는다〉에서는 작품 내의 하나의 플롯으로 통합되지 않는 여러 개의 이야기들이 병존하며 전개된다.

그것은 4.19 이후 시행되는 민의원 선거의 귀추, 혁명에 참여하여 불구가 된 민호의 일상으로의 복귀, 해장국집을 경영하면서 가족을 뒷바라지하는 경호의 삶과 아들의 탄생, 사기꾼이자 가속을 서버린 송수의 참회와 선거를 이용한 또 다른 사기 등이다. 이들을 연결하는 최소한의 얼개는 종수가 돌아와 가족들의 용서를 얻고자 하는 과정이다. 그가 가족을 만나러 다니고 돈을 얻기 위해 선거판을 이용하면서 여러 장면과 사건이 교차한다. 그러나 여러 사건들이 대등하게 병치되어 있어서 종수의 행보를 중심 서사로 보기는 어렵다.

이 다수의 서사들은 네 개의 구역으로 분할된 무대에서 번갈아가며 제시된다. 무대 왼쪽에 위치한 종수의 큰아들인 철호의 사무실은 혁명 이후 정치상황이 돈벌이의 수단이 되는 상황을, 오른쪽 철호의 배다른 동생인 경호의 해장국집은 혁명과 상관없이 지속되는 서민의 일상을, 셋째 아들 민호가 입원한 2층의 병실은 혁명의 주체로서 새 역사를 꿈꾸는 젊은이의 전망을, 무대 앞 한길은 선거를 통해 한 몫 보려는 정치 모리배들의 반혁명적 퇴행을 보여준다. 이러한 병치를 통해 〈피는 밤에도 자지 않는다〉는 특별한 '사건'보다는 혁명은 있었지만 특별한 역사적 전망은 획득되지 못한 4.19 이후의 '상황'을 그려낸다.

총 18경에 이르는 장면들은 유기적 플롯의 구성단위가 아니라 혁명 이후의 상황에 적응하는 각기 다른 방식을 보여주는 네 개의 개별적 이야기의 세부 단위가 된다. 에이젠슈테인의 몽타주 개념을 원용할 때, 〈피는 밤에도 자지 않는다〉의 '경'은 의미 생성을 위한 하위 재료들이라 할 수 있다. 몽타주란 기본적으로 다양한 요소의 병존을 통한 의미 생성의 방식을 가리킨다.[23] 그것이 관객의 능동적 인식 활동을 촉구하는 방식으로서 부각된 것은 에이젠슈타인의 이론을 통해서였다. 영화에서 '몽타주'란 단편적인 필름을 이어 붙이는 편집 기법을 뜻하는데, 에이젠슈테인은 그 기

---

23   I. M. Lotman, 『영화기호학』, 박현섭 역, 민음사, 1994, 112쪽.

본 원리를 '연결'로 파악하는 일반적인 이해에 반대하고 '충돌'을 기본 성격으로 규정한다. 그 이유는 단편적 조각들인 쇼트 사이에 충돌의 관계가 부여될 때, 각 부분이나 이야기의 흐름에 귀속되지 않는 총체적 의미 작용이 발생하기 때문이다. 그는 "주어진 두 요소의 충돌에서 개념이 생겨난다(강조-원저자)"고 말한다.[24]

이 작품의 무대는 수평과 수직적 축에서 '경'들의 대조를 위한 공간을 제공하고 있다. 무대 왼쪽의 사무실과 오른쪽의 해장국집은 각각 사기와 갈취를 일삼는 철호와 가족들의 뒷바라지에 헌신하는 경호의 공간으로서 각기 다른 삶의 자세를 극명하게 대조시킨다. 그러나 이 둘은 혁명의 흐름에 거리를 두고 있다는 공통점이 있다. 이렇게 〈피는 밤에도 자지 않는다〉는 혁명 이후의 현실을 정치적 차원에만 귀속시키지 않는다. 오히려 정치적 부침과는 다른 차원으로 개인의 윤리적 문제가 상존함을 보여준다.

수평적 축에 한 사회를 구성하는 개별적 구성원의 차원이 놓여 있다면, 수직적 축에는 혁명과 직접 관련된 사회, 역사적 차원이 놓인다. 2층 무대의 입원실에서는 4·19 혁명의 대열에 동참하여 불구가 된 민호와 만재를 통해 순수한 혁명 정신이 제시되지만, 그 아래 무대 전면의 '노상'에서는 혁명의 의미를 퇴색시키는 선거 풍조가 이와 대비를 이룬다.

수직과 수평의 두 축을 통해서 〈피는 밤에도 자지 않는다〉는 혁명 이후의 시점에서 제기된 과제들을 총체적으로 제시한다. 그것은 정신적 차원에서 혁명 정신의 계승, 제도적 차원에서 선거를 통한 민주주의의 실현, 개인의 차원에서 건전한 생활 윤리의 획득, 그리고 세대적 차원에서 부패

---

24 Sergei Eisenstein, 「영화의 원리와 표의문자」, 『사유 속의 영화』, 이윤영 역, 문학과지성사, 2011, 36쪽.

한 구세대에 대한 처리 문제이다.

이러한 문제에 대해 이용찬은 혁명이 한계에 부딪힌 현실을 개탄하거나 특별한 작가적 전망을 제시하지 않는다. 그는 대상에 대해 상당한 거리를 유지면서 다큐멘터리적 시선으로 현상의 모순을 제시하는 데 주력한다. 가령 부패 정당에 관여한 전력이 있는 유달성이 끝내 피선되지 못한 긍정적인 결과와, 혁명 이후 새로운 수권 세력으로 부상한 대안 정당이 권력 다툼의 내분을 보였음에도 불구하고 선거에서 대승한 부정적 결과를 병치한다. 종수가 가족의 용서를 바라며 참회를 보이는 모습과, 가족을 위한 돈을 마련하기 위해 다시 사기를 벌이는 모순을 함께 제시한다. 또한 부정한 돈을 받지 않겠다는 경호의 입장과, 형제의 몫으로 돌아간 돈이라도 자신의 것으로 하려는 철호의 태도가 대조된다. 참회하는 종수에 대한 입장 역시 충돌한다. 혈육으로서 아버지의 존재를 부정할 수 없다는 경호의 입장과 진정한 아버지의 의미를 묻는 민호의 질문이 대조를 이룬다. '경'이라 지칭되는 이 작품의 장면은 이와 같은 대조와 입장의 충돌을 실현하기 위한 몽타주의 단위라 할 수 있다.

이와 같은 나열이 단순한 현상 파악에 그치지 않고 총체적 의미 구성의 요소가 되기 위해서는 그것에 대한 종합이 요청된다고 할 수 있다. 그러나 이용찬은 관객들에게 손쉬운 종합을 제시하지 않는다. 작품의 후반부인 13장에서 민호는 혁명정신이 퇴조한 현실을 개탄한다. 이어지는 14장에서 재연되는, 4·19 당시 만재의 열정에 찬 연설은 작품에서 제시된 모순된 현실이 혁명 정신의 승계를 통해 해결되어야 한다는 것을 역설하는 것으로 읽히기도 한다. 그러나 4·19에 대한 이 작품의 입장이 혁명 정신의 재확인으로 귀착되는 것은 아니다. 오히려 이러한 혁명 정신의 강조는 이후 15경에서 18경에 이르는 이 작품의 결말부와 한 차례 더 긴장 관계를 형성한다. 기회주의자 유달성은 낙선했지만, 민주주의의 실현은 아직 요원한 것으로 남는다. 부패한 구세력을 상징하는 종수는 가족에 대한 참회와 돈을 얻기 위한 사기 행각이라는 모순을 벗어나지 못한다. 민호가 퇴원하고 경호의 아들이 태어나면서 이들 가족에게 새로운 활력이 생겼지만, 종수를 용서할 것인가의 문제는 미해결로 남게 된다.

> 종수, 대꾸는 하지 않고 흥분을 가라앉히려는 듯 눈을 스르르 감는다. 안에서 갓난애기 울음소리.

종수   (눈을 뜨고 조용히) 새로 움터서 자라나는 갓난 생명의 울음소리하구…… 죽음을 기다리며 스러져가는 시든 목숨하구 너무나 좋은 대조로구나.

경호   (측은해서) 돌아가시다니요?

종수   (모든 것을 체념한 듯) 너 간장암이 어떤 병인줄 알지?

> 모두 약간 동요의 기색.

종수   사형선고나 마찬가지야. 떨어진 기름을 보충할 길 없이 지지지…… 타들어가는 심지가 바타져 버리기를 기다릴 뿐이야……. 그렇지만 스러져가구 돋아나구 스러져가구 돋아나구 하는 게 우주의 섭리 아니냐? 경호야, 민호야, 정애야. 이제야말로 너희 젊은이들의 시대라는 걸 명심하겠지?

경호   아버지, 그만 진정하세요.

종수   나 술 한 잔만 더 다우. (경호가 따라 놓은 술을 쭈욱 들이키고 나서) ……나……여기 쪼금만 더 있겠다. 어서 어서 들 놀려무나……. **(울먹울먹) 나는 여기 없는 셈 치구. 애비는 여기 없는 셈치구 어서들 놀아……. 여보 당신두 말야……, 어차피 이 남편은 당신 곁에 없었던 몸. 그리구 또**

오래지 않아 죽을 몸이니까……. 얘들아 이 애비는 놔 두
고 어서 너희들끼리 놀란 말야…….

이윽고 종수 흐느끼기 시작한다. 모두 저마다의 위치에서
무대 용암.(337~338)[25]

　마지막 장면에서 "여기 없는 셈" 치라는 종수의 말은 역설적으로 그가
여전히 가족의 일원이고자 함을 환기시킨다. 작품의 결말부에서 구세대
의 청산 문제가 새삼 제기되는 것이다. 이러한 문제가 불치병으로 죽음을
앞둔 종수와 새로이 태어난 경호 아들 사이에서 '세대교체'라는 차원으
로 해결되는 것은 아니다. 이 세대교체는 오히려 이 작품에서 제기된 여
러 문제들이 새로운 세대에게 여전히 산적한 과제로 부과되어 있음을 의
미한다. 이러한 과제 앞에서 등장인물들은 "모두 저마다의 위치에서" 움
직이지 못한다. 이와 같이 〈피는 밤에도 자지 않는다〉의 결말은 구세대에
대한 입장 정리가 되지 않은 상황에서 새로운 세대가 등장했다는 상황만
을 제시한다.

　4·19가 일어난 지 6개월 정도 지난 시점인 1960년 10월 공연을 위해 쓴
작품에서 이용찬은 이미 혁명을 바라보는 단선적 시각에서 탈피해 있다.
구세력을 일방적인 타도의 대상으로 보거나 젊은이 일반을 청신한 존재로
그리지도 않는다. 그리고 4·19의 의미에 대한 거리 두기를 시도한다. 그
는 4·19를 역사적 진보와 동일시하는 관점을 취하는 대신에 진보가 가능
하다면 그것은 이제부터 획득해야 할 대상으로 묘사한다. 이렇게 이용찬
은 4·19의 의미는 무엇인가라는 질문을 다시금 제기하고 있는 것이다. 그

25　이용찬, 〈피는 밤에도 자지 않는다〉, 무천극예술학회 편, 앞의 책.

리고 여기에는 무대에서 제시될 이러한 질문의 반대편에서 작품의 개별 장면들을 종합하며 이에 답할 관객의 주체적 판단이 상정되어 있다.

3. 언술 방식의 다각화와 중층적 상황 창조

(1) 극중 현실의 분화

사실적 재현의 연극에서 무대 위의 기호들은, 극장 밖에 현실적으로 존재하는 것으로 상정된 대상을 무대 위에 재현한다는 단일한 차원 안에서 조직된다. 한 편의 희곡을 구성하는 작가의 언술 행위를 등장인물을 주체로 하는 것과 그 외의 요소로 양분할 때, 이 두 영역에서 이러한 단일성은 일관성 있게 실천된다. 등장인물을 주체로 하는 작가의 언술 행위란, 인물의 대사와 행동에 대한 지문이다. 이것들은 결코 실제 세계의 언어와 행동 방식과 같은 것이 아니며 공연상의 효과를 위해 창안된 것이지만, 작가는 거기에 실재성의 표지를 부여한다. 등장인물을 통하지 않는 작가의 언술 행위는 무대장치, 조명, 음향 등 공연의 물리적, 기술적 요소들에 대한 지시이다. 이 지시 역시 현실적 시공간을 창조하며 실재성을 부여하기 위한 것에 바쳐진다.[26]

그런데 사실적 재현의 희곡에서 등장인물의 언어 이외의 요소, 즉 무대, 조명, 음향 등에 대한 지시는 빈번하지 않다. 그것이 주로 사실적 환

---

26 연극의 언술 행위에 대한 이상의 설명은 Anne Ubersfeld, 『연극기호학』, 신현숙 역, 문학과지성사, 1997, 227~233쪽을 참고했음.

경을 조성하기 위한 것이므로, 주로 작품의 서두에, 혹은 각 막의 첫 대목에서 지시가 이루어진 후에는 이를 되풀이 지적할 필요가 없기 때문이다. 간혹 시간과 날씨의 변화, 무대 밖 사물의 표현, 등장인물의 노래나 악기 연주 등을 위해 세부적 지시가 이루어지기도 하지만, 그것은 장면의 부수적인 상황을 설명하기 위한 것으로 간략한 형태를 띤다.

그에 비해 작가의 언술 행위는 등장인물의 언어, 즉 대사에 집중된다. 인물의 대사가 하나의 사건을 창조하는 데에 가장 직접적이며 주된 수단이기 때문이다. 그것은 우선 사건의 주체인 등장인물의 성격을 드러낸다. 또한 인물의 말은 적극적인 행동(action)으로서 사건의 구성 요소가 된다. 인물의 신체적 행동 역시 성격과 사건의 구성 요소가 되지만 작가는 이를 일일이 지시하기보다는 대사의 연속 속에서 상상 가능한 것으로서, '행간'에 배치한다. 이와 같은 상황에서, 인물의 행위(activity)[27]에 대한 것이든, 물리적 효과에 관한 것이든, 빈번한 지문은 극작술의 미흡함이나 공연 주체에 대한 불신을 드러내는 표지로 읽힐 가능성이 크다.

대사에 대한 양적 집중과 함께, 대사의 성격에도 통일성이 부과된다. 대사는 작품이 전제한 시공간에 어울리는 것으로서의 '회화'의 양상을 띤다. 사실주의와 멜로드라마의 상이한 양식, 고대와 현대의 시간적 배경의 차이, 가벼운 소극과 진지한 드라마 사이의 장르상의 차이에도 불구하고 등장인물이 구사하는 언어는 '현실적' 자질을 획득한 것이어야 하는 것이

---

27 행동(action)이란 한 장면 안에서 등장인물이 목적(objective)을 달성하기 위해서 시도하는 모든 것을 의미한다. 이에 비해 행위(activity)란 목적 달성과 직접 관계되지는 않지만 담뱃불을 붙이거나 식탁을 차리는 것처럼 상황을 전개시키기 위해 요청되는 구체적인 신체적 움직임이다. Michael Bloom, 『연출가처럼 생각하기』, 김석만 역, 연극과인간, 2012, 59쪽.

다. 이런 경우, 등장인물의 계급, 교육 정도, 신분의 차이 정도를 뛰어넘는 상이한 성격의 언어가 동시에 사용될 가능성은 크지 않다. 관객이 인물의 언어를 통합하여 그 전언을 파악하는 행위 또한 이 단일한 성격을 전제한 상태에서 이루어진다. 다시 말해 극중 현실의 단일성이 관객들의 작품 수용에 가장 기본적인 준거가 되는 것이다. 만약 하나의 극이 단일한 '현실적' 지평에서 벗어나 다층적 층위의 상황을 구성하게 되면, 대사 역시 사실적 재현으로부터 벗어나 그 성격이 다각화된다. 이러한 현상을 이광래의 〈기류와 음계〉(1957), 오학영의 3부작인 〈닭의 의미〉(1957), 〈생명은 합창처럼〉(1958), 〈꽃과 십자가〉(1958)에서 발견할 수 있다.

이광래의 〈기류의 음계〉(1957)[28]는 비가시적인 존재가 하나의 인물로 등장했다는 점에서 주목된다. 주인공 박환기의 정신적 방황과 심리적 갈등을 그의 여러 분신들을 등장시켜 형상화하고 있는 것이다. 또한 음향을 통해 주인공에게 지각되는 세계상을 표현하고 있다는 점도 이채를 띤다. 이러한 기법의 사용은 인물이 직면한 '현실'을 다층적으로 제시하고 내적 자아와 외부 상황 사이의 괴리를 극대화하기 위한 것이다.

박환기는 천부적 재능을 인정받지 못하고 있는 젊은 음악도이다. 그는 불협화음으로 새로운 선율을 창안하여 음악적 재능을 인정받고자 하지만, 정식 교육을 받지 못한 상태에서 자신의 재능을 실현할 기회를 얻지 못한다. 공장 사장의 딸인 미나에게서 물질적 후원을 받을 가능성을 얻게 되지만, 예술가로서의 자존심과 기라에 대한 사랑 때문에 이를 선뜻 받아

---

28 이광래, 『이광래 희곡집 (1) 촌선생』, 현대문학사, 1972. 현재 이광래의 텍스트를 볼 수 있는 자료는 이 희곡집뿐이다. 이후 후속 희곡집 간행을 계획하였지만 실행되지 못한 것으로 보인다. 이 희곡집의 부록에서 제시되어 있는 작품 연표에 〈기류의 음계〉는 1957년 작으로 소개되어 있다.

들이지 못한다. 어떤 선택도 하지 못한 상태에서 기라를 잃게 되자 결국 그는 자살한다.

이 과정에서 환기의 마음속에서는 예술, 현실, 사랑에 대한 그의 인식이 다루어진다. 그것은 지(知), 정(情), 의(意)로 삼분된 그의 '자아들' 사이의 대화를 통해 표현된다. 박의 지(知)는 기존의 도덕률을 인정하고 현실과 타협하고자 하는 현실의식, 정(情)은 자신의 재능과 이상을 절대화하는 예술적 욕망, 의(意)는 양자를 중재하여 통일된 하나의 입장을 획득하려는 통합 의지라 할 수 있다. 이들 사이의 분열과 갈등은 지(知)의 현실 논리와 정(情)의 이상 추구 사이에서 의(意)마저도 이를 중재하지 못하고 괴로워하는 것으로 표현된다.

전체 작품은 이와 같은 박환기의 내적 갈등과 함께 외적 사건이 병치, 교차되면서 진행된다. 그에 따라 환기는 두 개의 상이한 언술 행위의 차원에 놓인다. 다른 등장인물과의 외적 현실 차원의 대화, 그리고 자신의 주관의 영역에 속하는 분신들 사이의 대화이다. 전자가 현실적 차원에서 이루어지는 회화의 양상을 띤다면, 후자는 관념적인 언어로 이루어지는 논쟁의 양상을 띤다. 이 두 차원을 오가는 것은 박의 의(意)이다. 의(意)는 내적 대화에서 지(知), 정(情)과의 대화에 참여하고, 외적 현실 차원에서 다른 인물들에게 박환기를 대변한다. 하지만 환기의 전체 발화 양상에서 이 두 차원은 선명하게 구분되지 못한다. 그는 외부 인물과의 대화에서 의(意)를 내세워 태도의 일관성을 유지하려 하지만, 지(知)와 정(情)은 등장인물과의 대화에 자주 끼어들어 의(意)를 혼란에 빠뜨리고, 이 두 차원을 착종시키는 것이다. 그 결과 환기는 선명한 자기 논리를 가지지 못하고 정신적 방황을 거듭하는 인물로 비춰지게 된다.

이렇듯 이 작품은 사실적 재현의 희곡에서 주로 채택하듯이 외적 사건과 내적 심리의 상호 관계를 극중 현실이라는 단일한 지평 위에서 그리지 않는다. 대신에 외부와 내부라는 상이한 지평을 각각 가시화하여 그 충돌을 그린다. 인물은 외적 상황이 촉발한 심리 변화에 따라 '그 상황 안에서' 새로운 사건을 일으키는 것이 아니라, 자신의 주관적 영역 안에서 '다른 차원의 상황', 곧 자아의 분열을 겪게 되는 것이다. 이 분열이 환기가 직면한 또 다른 '현실'을 구성하며, 이 분열이 해소될 수 있는가의 문제가 하나의 플롯을 형성한다. 이렇게 보면 〈기류의 음계〉는 환기의 분열을 통해 외적 현실과 내적 이상 사이의 괴리를 그리는 것으로 단순 명쾌하게 이해될 수도 있다. 그러나 이러한 이해는 일면적이다. 이 이중적 층위의 '극중 현실'이 노리는 것은 단순히 현실과 이상 사이의 괴리라기보다는 객관적 양태로 파악되는 현실과 환기의 주관에 비친 세계상 사이의 괴리를 표현하기 위한 것이기 때문이다.

외부 현실에서 환기는 음악적 자아 실현에 실패하고 기라와의 사랑을 성취하지 못하는 등, 현실적 여건 앞에서 좌절하는 인물이다. 여기에 미성년 노동자에 대한 착취, 기라에 대한 비서의 능욕, 철도변 깡패들의 범죄 등, 부패와 타락을 보이는 현실이 곁들여진다. 그러나 분신들의 대화에서 드러나는 환기의 주관적 세계 인식은 이처럼 현실 고발적 시선으로 묘사되고 있는 외부 현실과는 다른 것이다. 분신들의 대화가 목표로 하는 것은 음악, 사랑, 존재, 세계에 대한 진정한 이해이다. 가령 철도 건널목에서 아이가 치여 죽게 되었을 때, 자신이 그를 구하기 위해 행동하지 않은 이유를 자문하며, 환기는 인간의 근원적 고립성을 깨닫는다.

박의 意　그럼, 난 외롭게 내 길을 걸어야만 하는 것인가?
박의 知　이니야, 난 인간 기운데서 살아야 하는 사람이야. 인간 가족들과 더불어 살아야 하는 나야.

박의 情　(부정하며) **인간 광장 한가운데 나 홀로 서 있는 나야.**

박의 意　그렇구 말고. 벗이 있담 그건 그림자뿐이었어. 그림자도
　　　　구름 일고 눈, 비올젠 자취 간 곳도 없이 사라져버리고 말
　　　　았어. 내 몸둥이 나혼자만 외롭지 않었어. 층계돌이 무너
　　　　져 버린 절벽 끝에서 아슬히 나비처럼 써커스하는 나야.
　　　　내 생명의 전부를 받쳐서, 내가 하곱은 말들을 엮어 논 음
　　　　계들을 누가 들어줬어? 어떤 놈이 알아주느냐 말야.

박의 知　그렇지만 문이 열렸지 않어. 저 하늘에…….

박의 情　그 문은 죽음을 의미하는 거야.(276)

　분신들의 대화에서 세계는 부조리로 가득한 곳으로, 인간은 근원적으
로 고립된 존재로 설명된다. 이어지는 대화에서 윤리, 도덕, 법이 인간의
본성을 대변하지 못한다는 것과, 오히려 살인과 자살에 대한 회피는 법과
윤리에 의한 금지일 뿐 실제로는 위선이거나 자기기만일 수 있다는 점이
지적된다. 이처럼 분신들의 대화는 환기가 세계와 자아에 대한 실존적 인
식에 대면하게 되는 과정에 초점을 맞추고 있다.

　외부와 주관이라는 이 작품의 이중적 현실은 그 묘사에서도 다른 방식
을 취한다. 〈기류의 음계〉의 무대는 공장 근처의 철도변을 배경으로 하고
있다. 이 철도변의 둑과, 그 아래 빈민촌으로 통하는 길목에 있는 양상욱
의 목로주점이 주요 사건이 이루어지는 장소이다. 작가는 무대에 대한 지
문에서 외적 배경을 자연주의적 시선으로 세밀하게 그리고 있다. 외부 현
실이 시각적인 이미지로 제시되는 반면에, 환기의 주관에 비친 세계의 모
습은 음향을 통해서, 그 객관성이 왜곡, 변형된 청각적 이미지로 제시된
다. 총 14번에 걸쳐 지시되어 있는 음향효과에 대한 지시(E)의 주된 용도
는 세계에 대한 환기의 느낌을 반복적으로 드러내는 데에 있다. L(light)과

M(music)과 같이 조명과 음악에 대한 지시도 이루어지지만, E(effect)를 통한 음향에 대한 지시가 가장 빈번하다. 음악도인 환기에게 비친 세계를 표현하는 데에는 청각적 이미지가 가장 적합하기 때문이다. 음향은 공장에서 나오는 소음, 기차가 지나가는 소리, 공장에서 일하는 아이들의 노랫소리를 뒤섞어 마치 불협화음처럼 부조화한 세계를 제시한다. 다음과 같은 개막 장면과 환기가 작곡을 하는 장면이 대표적이다.

① E-공장에서 들려오는 기계소리, 바람소리 기타 온갖 메카니즘의 불협화음계들이 소연한 가운데 막은 오른다.(252)

② E-공장에서 야간 작업을 시작하는 기계의 소리와 온갖 불협화음계들이 일시에 뒤끓어 오른다. 박환기는 이 불협화음계들의 마(魔)에 씌인 듯 뚝으로 올라간다.
그리고 움켜쥐었던 구겨진 오선지를 펴서 시그넬 불빛 아래서 다시 보며 도취한다. 양상욱이 부엌에서 연탄화로를 들고 나와 놓고 앞치마에 손을 훔친다. 그는 몹시 뚱뚱한 편이다. 이 불협화음계를 지휘나 하듯이 열광적이든 박환기는 흥이 깨어진 듯 빈 하늘에 주먹질을 하면서 신경질이다. (256)

막이 열릴 때 제시되는 무대, 조명, 음향 등의 기호들은 관객에게 극중 세계의 첫인상을 제시한다. 음향(①)은 복삽하고 뒤들린 세계의 이미지를 강렬하게 제시한다. 또한 극의 전개과정에서 외적 객관적 세계는 자주 음향을 통해 환기의 주관의 세계로 전화(轉化)된다. 그것을 극명하게 보여주는 것이 환기가 작곡하는 장면(②)이다. 환기에게 공장에서 들리는 소음은 음악의 재료이지만, 더 나아가 그가 느끼는 세계의 실상이기도 하다.
환기가 불협화음으로 새로운 선율을 만들고자 하는 것은 난순히 냉예

욕 때문이 아니다. 불협화음이야말로 그가 느끼는 현실의 모습이기 때문이다. 환기는 세상이 "불연속적이면서도 강렬한 자극으로 덤벼드는 감각들"(253)로 가득한 곳이며, 자신의 음악이 "이 모든 감각들을 물리치고 초연할 수"(254) 없다고 토로한다. 그는 자신을 이러한 "현실 아래서 살고 있는 나"요, 그러한 "감각 가운데서 들뜨고 있는 나"(254)로 규정한다.

음향은 "날카롭게"(253), "뒤끓어 오른다"(256)는 식의 강렬한 방법으로 관객을 자극한다. 그리고 환기의 주관의 영역을 실재하는 하나의 세계로서 관객에게 지각시킨다. 그럼으로써 관객에게 인물과 극중 사건을 이중의 시선으로 복합적으로 이해할 것을 요청한다. 이러한 음향에 의해, 사실적으로 묘사된 무대에서 전개되는 환기, 기라, 미나의 삼각관계의 이야기는 자주 중단되며, 외부의 환경과 사건은 환기의 주관적 표상의 세계와는 큰 격차를 보이는 것으로 재규정되는 것이다. 그것이 궁극적으로 노리는 것은 환기를 어떻게 바라보고, 그에게 일어난 사건을 어떻게 이해할 것인가에 대해 관객들이 다층적으로 접근하게 되는 것이다.

이러한 독해가 긴요한 장면이 바로 작품의 결말, 즉 환기의 죽음이다. 외적 사건의 층위에서 환기가 자살한 직접적인 계기는 돈에 팔려 가는 기라를 끝내 보호하지 못했다는 사실이며 겉으로 드러난 그의 행동은 미쳐서 기차에 몸을 던진 것이다. 이러한 차원에서 그의 자살은 현실에 좌절한 젊은 음악도의 절망으로 이해된다. 그의 주검을 놓고 오열하는 형 박환식의 반응은 이러한 이해에 서 있다.

박환기의 意는 知와 情의 구속을 힘껏 뿌리친다.
知와 情 분리(分離)하여 쓰러진다.

박환기   하하하……. (뚝으로 올라간다.)
직공一   아니 저 사람이…….
직공二   미치지 않았어…….

E-맥진하는 기차의 세찬 바퀴소리.

박환기   가라! (몸을 날려 철도로 뛰어내린다.) (284)

　그러나 위의 인용에서 보이듯 그의 내적 영역에서 자살의 이유와 의미
는 사뭇 다르다. 주관의 영역에서 환기는 기라에 대한 사랑을 확신하고
자아들의 분열을 극복한다. 다른 등장인물들에게 그의 웃음은 미친 이의
것이지만, 그 자신에게는 사랑이라는 생의 진정한 가치에 대한 깨달음으
로 인한 것이다. 자살은 그러한 사랑을 실현하는 적극적인 행동인 것이
다. 그것은 모든 현실적 장애로부터 초월하여 자신의 절망에 맞서고자 한
행위이다. 그러므로 이 장면의 내밀한 사건은 천재의 절망이 아니라 한
인간이 자신의 실존을 완성한 것이라 할 수 있다.
　이처럼 〈기류의 음계〉에서는 환기라는 인물을 통해서 객관적인 외적
영역과 주관의 내적 영역이 상호 배타적으로 공존하고 있는 '이중의 현실'
을 제시한다. 물론 이 작품은 기본적으로 대상의 실재성을 전제로 하고
있다. 외부 현실은 사실적 재현을 따르고 있으며, 환기의 주관의 영역 역
시 자아의 의인화와 실재 소리의 변형으로서, 현실 세계에 존재하는 것을
근거로 삼고 있는 것이다.[29] 그러나 이 작품이 노리는 것은 객관적 현실

29　그의 이러한 극작 태도는 박환기의 분신들을 "실인물(實人物)로서 의식의 요
　　소"(251)라고 밝히고 있는 〈기류의 음계〉의 작의에서도 분명하게 드러나 있다.

에 대한 핍진한 이해가 아니다. 오히려 음향을 통해 제시되는 내적 표상
의 세계는 외부 환경에 대한 사실적 재현과 격차를 드러내고 있으며, 분
신들의 의인화는 외부 인물과의 발화 층위와의 단절을 강조한다. 이 격차
와 단절이야말로 환기의 실존적 상황에 대한 묘사를 위해 사실적 재현을
활용하면서도 또한 거기에서 벗어나고 있는, 이 작품의 탈재현적 방식이
라 할 수 있을 것이다.

(2) 계층적 발화 층위의 구성

오학영의 연작 형태의 3부작 〈닭의 의미〉(1957), 〈생명은 합창처
럼〉(1958), 〈꽃과 십자가〉(1958)[30]는 각각 주인공인 상화가 생활하는 몰
락한 부르주아 가정의 응접실, 가출하여 기거하는 다락방, 살인죄로 수
감된 감옥의 사형 집행장을 배경으로 하고 있다. 연극의 장소란 기본적으
로 재현 대상에 대한 은유적 속성을 띠는 것이지만, 이들 장소는 1950년
대 실제로 존재하는 사회적 역사적 공간에 대한 은유인 것은 아니다. 그
것은 각각 교환가치가 지배하는 물신화 이데올로기, 사랑과 임신을 결혼
및 가정생활과 동일시하는 관습적 애정관, 법과 질서로 대변되는 획일적
지배 구조를 상징하는 공간이다. 계절적 배경에서도 이와 같은 상징성을
읽을 수 있다. 각 단편의 계절적 배경은 가을-여름-겨울로 변한다. 이것이
시간의 변화를 보인다고 할 수도 있지만, 가을의 낙엽이 출가의 시기가 무

---

30 이들 작품은 각각 『현대문학』 1957년 11월호, 1958년 5월호, 8월호에 발표되었다.
오학영은 앞의 두 작품이 이광래의 추천을 받아 극작가로 등단하였다. 이 책에서
는 오학영, 『꽃과 십자가』, 현대문학사, 1976을 대상 텍스트로 삼는다.

르익었음을, 여름의 무더위가 출가한 후 직면한 한계상황을, 겨울의 한기가 상화의 죽음과 소멸을 상징하는 것으로 이해할 수 있다. 각 단편의 테마를 부각시키기 위해 시공간에 상징성이 부여된 것처럼, 등장인물의 성격에서도 특정한 측면이 부각된다. 주인공의 이름은 상화로 통일되어 있지만, 그는 각각 현실에 부적응을 보이는 상이군인, 성욕과 예술욕의 화신으로서의 예술가, 법적 논리에 저항하며 정신적 순결함을 추구하는 사형수로 등장한다.

이렇게 보면 이 연작은 각기 개별적인 테마를 다루고 있는 독립적 작품으로도 독해가 가능하다.[31] 하지만 느슨한 형태이나마 가출─살인─처형이라는 일관성 있는 전체 서사를 구성하고 있으므로 반독립적인 세 부분으로 되어 있는 하나의 드라마로 볼 수 있다.

이렇게 볼 때, 연작이라는 형태는 중층적인 의미 생성의 구조를 가진다고 할 수 있다.[32] 각 단편들이 일정한 주제를 성립시키지만, 그러한 주제는 인접한 다른 단편들과 관련되어 있기 때문에 독립적이거나 고정적이지 않은 채 새로운 의미를 발생시킨다. 각 단편에서 상화는 자신의 한계상황을 발견하고, 그것에 도전하고, 새로운 깨달음을 얻는다. 하지만 이어지는 단편에서 자신의 깨달음이 한갓된 것이었으며 여전히 한계상황에 긴박되어 있다는 사실을 재발견하고 새로운 도전과 깨달음의 과정이 이어진다. 이처럼 각 단편은 후속 단편들에 의해서 부정당할 일시적인 결론을 보여줄 뿐이며, '도전과 패배의 반복으로서의 실존'이라는 3부작 전체의 주제를

---

31 김미도, 「1950년대 희곡의 실험적 성과」, 『어문논집』 제32집, 고려대학교 국어국문학과, 1993, 119쪽.

32 이여진, 「오학영 '삼부작'의 다성성 연구」, 서강대학교 석사학위 논문, 2008, 24쪽.

형성하기 위한 한 부분이 되는 것이다.

각 단편 내에서 발견, 도전, 깨달음의 내용은 단선적인 사건 조직만으로 형상화되지 않는다. 그것은 층위를 달리하는 발화를 통해서 제시된다. 오학영은 3부작에서 세 개의 발화 층위를 구성한다. 상대방을 지향하는 대화, 자신을 지향하는 독백, 그리고 등장인물 외부에서 이루어지는 논평적 발화가 그것이다.

연작의 첫 번째 작품인 〈닭의 의미〉에서 상이군인인 상화는 병신이라는 아버지의 모욕을 감내하며 그림 그리기에 몰두한다. 아버지의 물신적 가치관에 비추어볼 때 그는 쓸모없는 인간이다. 아버지가 정략결혼의 대상으로 보고 있는 여동생 숙 역시 이러한 아버지의 가치관에 예속된 인물이다. 이 둘은 각기 다른 방법으로 이에 저항한다. 숙은 혼전 임신을 함으로써, 상화는 출가를 선택함으로써 아버지의 물신적 지배를 좌절시킨다. 이러한 갈등은 인물 간의 대화를 통해 진행된다. 인물들은 발화의 상황을 공유하며 서로를 지향하기 때문에 현실적 차원에서의 갈등을 구성해 내는 언술 행위는 사실적 색채를 띤다.

그런데 이러한 상황에 도전하는 상화의 언술 행위는 자주 상대방과의 대화 관계를 깨뜨리고 오직 자신만을 지향하는 것으로 이탈된다. 여기에 두번째 발화 층위가 있다.

최씨	(듣다 못해) 무얼 혼자서?
상화	그 젊은이를 보았어요.
최씨	어떤?
상화	아주 초라한 청년이지요.
최씨	그 사람이 어쨌다고?
상화	나를 발견했어요.

최씨	무슨 소리를 하는 거니?
상화	그 청년을 보았기 때문에 난 나를 찾아볼 수 있었어요. 그 청년은 빈 술탁 위에 팔꿈치를 고이고 한 손으론 턱을 받쳐 들고 넋 없이 있었어. 난 그런 그의 포즈를 보고는 일순 놀랐지. 그의 그런 포즈는 내가 이따금, 우울을 못이겨 할 때 짓든 자세였단 말이야. 어쩌면 저렇게 똑 같을까 했지. (열중해지며) 그때 나는 이렇게 생각했지. 저 사람은 나와 꼭 같은 포즈를 할 줄 안다. 저 사람은 저러고 앉아 있지 않아도 좋은데 왜 저런 모양으로 앉아 있는 것일까 하고. 또 이 시각 이 순간 이 자리에서 저 사람을 발견하지 않았을 수도 있는데 나는 왜 저 사람을 보고 있는 것일까⋯⋯ 저 사람도 이런 것을 의식하고 있을까. 여기서 대자(對自)간의 존재를 지각(知覺)했거든. **나를 발견한 순간 그때는 동시에 구역질 같은 것과 발견에 대한 희열을 느꼈던 거야. 그것이 김장철이면 기억되고 있어. (흥분하여) 나는 무엇이냐 말이다. 나는 무엇인데 여기 이렇게 있느냐. 도대체 의미 없지 않느냐 말이다.**

(45)

이 장면에서 상화는 김장 이야기로 촉발된 과거에 대한 기억으로 인해 이내 어머니 최씨와의 대화 관계에서 이탈한다. 상화는 최초로 자신의 실존과 대면하게 된 장면에 집중한다. 여기에서 인물 간의 대화 관계보다는 상화의 자신을 향한 발화가 중요한 언어적 행동이 된다. 그는 과거 상황이 가지는 의미를 규정하고 지금 자신의 처지에 대해 진단을 내린다. 그것이 어머니와의 대화보다 중요한 그의 행동인 것이다. 그렇기 때문에 어머니가 그의 의식의 초점을 대화 관계로 복귀시키려 하지만, 그는 자신에게 중요하지 않은 대화 상황에 좀체 집중하지 않는다. 이 장면은 사실적 재현의 관점에서 상화가 의식의 혼란을 보이는 상황을 그리는 것으로 이해될 수 있다. 그러나 주목할 것은 어머니의 존재는 후경화되고, 상화의 언어만이 전경화된다는 점이다. 이러한 언어는 회화체 안의 대사와는 다른 효과를 발휘한다. 즉 언어의 내용을 상황 내지 사건과 결부하지 않고 그 자체를 대상화하여 인지하게 만드는 것이다. 상화가 가출을 결심하는 장면에서는 자신을 지향하는 언술 행위가 한층 강화된다.

> 최씨 시름겨워 혀를 차면서 안으로 들어간다. **아까보다 가까운 곳에서 번개와 우레소리.** 혼자 남은 상화는 면밀하는 상념에 잠긴다. 연속되는 상념은 그의 내부적 갈등에 의하여 일어나고 있다. 어느덧 열려 있는 창으로 단풍진 낙엽이 바람에 날리고 있다. **물끼 젖은 바람이 불고 검은 구름이 덮여 있다. 한 잎 낙엽이 날아든다.**

상화　(낙엽을 집어 든다. 시선을 창밖으로 던지며) 잎이 지는구나. 모두 떨어져라. 한 잎 남지 마라. 모두 떨어져야 한다. 떨어질 테면 개구리처럼 생각 없는 못 난 이들을 덮어줘라. (독백조로) 개구리는 하늘 높은 줄을 모른다. 꼭 그놈을 닮았어. 우물 안이 제 세상인 줄만 알고 제 손으로 눈을 가리고 숨바꼭질을 하는 인간들. 그들도 닭의 자세를 깨달아야 해. 날으려는 듯. 버티고 서서 동쪽 하늘에 서광을 불러 깨우는 모습. 어둠 저 편을 바라보고 밤 내 저항하는 서조(瑞鳥). 훨썩- 날아야지, 어서 어서 날아라. (사이) 아버지두 이런 걸 모르신다니까. 그래서 늘 초조한 감정에 사는 거야, 헤어나질 못한다니까. 아버지는, 아버지는……

> 라이트가 명멸하는 역광이 창 안으로 쏟아져 들어온다. 그 속에 이명규의 환상이 명멸한다. (52~53)

위의 "독백조"로 지시되어 있는 상화의 대사는 스스로 출가의 정당성을 확인하는 내용으로서 자기 지향적인 발화를 보여준다. 이처럼 두번 째 발화 층위를 구성하는 독백조의 말하기는 상화가 가정이라는 자신의 한계 상황에 도전하는 적극적인 행동이 된다.

세번째 발화 층위인 등장인물 외부의 논평적 발화는 멀리서부터 상화에게 도래한다. "아까보다 가까워진 번개와 우레소리", 그보다 더욱 가깝게 감지되는 "물끼 젖은 바람과 검은 구름", 급기야 창문을 통해 상화의 공간 안으로 날아든 낙엽은 출가를 결행하라는 전언을 담고 있으며 상화에게 결단의 순간이 다가왔음을 알린다. 물론 번개와 우레, 바람과 구름, 그리고 낙엽이 사실적 차원의 자연물로 이해할 수 있다. 그리고 상화가 거기에서 상징적 의미를 발견하는 것으로 읽을 수 있다. 그러나 사실주의 작품에서 자연물이 상징성을 띠게 될 때, 그것은 등장인물 사이의 언술 행위가 구성하는 사건의 진행에 그 근거를 두게 된다. 그러므로 상징성의 발현은 인물의 행동이 낳은 결과의 의미를 다층화하거나 심층화하는 양상을 띠는 것이다. 그러나 이 작품에서 날씨와 계절과 관련된 외부 사물들은 등장인물이 일으키는 사건에 독립해 있으며 자체적으로 일련의 이미지의 계열을 형성한다. 곧 등장인물과 독립되어 있는 독자적인 발화 주체라 할 수 있는 것이다. 그렇게 해서 이 세 번째 발화 층위에서는 상화에게 진정한 세계 대면의 과제가 주어졌음이 상징적으로 구현되는 것이다.

이상에서 살펴본 것처럼 〈닭의 의미〉에서는 인물들 싱호 긴의 대화, 상화의 독백, 그리고 오브제들의 독립된 발화가 각기 다른 층위를 이루고 있다.

이렇게 볼 때, 이 작품에 대해 발표 당시부터 지속적으로 내려졌던 부정적 평가에는 재고의 여지가 있다. 이와 같은 작품의 기본 성격에 대한 이해를 결여하고 있다고 보이기 때문이다. 이 작품이 발표된 1957년에 김진수는 〈닭의 의미〉의 주제 의식이 현학적이며 그것을 전달하는 방법이 설명적이라고 지적한다.

> **사건의 줄거리로 보아서는 우리나라 신문학 초창기 작품에서 흔히 볼 수 있는 부모가 딸을 판다는 얘기와 같은 얘기다.** 그런 진부하기 짝이 없는 얘기에다 작자는 가장 새롭다고 할 만한 부조리에 대한 저항의식—실존주의 사상을 담으려고 했다. 신인으로서 대담한 시도라고 할만도 했다. **그러나 그것은 하나의 시도로 그쳤을 뿐 그 사건과 사상이 한데 어울려 하나의 작품세계를 이루지 못한 것은 유감스러운 일이었다.** …(중략)…
> **「저항」이니 「부조리」니 「대자」이니 하는 말만 늘어놨다고 해서 저항의 작품이 되지는 못할 것이다.** …(중략)… 사건 구성에 통속성이 있다는 것, 설명적이라는 것(저항을 주제로 했으면 저항이란 말을 하지 않고 작자의 의도를 살려야 할 것이다), 조화가 되지 않았다는 것, 작품의 사건과 인물이 제 자리에 꽉 자리를 잡고 제 성격과 제 생활이 없이 들떠 있다는 점 등을 말할 수 있을 것이다.[33]

김진수는 여동생 숙을 아버지에 의해 팔려가는 멜로드라마의 여주인공 유형으로 읽으며, 실존 의식을 드러내는 상화의 대사는 사건을 결여한 것으로 평가한다. 등장인물을 유형화하고, 줄거리를 통해서 전언을 파악하는 독법하에서 상화는 "제 성격과 제 생활이 없이" 들떠 있는 존재일 뿐이며 실존의 문제를 늘어놓는 상화의 대사는 설명적인 나열일 뿐이다. 상화는 말하기를 행동으로 취하며 그 행동이 미치는 대상은 바로 자신이지만,

---

33 김진수, 「관객을 위한 연극과 연극을 위한 연극—1957년도 연극계 개관」, 『자유문학』, 1957년 12월호, 226쪽.

김진수에게 그는 어려운 말만 늘어놓는 현학적인 포즈를 취하는 작가의 대리인일 뿐이다.

〈닭의 의미〉는 이와 같이 읽힐 소지를 가지고 있기도 하다. 이 작품의 장면들은 사실적 배경하에서 이루어지는 사건에 생경한 기법이 삽입된 것으로 이해될 수 있기 때문이다. 몰락한 사업가 이명규의 거실이라는 공간은 다분히 현실적인 시공간으로, 상화의 자기 지향적 대사는 정신적 방황에 빠진 예술가의 넋두리로, 계절과 자연물은 그의 출가에 어울리는 실제적인 배경으로 이해될 수 있는 것이다. 그러나 언술 행위의 측면에서 보면, 상이한 발화 층위가 공존하고 교차하면서, 사실적 재현의 층위를 의도적으로 해체하거나 교란하고 있다. 이를 통해서 실존인식이전, 실존인식의 순간, 실존적 결행의 순간을 세 가지 각기 다른 발화 층위 속에서 형상화하고 있는 것이다.

다음 작품인 〈생명은 합창처럼〉에서는 인물의 알레고리적 성격과 다층적인 발화 층위가 한층 선명하게 드러나면서 사실적 재현의 양상은 더욱 약화된다. 이 작품의 계절적 배경인 여름은 이중적 의미를 지닌다. 거기에는 밝은 '열림'의 이미지와 무더위 속에 '갇힘'의 이미지가 공존한다. 공간적 배경 역시 이와 유사한 상징성을 띤다. 상화의 화실이 위치한 지붕 밑 다락방에는 출가한 후 열린 곳으로 나온 상승의 이미지와 더 이상 올라 갈 수 없는 곳으로서의 한계의 이미지가 공존한다. 이곳에 있는 창 역시 외부로 통하는 통로이자, 밖을 채우고 있는 여름의 숨 막히는 더위와 함께 상화를 짓누르는 폐쇄의 이미지를 지닌다.

이러한 이중성은 인물에게도 부여된다. 출가한 상화는 예술을 통해 자신의 자아를 실현할 '열린' 기회를 얻었지만, 다시금 생존과 욕정에 '갇힌' 존재로 전락해 있다. 상화는 소매치기를 통해 생활에 필요한 돈을 소날하는 삼만에게 자신의 생존을 의탁하고 있으며, 중국인을 부계로 하는 혼혈인 모델인 아란에게서 욕정을 해소한다. 자신의 범죄 행각에 죄의식을 갖지 않은 삼만은 생존의 맹목성을, 혼혈이자 모델이라는 소수적 정체성을 지닌 아란은 일탈에의 유혹을 대변한다. 상화에게 '돼지'와 '고양이'로 불리는 이들은 사회적 실체라기보다는 상화가 긴박되어 있는 상황의 알레고리로 존재한다. 이들의 성격이 상화의 호명에 의해 간접적으로만 표현되는 것은 아니다. 그것은 신체와 행위(activity)를 통해 분명하게 드러난다. 삼만은 끊임없이 무언가를 먹거나 자고, 소매치기 행각에 대해 주절거린다. 아란은 모델의 역할을 통해 상화의 욕망의 시선에 자신의 육체를 노출한다.

아란	별명이 생겼어요, 내게두?
상화	그림을 봐.
아란	**(보더니 눈이 둥그래서) 틀림없는 난데⋯⋯고양이 꼴이 됐잖아.**
상화	현대의 의상을 걸친 미인이지. 어처구니 없이 자빠져 있는⋯⋯
아란	그럼 난 어처구니 없는 미인인가— 그래요?
상화	**하나의 상징이야.**
아란	(웃으며 모델대로 들어가면서) 어때요, 현대의 상징 노릇을 곧 시작해요.
상화	암, 지금이 몇 시라구.

아란이 모델대의 커텐을 양편으로 갈라 열다가 깜짝 놀라며.

아란	**어머나⋯저 귀—스(돼지) 좀 봐. 여기서 여지껏 자구 있잖아.**
상화	내버려 둬.

아란　　내참―

**아란은 모델대 위에 비스듬히 포즈를 잡는다. 스포트 집
중.(59)**

　다락방에서의 상화의 생활은 그림을 통한 예술적 욕구의 실현과 아란
을 통한 성적 욕망의 해소가 전부를 이룬다. 상화는 "욕망을 최대한으로
충족하는 것"(61)에서 생의 의미를 찾고자 한다. 이렇게 보면 상화는 자기
중심적 욕망 추구의 알레고리라 할 수 있다. 그의 이러한 성격은 무대 위
의 행위로 드러난다. 상화는 아란을 단순히 시각적 욕망의 대상이 아니라
직접적인 욕정의 상대로 대한다. 그리고 조명과 음향은 이를 강조한다.
공연상의 효과를 수반하여, 이들은 인간 내부에 잠재되어 있는 육감적이
며 자극적인 욕망을 표출한다.

　　　　　　두 사람의 시선이 엉킨다.
　　　　　　긴장된 육감을 상징하는 음악. 점점 높아지고.
　　　　　　아란의 육감적인 몸짓에 응하듯 상화는 격정적으로 아란
　　　　　　의 몸을 포옹한다. 음악 CUT.
아란　　아 숨막혀. (본능적으로, 그러나 기어드는 소리)
상화　　더위를 이길 수 있담……
아란　　좋아요.
　　　　　　명멸하는 스포트. (64)

　인물들에게 이처럼 선명한 알레고리적 성격이 부여된 이유는 두 가지
로 볼 수 있다. 우선 상화를 중심으로 하는 연삭의 서사에서 두 번째 난제

의 의미를 강조하기 위한 것이다. 상화는 출가했지만, 실존적 해방을 얻은 것은 아니다. 그는 부르주아의 물신적 가치관을 거부했지만, 더욱 근원적인 다른 문제들에 봉착한 것이다. 욕망의 충족이라는 그의 노선은 한계에 부딪힌다. 삼만은 생계의 문제를 해결해 주고 아란은 성욕의 대상이 됨으로써, 표면적으로 욕망을 충족할 수 있는 여건을 마련해주는 듯이 보이지만, 기생과 욕정으로서는 실존의 문제를 해결할 수 없다는 점이 드러나게 되면서 그들은 사실상 현재 상화의 한계를 보여주는 알레고리가 된다. 다음으로, 발화의 다층성을 더욱 선명하게 하기 위해서이다. 알레고리로서의 인물들은 더욱 적극적으로 사실적 회화의 양태에서 벗어나 말하기 시작한다.

전작인 〈닭의 의미〉에서처럼 이 작품에서도 언술 행위는 세 층위에서 이루어진다. 등장인물 상호 간의 대화는 이들이 공유하고 있는 상황을 대변한다. 삼만과 상화의 공동 생활, 상화와 아란 사이의 욕망의 공유가 그것이다. 그러나 등장인물이 자기 단독의 입장을 견지할 때, 자기 지향적 발화가 이루어진다. 이때 전작에서보다 더욱 진일보한 방식이 취해진다. 앞서 〈닭의 의미〉에서는 상화가 어머니와의 대화에서 이탈하는 방식으로 자기 지향적 발화가 한 인물에 한정되어 있었다면, 〈생명은 합창처럼〉에서는 상화와 아란이 각자 자신의 발화에만 집중함으로써 대화에 참여하는 두 인물 모두로 확대된다.

　　　　불협화음의 음악이 요란하게 쏟아지더니 슬며시 장난스러
　　　　운 소고로 바뀐다.

　　아란　　사실 아무에게도 얘기하고 싶잖았어. 아무에게도. 내 속에

	선 그 사진을 본 순간 격류가 소용돌이 치는 것만 같았어. 나만 알 수 있는 뜨거운 것이었어.
상화	여자는 다 바보들이야, 저 모양으로— 작은 쥐꼬리 같은 사실을 엄청나게 과장해서 지껄이고. 그 때 아버지가 내게 결혼을 강요하던 여자도 저 꼴이었어. 끝낸 낯 모르는 녀석의 아이를 떼려구 병원엘 갔었지.
아란	난 자신도 모르게 나답지 못했어요. 병원 안은 아늑했어두 마구 떨리겠죠. 의사 보기두 민망스러웠다니까.
상화	아버진 그 여자가 내게 적당하다고 고집이 막무가내였지. 가문이 좋고 그 부친이 고관직에 앉았다는 조건 때문에 그러셨던 거야. 글쎄 그때 사업에 실패한 아버지 형편으론 인두껍을 써두 좋다구 하셨으니까. 삼복더위에 쇠 쓸개 썩듯 하는 집안 기둥을 버티노라고 애도 무던히 쓰셨지.
아란	진찰을 받고 나니까 한결 마음이 안정되겠지요.(66)

상화의 아이를 가지게 된 아란은 상화와의 관계를 모델—화가 사이의 시각적 육체적 욕망의 관계가 아니라 남녀 간의 '사랑'의 관계로서 확인하고자 한다. 나아가 결혼을 통해 이를 증명받고자 한다. 그러나 상화에게 사랑은 자기기만적인 감정일 뿐이며, 결혼이라는 것은 이해타산과 결부된 사회적 제도일 뿐이다. 아란의 결혼 제안에 이어지는 둘 사이의 대화는 임신 사실을 확인하러 병원에 간 아란의 이야기와 아버지의 결혼 강요를 뿌리친 상화의 이야기가 서로를 지향하지 않고 나란히 병치되고 있는 모습을 보여준다. 둘은 서로를 향해 말하지 않으며 서로의 말을 듣지도 않는다.

이와 같은 병치를 통해 이들의 말은 사실적 회화의 지평에서 완전히 벗어난다. 〈닭의 의미〉에서는 상화를 지켜보는 어머니를 통해서 능상인불 상호 간의 발화 층위는 잔존한다. 그 결과 상화의 발화는 의식을 초점을 자신의 내부에 두는 자가 인물 간 발화의 층위를 이탈한 것으로 보이게 된다. 이에 반해 위의 장면에서는 자기 지향적 발화의 층위가 하나의 분명한 형태를 갖춰 장면 구성의 문법으로 드러나고 있는 것이다.

이러한 발화가 지니는 중요성은 단순히 그 층위가 형태화되었다는 것에 그치지 않는다. 그것은 이 작품이 주제를 실현하는 방법이기도 하다. 인물간의 상호 지향적 발화의 층위에서, 상화는 자신이 처한 상황의 모순을 깨닫지 못한다. 그는 아란과의 관계를 일방적으로 규정하고 있음에도 불구하고 그 폭력성을 모르고 있다. 그런데 인물 각자의 자기지향적 발화를 통해 그들이 공유한 상황이 전혀 없다는 것이 드러나면서, 상화는 나름대로 지낼 만 하다고 생각했던 자신의 처지와, 욕망의 추구를 통해 고독을 벗어나고자 했던 자신의 태도가 사실상 무의미한 것이었음을 깨닫게 된 것이다.

이제 상화는 진정한 생의 의미를 다시 찾아내야 하는 새로운 과제에 직면한 셈인데, 그 해결 과정에서 세 번째 발화 층위인 인물 외부의 논평적 발화가 개입한다. 상화는 작품의 말미에서 실존적 깨달음을 얻게 된다. 우발적으로 죽인 아란을 보며 자신과 아란이 욕망의 기계가 아니라 생의 의미를 추구하는 숭고한 생명들임을 깨닫게 되는 것이다. 그리고 사랑이야말로 그것을 실현시켜주는 가치임을 알게 된다. 그런데 이와 같은 깨달음은 상화라는 인물의 언술 행위뿐만 아니라 다양한 오브제의 발화를 통해 형상화된다.

노크소리
경사의 유리창을 노크한다.

리드미칼하게 몇 번 계속 –

(상화는 미친 듯 일어나서 창을 응시한다.)

**노크 소리 끝나면 유리창이 안으로 활짝 열린다.
스포트 화사한 햇빛처럼 직사.
그와 동시에 코러스가 들려온다. 하늘에서인 듯 웅엄하고 아름답게 –**

상화는 생명감이 무겁게 압박하여 접근하는 것을 의식하면서 코러스를 열심히 듣고 있다.
종곡이 우렁차게 쏟아지자 상화는 회한에 찬 울음이 솟구치는 양 몸을 떨기 시작한다.

상화   (천천히 아란의 신체 앞에 꿇어 앉는다) 아란이 우린 우리들의 사랑과 생명을 이제야 늦게 알았어. 저렇게도 웅엄하고 아름다운 것을.
    (가만히 입술을 아란의 입에 맞추며 오열한다)

**창을 통하여 밝은 햇빛처럼 터져오는 스포트 라이트.
코러스 더욱 웅엄하고 아름답게 번지면서**

–막–(72)

    창문을 두드리는 노크 소리와 저절로 열리는 창문은 등장인물의 지평 외부에 어떤 존재가 있음을 보여준다. 상화의 깨달음은 그가 자체적으로 발견한 것이 아니라 이 외부적 존재의 전언인 것으로 묘사된다. 전언의 개념직 내용은 상화의 대사를 통해 '사랑'과 '생명'으로 직접 설명된다. 하지만 그 실질적인 깨달음의 체험은 조명과 음향을 통해 구현된다. 깨달음의 희열은 빛으로, 그 절대성은 장엄한 코러스로 표현되는 것이다. 이렇게 조명과 음향은 상화가 마주하게 된 생의 본질적 의미를 개념적인 차원에서가 아니라 직접적인 지각 대상으로서 제시한다. 상화의 깨달음이라는 작품의 가장 결정적인 사건에서 중요 행위자는 등장인물보다는 오히려 이들 오브제들인 셈이다. 이렇게 해서 관객에게 상화가 질적으로 다른 실존적 상태에 놓이게 되었음을 단순히 이야기의 내용이나 대사를 통해서가 아니라 시청각적 지각의 차원에서도 체감케 한다.

마지막 작품인 〈꽃과 십자가〉에 이르면 사실적 재현의 양상은 거의 사라지고, 무대 위의 기호들은 작가에 의해 인위적으로 조직된 연극적 구성물일 뿐임을 더욱 직접적으로 드러낸다. 그것은 발화의 세 층위 사이의 단절을 더욱 분명히 함으로써 이루어진다. 이 단절은 각기 다른 존재론적 지위에 속하는 인물들이 개별 장면을 구성함으로써 실현된다.

〈꽃과 십자가〉의 상황은 세 개의 차원에서 구성되어 있다. 상화가 사형을 당하는 외적 상황, 아란과의 사랑을 재확인하고 죽음 앞에서 실존적 정당성을 얻는 내적 상황, 그리고 이 두 상황을 아우르는 논평적 상황이 그것이다. 외적 상황은 상화가 변호사, 다른 죄수들, 간부 등 극 안의 현실적 존재들과 나누는 대화를 통해 구성된다. 내적 상황은 상화의 지(知), 심(心), 상(像) 등 심리적 분신과의 대화로 이루어진다. 전작에서 상화의 내면 생각이 자기 지향적 독백의 형태로 제시되었다면, 여기에서는 이를 구성하는 분신들이 직접 등장함으로써 독립적인 발화 층위를 분명하게 형성한다. 논평적 상황을 대변하는 것은 '나'라는 등장인물이다. '나'는 시(詩)적 낭독의 형태를 통해 관객으로 하여금 상화가 처한 상황을 음미하도록 유도한다. 비록 직접 관객에게 말을 거는 것은 아니지만, 중립적 형태의 낭독과 해설은 관객을 발화의 수신자로서 삼는다. 다른 층위의 발화가 기본적으로 대화의 형태를 띠는 것에 반해 '나'의 발화는 관객을 지향하는 이질적 속성을 보여, 그것이 극중 사건을 구성하는 발화가 아니라 그것에 대한 외부적 발화라는 것을 쉽게 드러낸다. 이러한 '나'의 발화는 극중 사건을 실존 일반의 지평에서 논평한다. 그러한 '나'는 일인칭 대명사로서 상화의 자아를 대변하기보다는, 하나의 일반명사로서 실존적 주체를 대변한다고 할 수 있다. 전작에서 논평적 발화가 조명과 음향에 의해 기술적 차원에서 실현되었다면, 여기에서는 그것이 등장인물이라는 형태를 얻게 된 것이다.[34]

이에 따라 언어 역시 서로를 지향하는 회화, 의인화된 분신들이 취하는 관념적인 토론과 논쟁, 관객을 지향하는 낭독이 주도한다. 발화의 지향점이 상대 등장인물에 있을 경우, 언어의 양태는 상대방과 그 지평을 맞추어야 한다. 이때에는 자연스러움이 획득되어야 할 자질이 된다. 발화의 지향점이 자신일 경우, 언어의 지평은 오직 자신에게 있으므로 죽음 앞에 선 상화의 실존적 몸부림을 드러내기 위한 관념적 숙고가 부각된다. 발화가 관객을 지향할 경우, 오히려 도전적인 시도가 이루어지게 된다. 즉 연극에 대한 관객의 기대 지평이란 이미 형성되어 있는 것이 아니므로, 오

---

34   박명진 역시 이 작품의 특이성을 지적한다. 그는 "구체적인 사건은 존재하지 않고 상화의 내면의식의 흐름만이 존재할 뿐"으로서 "한국의 근대 희곡이 사실주의 희곡으로 그 전통을 이어오고 있었다는 점을 감안할 때 특이한 경우에 해당한다고 할 수 있다"고 말한다(박명진, 앞의 책, 240쪽). 그러나 이 작품의 특이성은 인물의 내면 의식의 형상화라는 재현 대상의 변화에 국한되지 않는다. 이 '나'가 상화를 대리하는 것이 아닐뿐더러 이 작품이 보여주고자 하는 것은 내면의식과 극중 현실 사이의 괴리이기 때문이다. 이를 위해 발화 상황을 다층화하여 구조적 차원에서 논평적 층위를 도입했다는 점이 이 작품의 희곡사적 성취라고 할 수 있을 것이다.

히려 역설적으로 관객으로 하여금 발화 지평에 적응하도록 적극적으로 유도하게 되는 것이다. 이 작품은 '나'의 언어에 운율, 이미지, 선명하지 않은 발화자와 수신자 관계 등의 시적 자질을 부여함으로써 관객들이 오히려 그것에 주목하게 되는 효과를 노리고 있다.

서두에 명시되어 있는 장면 교체와 무대 구성에 대한 설명은 이러한 세 개의 발화 층위를 시각적으로 실현하기 위한 것이다.

무대
극적 흐름에 따라 다섯 개 장면의 전환이 생긴다. 따라서 극적 액숀의 편리상 다면적이고, 입체적인 구성을 필요로 하고 있다. 바른쪽에, 교수대가 위치하고 중앙 뒷 끝에 검은 중간대(뒷幕)가 드리워 있다.

어두컴컴한 분위기. 저편 막 뒤의 불빛이 보이는 듯 마는 듯해서, 한층 음울한 한기가 돌고 있다.
하늘엔 검은 구름이 무겁게 배회하고, 이따금 을씨년스러운 바람이 휘몰아 달려간다. 그럴 때마다 교수대에 매어 있는 목걸이 올가미가 유령의 손짓처럼 흔들리고 있다.
먹구름 비켜가자 번개불이 냅다 터지고, 하늘이 무너지는 듯한 뇌성. 멀리까지 소리 번져가면서 주제음악.
어느 틈엔가, 검은 막 뒤 희미한 불빛 속에서 나, 크로즈 엎 된다. 스포트 집중.

나　　어느 不毛의 地域에 호젓이 핀 꽃이 꺾이는 우람진 소리는 壁이 四面에서 몰려오는 소리 같다.

그 소리는 / 樹木의 풍요한 입김이 메마르고 / 햇빛과 바닷물이 엉켜 앞뒤에 混흡이 터지는 소리로 / 눈과 귀에 悲哀

를 전한다.

그러나 그 소리는 / 발가벗은 이브의 아랫도리처럼 / 누구
도 위할 수 없는 現實의 / 낯 모를 땅에서

神의 敎訓마저 잊어버린 / 孤獨한 꽃의 反抗과 몸부림이
다.

꽃은 그러나 / 누구를 위한 十字架에 시드는 것일까.

背信의 喪服을 걸친 悲哀만이 / 原色의 기쁨에 沈默하는
것이다.

(낭독이 끝나면 희미하게 사라진다)(74~75)

〈꽃과 십자가〉에서는 "음울한 한기"가 도는 겨울의 이미지가 무대를 지
배한다. 이 무대는 현실 세계의 사형 집행장과는 거리가 멀다. 그것은 오
히려 다층적 발화의 연극적 공간이라 할 수 있다. 무대 전체를 채우는 겨
울의 이미지와 함께 무대 왼쪽의 제시된 교수대와 올가미는 상화가 직면
해야 할 시련을 상징하고 있다. 중앙 뒤쪽의 "중간대(뒷막)"는 '나'의 공
간으로서 그의 발화 층위를 시각화하고 있다. 중간대의 "검은 막 뒤 희미
한 불빛 속에서" 보이기도 하고 사라지기도 하는 것은 외부적 논평으로서
'나'의 발화가 구현되는 적절한 방식이라 할 수 있다. 무대 중앙은 편의에
따라 사형장, 상화의 갈등하는 의식 공간, 환상의 공간 등으로 바뀌며 상
화가 겪는 내적, 외적 갈등 상황을 보여주게 된다.

작가는 "극적 흐름에 따라 다섯 개의 장면의 전환이 생긴다"고 명시하

고 있는데, "다섯 개 장면"이란, ① 교수대에 선 상화(외적 상황) ② 상화의 내적 갈등과 변호사와의 대화(내적 상황) ③ 환상 속 아란과의 재회(내적 상황) ④ 현실 집행인과의 대화(외적 상황) ⑤ 분신들과의 마지막 갈등과 죽음(외적 상황과 내적 상황의 병치)으로 정리될 수 있다. 여기에 '나'의 발화가 다섯 차례 개입하면서 논평적 상황을 형성한다. 이처럼 이 작품은 외적상황, 내적상황, 논평적 상황이 교차 혹은 병치되면서 전개된다.

이처럼 서로 상이한 발화 층위 안에서 상화의 죽음을 바라보는 다층적인 시선이 제시된다. 상화는 죽음의 순간 "죽음을 초월한 사랑을 깨달았을 때, 그곳엔 이미 새로운 생명과 새로운 인간이 탄생했다"(88)고 자아의 내적 승리를 선언한다. 하지만, 교수대로 상징되는 법과 질서의 가치 체계하에서 그는 처형된 것이며 "처참하게 목이 매여 늘어진 상화의 몸뚱이"(88)만이 드러날 뿐이다. 작품을 마무리하는 '나'의 마지막 발화는 상화의 죽음을 "이유 없는 피살로" 냉정하게 평가한다.

> 나　　그는 어느 날 죽었다. 그것은 이유 없는 피살이었다. 누구도 그의 죽음을 슬퍼하지 않았다. 어느덧 인적은 멀고 초라한 조소가 낙엽 밟히듯 뒹굴고 있으나 그는 메마른 황무지를 방황하는 인간이 인간의 그 따뜻한 인정(人情)과 사랑을 나눌 때 희망을 가졌다. 그것은 오아시스의 북소리와 덩실대는 춤의 환희였다. 지금 그의 주변에는 까마귀 두어 마리 날 뿐 무상의 희생이 갈채를 보내고 있다. 그는 어느 날 죽었다. 그것은 아무도 증언할 수 없는 피살이었다.
>
> 바람소리 밀려가고 이어서 천둥과 전광이 번쩍인다. 한번 불빛이 번쩍일 때마다 늘어져 있는 상화가 분명히 그러나

처참하게 새겨진다.

막.(88~89)

'나'는 상화의 죽음을 '피살'로 부르며 온정적인 입장을 보이는 것처럼 보이지만, 동시에 "그는 어느 날 죽었다"는 중립적인 표현을 통해 상화의 죽음에 대해 거리감을 조성하고 있다. 또한 '무상한 희생의 갈채'와 같은 표현, '황무지'와 '인정과 사랑'의 연결을 통해서 모순적인 이미지를 공존 시키고 있다. 이렇게 해서 내적 상황과 외적 상황 어느 하나로 귀결될 수 없는 실존적 상황의 이중성을 드러낸다. 작품의 마지막에 부각되는 그의 사체는 이러한 이중성이 부딪히며 공존하는 오브제가 된다.

오학영의 3부작은 독자(관객)[35]에게 이전과는 상당히 다른 독법을 요청 한다. 관객은 우선 각 부분을 '줄거리의 진행'이란 측면에서 뿐만 아니라 부정과 지양과 변증법적 관계 속에서 파악해야 한다.

다음으로 각 단편 안에서는 중층적인 발화 층위를 파악하여 하나의 극 중 사건이 가지는 다층적인 의미를 파악해야 한다. 3부작의 세 가지 발화 층위는 각기 주인공 상화가 직면한 한계상황, 자신에 대한 과제 부여, 그 해결을 위한 외부적 전언에 조응한다. 이러한 구성하에서 극중 사건은 중 층적인 의미를 띠게 된다. 〈닭의 의미〉에서 그의 출가는 부르주아 가정의

---

35 오학영의 3부작은 모두 『현대문학』에 게재되었으므로 이와 같은 독해의 주체로 상정된 독자에게 읽기의 대상으로서 분명하게 노출되었다고 할 수 있다. 그러나 3부작이 연속으로 공연된 적은 없으므로 관객에게 직접 이러한 독해가 요청된 적 은 없다고 해야 할 것이다. 하지만 연작이라는 드라마투르기는 연속 공연을 통해 관객이 이러한 독해의 대상이 될 가능성을 전제하고 있다고 할 수 있다.

물신적 욕망에 대한 거부이기도 하지만, 비속한 자신과의 대결이기도 하고, 실존의 부름에 대한 응답이기도 하다. 〈생명은 합창처럼〉에서 그는 결혼을 속물적 사회제도로 여겨 거부하지만, 그것은 욕망에 침윤된 자신의 한계이기도 하고, 사랑과 생명에 대한 실존적 깨달음의 계기이기도 하다. 〈꽃과 십자가〉에서 상화의 죽음은 법 집행의 결과이지만, 정신적 승리이기도 하고, 해결될 수 없는 실존의 이중적 상황이기도 한 것이다.

또한 이러한 의미 생성이 무대장치, 조명, 음향, 시의 낭독 등 이전에는 등장인물만큼 유용한 발화의 방식으로 여겨지지 않았던 공연 요소들을 통해 이루어진다는 점은 문제적이다. 이들 공연 요소들의 발화는 관객의 감각에 직접 호소하면서, 관객들에게 수용의 인지적 채널을 다각화시킬 것을 요청하고 있는 것이다. 이와 같은 소통 구조를 통해서 오학영의 3부작은 서사 내용의 무대적 재현으로서의 연극이 아니라 종합적인 지각적 소통으로서의 연극을 실현하고자 한다.

이상에서 살펴본 것처럼 이광래와 오학영은 언술 방식의 다변화를 통해 중층적 상황을 창조한다. 이를 위해서 이전의 희곡에서와는 달리 무대장치, 조명, 음향, 오브제 등 공연의 다양한 요소들이 하나의 발화 주체가 된다. 또한 등장인물의 언어 역시 사실적 회화로부터 논쟁, 선언, 시적 발화로 다변화된다. 이러한 새로운 언술 방식은 사실적 재현에서처럼 간접적 방식이 아니라, 직접적으로 관객을 지향하는 방식으로 의사소통의 채널을 형성한다. 이때 관객에게는 색다른 과제가 부여되었다고 할 수 있다. 이들 작품들은 관객이 감각적 인지의 차원에서 이질적인 성격의 기호들이 구축하고 있는 다층적 구조를 파악하고, 이를 기반으로 극중 상황의 복합성을 인식할 것을 요청하고 있기 때문이다.

4. 소통 구조의 메타화를 통한 허구와 현실의 상동 관계 강조

(1) 해설자의 등장과 극의 대상화

위베르스펠트의 설명에 따르면, 희곡의 담화는 이중적 언술 행위로 구성된다. 그 하나는 전체 텍스트적 총체의 층위로서 작가를 주어로 취하는 언술 행위이며, 다른 하나는 등장인물을 주어로 한 언술 행위이다. 이에 따라 극 텍스트상의 담화는 전자에 의해 이루어지는 '보고하는 담화'와 후자에 의해 이루어지는 '보고된 담화'의 두 층위를 가지게 된다.

희곡이 언술 행위의 주체로서 작가와 등장인물이라는 두 발신자를 가짐에 따라 수신자 역시 복합적인 양상을 띤다. 전자의 경우 관객이, 후자의 경우 다른 등장인물이 일차적인 수신자로 상정된다. 그러나 언술 행위의 주체로서 인물과 작가를 엄격히 구분하는 것은 불가능하며, 수신자로서의 인물과 관객의 구분 역시 불가능하다. 그러므로 한 편의 희곡은 발신자로서의 작가와 등장인물, 그리고 수신자로서의 관객과 등장인물, 이렇게 "네 개의 목소리들이 극 텍스트가 진행되는 동안 줄곧 동시적으로 작용하는"[36] 의사소통의 구조를 가지게 된다.

그러나 형식의 측면에서 이 네 개의 목소리가 모두 분명하게 형태화되어 드러나는 것은 아니다. 등장인물들이 일차적인 발신자이자 수신자로서 전면에 부각되는 것과 달리 작가와 관객은 직접적으로 드러나지 않는다. 연극에서 인물 행동의 객관성이 절대화될 때 작가는 자신의 존재를

---

36 A. Ubersfeld, 『연극기호학』, 신현숙 역, 문학과지성사, 1997, 233쪽.

뒤로 숨기고 등장인물의 언술 행위를 전경화한다. 그리고 작가의 담화는, 모든 것은 작가의 창작의 결과라는 전제하에 동시적으로 존재하는 것으로 전제되지만, 주로 극의 마지막에 비로소 완성되며 극이 끝난 후에 역으로 탐문된다. 이때에는 등장인물 역시 관객에게 직접 말하지 않으며 그들 사이에 형성되는 것으로서 극의 내부 담화에 충실하게 된다. 이렇게 해서 극 외부 담화라 할 수 있는 무대-객석 간의 담화 상황은 형태화되지 않는다.

현대 희곡의 경향을 등장인물 상호 간의 대화로만 진행되는 드라마적 절대성으로부터의 탈피로 본 페터 손디는 새롭게 등장한 언술 행위의 주체를 서사적 자아, 혹은 서사적 주체라고 지칭한 바 있다. 만프레드 피스터는 이 서사적 자아가 희곡 안에서 실현되는 방식을 구분한다. 그것은 지문, 작품의 구조, 장면 제목 등 극의 외부 담화의 층위에 서사적 특징이 부여되는 경우, 서사적 자아가 해설자처럼 극 외적 인물인 경우, 서사적 자아가 극중 인물인 경우, 기타 비언어적 수단에 의해 서사적 특성이 부여되는 경우이다.[37] 이렇게 드라마의 절대성이 해체될 때, 작가는 다양한 방법으로 자신의 목소리를 드러내게 되는 것이다. 그러나 이 경우에도 해설자가 직접 관객에게 말을 거는 특별한 경우를 제외하면, 관객의 존재는 직접 형태화되지 않는다.

사실적 재현의 문법이 중심을 이루어왔던 근대 연극의 전통에서 가장 일차적인 발화자는 등장인물이다. 물론 작가도 지문을 통해 자신의 언술 행위를 드러낸다. 그러나 그것은 극 내부의 표현 요소들에 대한 지시로

---

37 Manfred Pfister, *The Theory and Analysis of Drama*, trans. by John Halliday, Cambridge University Press, 1988, pp.71~83.

서, 오히려 등장인물 사이의 담화의 폐쇄성을 공고히 하는 성격을 띤다. 극의 전언(message)은 극 담화의 실행 조건에 의해 형성, 전달된다고 할 때,[38] 사실적 재현의 연극에서 이러한 폐쇄적인 실행조건이 지향된 것은 지극히 자연스러워 보인다. 대상에 대한 핍진한 묘사가 연극적 인식의 방법이 된다는 '재현주의'적 믿음을 바탕에 두고 있기 때문이다. 그리고 이때 관객의 존재가 드러나지 않는다는 점도 자연스럽다. 그 핍진성을 발견하는 것 이상의 역할을 부여할 필요가 없기 때문이다.

이와는 다른 담화 실행의 조건이 추구된다면, 그것은 새로운 연극적 소통 방식이 시도되었다고 할 수 있다. 특히 그것이 관객의 존재를 직접 드러내는 방식을 띤다면 기존 전통에 대한 전복적인 시도로 여겨질 수 있다. 왜냐하면 무대-객석 간의 의사소통의 구도가 직접 드러난다면, 가시화된 담화 실행의 조건이 극의 전언 구성에 필수 요소가 되기 때문이다. 다시 말해, 재현의 결과물과 재현 행위 자체가 통일되어 있던 전언 구성의 방식에서 벗어나 재현의 결과물과 재현 행위가 분리됨으로써, 연극적 인식이란 재현 결과에 일의적(一意的)으로 집중하는 데에 있는 것이 아니라 양자 사이의 긴장을 발견하는 데에 놓이게 되는 것이다.

전후연극에서 해설자가 등장하거나 사실적 재현의 오랜 관습인 제4의 벽이 깨지는 현상이 주목되는 이유가 바로 이것이다. 그것은 연극을 지켜보고 있는 관객의 존재를 분명히 함으로써, 연극을 연극으로서 재인식시킨다. 전후연극에서는 희곡사상 처음으로 분명한 메타적 기법이 사용되었다고 할 수 있는데,[39] 그 구체적인 양상을 이용찬의 〈기로〉(1959)와 장

---

38 A. Ubersfeld, 앞의 책, 232쪽.

39 오영진의 〈살아 있는 이중생 각하〉(1949)에서도 연극에 대한 메타적 인식이 엿보

용학의 〈일부변경선근처〉(1959)에서 볼 수 있다.

이용찬의 1959년 작 〈기로〉[40]에서, 인간은 무의식의 지배를 받는 존재로 제시된다. 윤애는 어린 시절 성적 학대의 트라우마로 인해 정신분열증을 겪는 환자이다. 윤애의 할아버지에게 정신병력이 있었던 사실에 대해 작가는 등장인물들의 입을 통해서 "정신분열증이라나 뭐라나, 꼭 유전한다든 건 예전 얘기"(115)이며, "어려서부터 자라나온 과정이나 환경이라는 것은 대단히 중요"(135)한 소인이 된다는 점을 밝힌다. 그리고 건강을 되찾은 윤애에게 "사실 유전성이 아니었다는 것이, 당신은 의학적으로도 밝혀졌어"(175)라고 말하는 인섭의 대사를 통해서 이를 강조한다. 또한 정신병은 '미친 것'이 아니라 "고칠 수 있는"(123) 것이며 "번거로운 세상에 정신이 이상해진다는 건 후천적인"(135) 것이라며 정신병에 대한 '과학적' 인식 태도를 제시한다. 이쯤 되면 정신병에 대한 잘못된 상식을 교정하고 인간 심리에 대한 합리적 담론을 창조하는 것이 작가의 의도로 보이기까지 한다.

그러나 정작 작가가 노리는 것은 인간의 심리에 대한 과학적 인식 태도와는 상관없이 작용하는, 무의식의 강력한 힘을 강조하는 것이다. 이를 통해서 한 사람의 정신이란 고정 불변의 것이 아니며, 사실상 불안정성을 그 속성으로 한다는 점을 드러낸다. 윤애의 남편 인섭은 가족들이 윤애의 정신병력을 들어 결혼을 반대함에도 불구하고 추호의 거리낌 없이 그녀와의

인다. 극중 대사에서 〈햄릿〉이 인용되는 것이나, 이중생 및 그의 가족들이 거짓 죽음과 장례를 연기하는 것은 극중극 구도를 형성한다. 그러나 이것은 전체적으로 사실적 재현의 테두리 안에서 간접적인 형태를 취하고 있는 것으로서 메타적 기법이 직접 형태화된 것은 아니라고 할 수 있다.

40   이용찬, 〈기로〉, 무천극예술학회 편, 『이용찬희곡집1』, 푸른사상사, 2005.

결혼을 감행할 만큼 자신의 선택과 실천에 있어서 강한 의지를 소유한 인물로 그려진다. 그러나 윤애를 치료하는 여의사 은희를 사랑하는 마음을 다스리지 못해 알코올중독자로 변해간다. 그는 자신을 통제하지 못하게 되었다는 사실 때문에 극도의 자학 증세를 보이고, 급기야 자살충동에 시달린다. 이들을 치료하는 은희는 정신분석학적 지식으로 무장하고 환자에 대해 정확한 진단을 내리는 '정신의학자'이지만, 그녀마저도 인섭을 향한 욕망을 쉽게 제어하지 못한다. 그녀는 의사로서의 냉철함과 여성으로서의 윤리를 지키려고 애쓰지만, "술취한 사람일수록 안 취했다고 버티듯이 난 이미 취해버렸는지두 모를 일"(183)이라며 인섭에 대한 사랑을 고백한다. 〈기로〉는 이들의 삼각관계를 중심으로 전개되는데, 이와 같은 멜로드라마적 구도의 이면에서 인간의 정신적 취약성을 드러내는 것이다.

삼각관계 안에서 유동하는 마음의 상태는 멜로드라마의 주된 단골 메뉴이다. 그러나 〈기로〉가 멜로드라마로 귀결되지는 않는다. 멜로드라마의 인물들이 사랑의 획득을 자기 동일성의 실현 과정으로 삼는 것에 반해 〈기로〉에서는 그것이 자기 동일성의 상실 과정을 수반하기 때문이다. 여기에 멜로드라마의 '열정'과 〈기로〉의 정신병증의 차이가 있다.

멜로드라마의 인물들은 열정에 찬 말하기를 통해 자신의 진정성을 표출한다. 그러나 〈기로〉의 인물들은 사랑에 대한 말하기를 회피한다. 그것이 사회적 윤리 의식과 저촉될 때, 등장인물들은 스스로 말하기를 억압하는 것이다.

> 은희　　내 마음을 내 뜻대로 못하는 안타까움을 전 처음 느꼈어
> 　　　　요. 내 뜻만이 아니라 밖으로부터 어떤 박해가 오는 한이
> 　　　　있어도 내 마음은 쏠일 곳으로 쏠리고 만다는 것, 노처녀

의 야릇한 생리랄까요? 애처가일 뿐 아니라 나보다 나이 젊은 분, 게다가 친구의 시동생…… 난 마음놓구, 아니 내 딴에는 마음의 여유를 가지구 한 사나이가 풍기는 매력을 바라보고 있었는데……. **(펀뜩 정신이 드는 듯) 내가 미쳤나? 못할 소리가 없군.**

인섭 **(튕겨지듯 일어서며) 얘기해요. 파헤쳐 보일 수 없는 가슴일 바엔, 얘기라두 터놓구 시원스럽게 해야지.** 난 생각을 돌릴려구 애쓰면서두, 좌우간 얘기는 해야 견딜 것 같았어…….(158)

하지만 무의식은 의식의 억압을 무너뜨리고 말하기 시작한다. 그들에게서 진정 말하는 존재는 의식이 아닌, 의식의 타자로서 무의식이다. 여기서 멜로드라마의 구도는 깨어진다. 멜로드라마는 여성 주인공의 도덕적 우위성을 근거로 사랑의 완성을 추구하며, 이 과정에서 도덕성을 획득한 사랑과 반윤리적 욕망을 선한 것과 악한 것으로 대비시킴으로써 욕망에 대한 금지의 담론을 창조한다.[41] 이와는 반대로 〈기로〉에서는 윤리적 차원에서 이미 억압되어 있는 욕망을 그 자체로 인정하고 그것이 말하도록 한다.

그런데 이를 위해서는 그것을 듣는 자가 필요하다. 이 작품에서 해설자의 역할을 맡은 완섭은 그것이 자신의 역할임을 분명하게 밝히고 있다.

막이 오르면, 중간막이 상기 무대를 가리고 있다. 서성서성하고 있던 완섭(해설자)이 적당한 자리에 멎는다.

---

41 Peter Brooks, 『멜로드라마적 상상력』, 이승희 외 역, 소명출판, 2013, 76~87쪽.

완섭 (해설자) 나는 이 연극의 중심인물이 아닙니다. 나는 아무
래도 좋지요. 오직 이 연극을 이끌고 나가는 인물들이 도
드라지기에 필요하다면, 언제든지 얼굴을 내어놓자는 것
이 나의 소임이라 할까요. …(중략)… 결백이 세상에 공포
되어 떳떳하게 된 아우를 마중가면서, 이 발걸음이 조금도
가볍지 못한 것이 나 자신 서글픕니다. 아내를 기다릴 인
섭이 눈앞에, 나 혼자 달랑 나타날 것이니 말입니다. **남편
을 맞으러 나오지 못하는 계수에 관해서, 오늘은 무슨 일
이 있어도 얘기를 해야 할 판입니다.** 이제 더 이상 둘러부
칠 수도, 속일 수도 없거든요. 나는, 함께 나가시겠다는 어
머니마저 굳이 집에 계시게 하고, 차라리 혼자 나가기로
하였습니다. (퇴장)

**완섭(해설자) 퇴장하면, 중간막 걷히고 상기 무대가 드러
난다.** (113~114)

인섭이 가족들의 반대에 부딪힐 때마다 "명색 하나 있는 이 형의 동의
만은 얻으려고 무척 애를 쓰는 것"이었다는 완섭의 설명은 그의 역할이
일차적으로 인섭의 콘피던트(confidant)임을 알려준다. 하지만 그의 역할
은 단순히 상대 인물이 말하게끔 하는 발화의 촉매이거나, 전달자(mes-
senger) 정도에 국한되지 않는다. 그의 진정한 역할은 인물들 스스로가 자
신의 무의식에서 움직이는 욕망을 대면하도록 하고, 그림으로써 그것을
극중 현실의 차원으로 노출시키는 것이다. 윤애를 진찰하러 온 은희는 인
섭에게 호감을 느껴 "관찰하는 눈초리로 인섭을 지켜보며"(128), 그가 "발
육이 좋은 건장한 팔을 뻗어 기지개를 켜고 뜰을 거니는데, 은희의 시선
은 이런 것들도 놓치지 않고 있다."(130) 완섭은 바로 이러한 은희의 욕망
을 수시한다.

인섭, 조심스럽게 윤애를 안고 이층으로 올라가는데 화순
댁이 이를 살피면서 뒤따른다. 이러는 동안 아래층에서는.

지순   정말 보기 딱한데…….

은희   **그래도 네 시동생 멋있다 애. (어깨를 움찔하고 입을 탁 막**
       으며 완섭을 본다) 어마!

완섭, 살며시 방으로 퇴장.(133)

이처럼 완섭의 시선은 은희로 하여금 자신의 욕망이 사실상 노출되어
있었음을 알게 한다. 또한 다음과 같이 인섭에게 달라진 자신을 대면하도
록 한다.

인섭   그래두……. 형님은, 아무리 의젓하게 도사리고 있다구,
       어린애 같이 여인의 품이 그리워질 때가 없우?

완섭   확실히 변했다. 그 전엔 안 그랬어.

인섭   그래요. 변했어요. 변했어요. 틀림없이 변했어요. 그래서,
       어떡하면 좋죠?

완섭   **너, (조심조심) 김 선생을 사랑하지?**

인섭   **(말 없이 울 듯이 고개만 끄덕인다)**

이처럼 완섭은 이 작품에서 인간의 심리를 바라보는 시선의 최종 심급
에 자리하고 있다고 할 수 있다. 이 작품의 인물들은 무의식을 대하는 세
개의 층위를 보여준다. 무의식의 존재를 인정하지 않고 자신을 억압한 결
과 정신병리학적 증상을 보이는 윤애, 윤애의 증상을 합리적으로 바라보
며 무의식의 존재를 인정하지만 정작 자신들의 욕망을 제어하지 못하고

그것을 노출하고 마는 은희와 인섭, 그리고 그들의 욕망을 지켜보는 완섭이다.[42] 이 최종적인 시선의 자리에서 극중 인물이자 해설자로서의 완섭의 역할은 충돌 없이 결합한다. 극중 인물로서 완섭은 등장인물의 욕망을 그들의 내적 심리의 영역에서 극중 현실로 노출시켜 인물의 주관성과 극중 상황의 객관성을 공존시키는 데 균형추의 역할을 한다. 해설자로서 완섭은 이미 극중 현실에 노출된 등장인물의 무의식과 욕망을 다시금 관객들에게 노출시켜, 그것이 관객의 현실에도 존재하는 것으로 바라보도록 유도한다. 극의 첫머리에서, 중간막으로 무대가 가려진 채 완섭이 해설을 통해 연극을 대상화하는 것은 이러한 구도를 잘 보여준다. 그는 이후 다섯 번에 걸쳐 해설자의 역할을 수행하여, 지속적으로 연극을 대상화한다.

이 작품은 해설자 완섭을 존재를 제외하면, 전체적으로 사실적 재현의 방법을 따르고 있다. 그런 점에서 브레히트의 서사극과 일정한 차이를 보인다. 그러나 메타적 성격이 약화되는 것은 아니다. 오히려 해설자를 현실을 비추는 거울의 틀로 삼고, 사실적 재현을 거울에 비친 현실의 상으로 다시 제시함으로써, 무의식이라는 생소한 영역이 실재 현실에 존재한다는 것을 강조하게 되는 것이다.

해설자 완섭의 존재로 인해 이 작품은 극중극의 형태를 띤다. 극중극이

---

42 이것은 라캉이 「도둑 맞은 편지에 대한 세미나」에서 설명하는 시선의 구도와 유사하다. 라캉에 의하면 포의 단편 〈도둑 맞은 편지〉는 주체에 대한 기표의 우위성을 보여주는 이야기라 할 수 있는데, 이에 빗대어 보면 〈기로〉의 인물들은 작품 속에서 관심을 쏟아야 할 대상으로 제시된 '정신위생'이라는 기표를 중심으로 위상학적 배열을 보이는 주체들이라고 할 수 있다. 그리고 완섭은 상상계에 균열을 일으키고 자신의 무의식을 대면하도록 하는 응시(gaze)를 제공한다고 할 수 있다. 라캉의 「도둑 맞은 편지에 대한 세미나」에 대한 설명은 권택영, 「대중문화를 통해 라깡을 이해하기」, 『현대시사상』 1994년 여름호, 96쪽 참조.

란 전체 극과의 극명한 분리를 통해 가상으로서의 연극과, 실재로서의 세계라는 안정적인 구도를 전복시키는 인식적 전략이라고 할 수 있다.[43] 연극을 대상화함으로써 관객이 자신의 현실 역시 대상화하도록 유도하는 것이다. 즉, 관객의 현실과 닮아 있는 극중 현실을 지배하는 것이 무의식의 강력한 힘이라면, 역으로 극중 현실과 닮아 있는 관객의 현실에도 그것은 엄연히 존재하게 된다. 해설자인 완섭이 연극 전체를 바라보면서 등장인물의 심리를 지켜보듯, 관객 역시 극중극의 틀을 통해 인간 정신적 본성이 무엇인가를 탐문하게 되는 것이다.

이 작품은 은희와 인섭이 사랑을 포기하기로 결심하면서 마무리된다. 그리고 이들의 연애 관계와 삼각관계 모두 종결된다. 이것은 '불륜'의 선정성을 지닌 멜로드라마가 끝내 가정이라는 사회제도의 안정적 지속을 선택한 보수적인 결말로 보이기도 한다. 그러나 해설자 완섭은 이 극의 진정한 주제가 정신적 이상을 보인 인간을 어떤 시선으로 바라볼 것인가의 문제였음을 분명히 한다. 완섭은 마지막 해설에서 이렇게 말한다. "인섭이는 여러 가지 생각들을 했고 또한 사랑을 했습니다. 그것들이 모두

---

43 본래 극중극이란 무대 위에서 이를 지켜보는 관객의 존재를 보임으로써, 연극을 보고 있는 객석의 관객들로 하여금 자신 역시 누군가에게 보여지는 배우로 여기게 하고, 나아가 '세계는 무대요, 인생은 연극(Theatrum Mundi)'이라는 세계상을 환기하도록 하는 인식론적 장치라 할 수 있다. 가상이라 여겨지는 연극에 또 하나의 연극이 삽입됨으로써 전체 극은 극중극에 대비하여 '실재'의 역할을 수행하게 된다. 그러나 전체 극은 객석에 있는 관객에게 보여지는 가상으로서의 연극일 뿐이다. 실재와 환상 사이의 이 혼동을 객석에 전이하여, 자신이 실재라고 믿는 현실 세계 역시 하나의 가상일 수 있음을 환기하는 것이다. 그 결과 "극은 현실을 반영한 환상이며, 현실은 극과 같은 환상일 수 있다는 가능성을 열어 놓게 된다"(방승희, 「극중극의 효과를 통한 극중 관객의 인식—말괄량이 길들이기를 중심으로」, 『중세 르네상스 영문학』 제16권 2호, 2008, 344쪽).

진지했지요. 진지했던 만치, 그것이 혹 허황되고 엉뚱한 것이었다 할망정 탓할 수는 없는 겁니다. 나는 여러분과 함께 인섭이가 걸어가는 뒷모습에 따뜻한 시선을 보내고 싶어요."(187)

이렇게 이 극의 해설자는 인간의 정신적 취약성에 온정의 시선을 보내자고 제안한다. 그것은 정상과 비정상, 온전한 정신과 정신이상 사이의 이분법적 구분 속에서 인간을 바라보는 시선과는 사뭇 다른 것이라 할 수 있다. 〈기로〉에서는 인물들이 누구나 무의식의 지배를 받을 수 있는 존재로 그려짐으로써, 정신병리학적 현상은 특별한 사람의 질병이 아니라 인간의 보편적 속성으로 다루어진다. 〈기로〉의 해설자는 인간을 바라보는 이 새로운 시선을 연극의 형식으로 삼기 위한 것이었다고 할 수 있다.[44]

(2) 허구와 현실의 경계 해체

장용학의 〈일부변경선근처〉[45]에 대한 그간의 논의는 이 작품이 실존주의 사상을 다루고 있다는 점에 집중되어 있다. 이들 연구는 주요 인물인 한지를 중심으로 이 작품을 분석한다. 한지는 인습적으로 규정되어온 '인간의 도리'에 도전하면서 모든 행위의 근거와 가치를 오직 주체의 자기

---

44 이 해설자를 서사극의 화자로 보는 관점에서 이루어진 평가는 상당히 부정적이다. 그 이유는 이 해설자가 브레히트적인 전략하에서 현실에 대한 새로운 인식의 도구가 되지 못했다는 것이다(오영미, 『한국 전후 연극의 형성과 전개』, 태학사, 1996, 164쪽 ; 이승현, 「1950년대 이용찬의 작가 의식과 형식 실험 연구」, 『어문학』 제121집, 한국어문학회, 2013, 343~344쪽). 그러나 사회경제적 측면의 현실에 대한 인식은 아닐지라도 인간에 대한 새로운 관점을 제시한다는 점에서 이 해설자가 보인 성취는 긍정적으로 평가될 수 있다.

45 장용학, 〈일부변경선근처〉, 『장용학문학전집 2』, 국학자료원, 2002.

신념에만 두는 태도를 보인다. 기존의 연구는 이처럼 자아의 주체적 결단을 절대시하는 한지의 '인간' 규정에 주목한다. 특히 작품 속에 등장하는 한지의 책 『일부변경선근처』에서 되풀이 인용되는 구절이 실존주의적 색채를 강하게 띠면서, 이 작품은 전후희곡에서 수용된 실존주의의 내용을 점검하는 대상이 되어왔다.[46] 하지만 실존주의적 내용을 확인하는 것에 비해, 이 작품의 양식적 특성에 대해서는 이렇다 할 언급을 찾아보기 어렵다. 그 이유는 이 작품을 사실적 재현의 방법을 취하고 있는 것으로 쉽게 전제했기 때문이다. 4막의 구성, 이치우의 집을 배경으로 시공간적 단일성을 지키며 진행되는 사건들, 세부적인 사항까지 자세하게 지시하고 있는 무대 지문 등은 분명 이 작품을 사실주의 작품으로 보는 독법을 허용한다. 이런 시각에서 인물들과 사건은 지나치게 극단적이며,[47] 주인공의 대사는 생경하고 관념적이다.[48] 그러나 〈일부변경선근처〉에는 전편을 지배하는 그로테스크의 미학, 제4의 벽의 해체 등 간과할 수 없는 비사실주의적 특성이 존재한다. 이러한 특성들이야말로, 한지의 실존 의식을 바탕으로 이루어지는 부패한 현실에 대한 고발이 연극적으로 구현되는 방법이라고 할 수 있다.

한지는 가족이라는 사회제도가 전제하고 있는 윤리와 금기, 그리고 인

---

46 김성희, 「1950년대 한국 실존주의 희곡 연구」, 『한국 현대희곡 연구』, 태학사, 1998 ; 박명진, 『전후희곡의 담론과 주체 구성』, 월인, 1999 ; 윤진현, 「장용학 〈일부변경선근처〉 일고」, 『한국극예술연구』 제9집, 한국극예술학회, 1999 ; 도애경, 「실존의 인간 회복 〈일부변경선근처〉」, 『한국문학이론과 비평』 제9집, 한국문학이론과 비평학회, 2000 ; 박명진, 「1950년대 전후희곡에 나타난 실존주의 양상—오학영과 장용학의 희곡을 중심으로」, 『우리문학연구』 39집, 2013.

47 박명진, 위의 논문, 296쪽.

48 김성희, 앞의 논문, 220쪽.

간이 발명해내었을 뿐인 신을 인간 자체보다 우위에 두는 태도야말로 인간을 억압하는 비인간적인 것으로 보면서, 이에 대한 저항과 위반이야말로 가장 인간다운 것이라 주장한다. 이러한 신념은 아버지 이치우에 대한 살해를 숙고한다거나 여동생 난이와 근친상간을 행하는 등 극단적인 양상으로 표출된다. 그러나 그가 단순한 패륜아로 제시되는 것은 아니다. 그의 주장과 행동은 다른 가족들이 보이는 행악과 대조를 이루며 오히려 상식적인 가치관과 윤리를 전복시키는 역할을 하게 된다.

그의 아버지 이치우는 자신이 머슴으로 있던 집안의 재산을 가로채기 위해 강제로 주인댁 딸을 강간하여 한지를 낳게 했고, 그 재산을 아들인 한지에게 빼앗기지 않기 위해 그를 다른 남자의 사생아로 둔갑시킨다. 그리고 그것만으로 충분하지 않다고 생각되자 한지를 죽이고자 한다. 그의 반인륜적 범죄는 아들 한지에게만 해당되는 것이 아니다. 그는 한지의 어머니를 간호부 김씨와 공모하여 죽음에 이르게 했고, 그 증거를 없애기 위해 정부인 오혜숙을 이용해 현재 아내가 된 김씨마저 제거하려 한다. 또한 딸인 난지를 정략결혼 시키기 위해 사윗감으로 점찍어둔 장관의 아들이 난지를 겁탈하기를 은근히 바랄 정도로, 이치우는 그야말로 패악성의 화신이라 할 수 있다.

오직 돈만을 욕망하는 이치우처럼, 다른 인물들도 욕망하는 기계로 묘사된다. 간호부 김씨는 자발적인 공범이며, 현재 정부인 오혜숙은 이치우와 같은 물욕의 소유자이다. 그녀에게 성이란 목적하는 바를 위해 활용할 수 있는 수단이다. 그녀는 이치우의 정부이지만 필요에 따라 그의 장남 한지와 차남 이무기를 유혹한다. 이치우의 차남 이무기는 아버지의 것을 파괴하는 장난에 심취한다. 그는 이치우가 영험한 존재로 모시는 사당의 구렁이를 죽이려 하고, 아버지의 정부 오혜숙을 유혹한다.

혈연이 더 이상 인간 윤리의 준거가 되지 못하는 반인륜적 세계 안에서, 한지의 주장처럼 그가 아버지 이치우를 죽이는 행위는 '아들'을 버리고 '인간'이 되는 행위이며, 남매인 줄 모르고 서로 사랑하게 된 난이와의 관계는 진정한 인간으로서 남자와 여자 사이의 순수한 사랑의 관계인 것이다.

이 작품의 제목이자, 한지가 쓴 것으로 제시되는 책 『일부변경선근처』는 이와 같은 대비를 상징한다. '일부변경선'이란 날짜변경선이라는 뜻으로, 눈에 보이지는 않지만 어제와 오늘을 나누는 선명한 선이 있듯, 가족이라는 사회제도의 틀 안에서 가려지고 호도된 것과는 달리, 진정한 인간(人間)과 그렇지 못한 비인(非人) 사이에는 선명한 구분이 있음을 의미한다. 이 선을 넘는 것은 오직 주체의 결단에 의한 것으로서, 한지와 난이의 '혼인'은 그 결단을 상징하는 사건이다.

이처럼 〈일부변경선근처〉는 선정적인 내용으로 점철되어 있다. 인물들은 욕망하는 기계들이며, 사건은 근친 간의 살해 기도, 근친상간, 재산 강탈 등의 자극적인 것들의 연속이다. 한지와 난이가 선한 인물로 분류될 수 있지만, 그들 역시 자신의 목적을 위해 금기를 범한다는 점에서, 선정적인 사건의 행위자라는 범주에서 벗어나지 않는다. 오직 덜떨어진 바보로 묘사되는 팔성만이 금기의 테두리를 벗어나지 않는다는 점에서 다른 인물과 변별성을 지닌다. 또한 팔성을 제외한 모든 주요 등장인물, 즉 이치우의 가족들 전체가 죽는 것으로 마무리됨으로써, 이 변별성은 분명하게 제시된다. 팔성은 마지막 장면에서 이치우, 김씨, 한지, 난이, 이무기, 오혜숙 등 죽은 이들을 하나하나 꼽아보면서, 국외자의 시선으로 "여기가 어디메냐?"(528)고 반문한다. 이와 같은 반문, 불타는 이치우의 집에서 솟은 화염으로 붉게 물든 무대, 그리고 이무기가 띄운 연의 염라대왕의 얼굴이 함께 제시되면서 이 작품은 아비규환의 지옥으로서의 시대상을 제시한다.

〈일부변경선근처〉는 구성과 무대장치에서 이전의 사실적 재현의 문법을 차용하고 있지만, 이와 같이 자극적인 인물과 사건의 기괴함을 부각시킴으로써 현실의 표면적 사실성에서 벗어난다. 사실성의 위배를 통한 현실 반영의 유효성에 대해 브레히트는 다음과 같이 설명한다. "예술은 그 모사의 균형을 변형시킬 때 비사실적이 되는 것이 아니라 관객의 통찰과 자극을 위해 그 모사를 사용하면서 관객이 현실 속에서 좌초(坐礁)하도록 그 균형을 변경시킬 때에 비사실적이 되는 것이다. 양식화가 꼭 자연스러움을 제거하는 것은 아니다. 고양시킬 수도 있다."[49] 그가 지적하는 것은 연극의 표현이 현실 인식을 촉구하게 되는 것은 그것이 사실적이기 때문이 아니라 오히려 사실에 대한 변형을 통해 현실과의 관련성을 환기하기 때문이라는 것이다. 반대로 관객이 무대 위의 표현에서 현실과의 관계를 찾는 데에 실패하게 되면 그것이 표면적으로 사실적이라 하더라도 오히려 그것은 비사실적인 것이 되고 만다.

사실성의 왜곡을 통한 현실 반영이라는 관점에 볼 때, 〈일부변경선근처〉에서 일차적으로 주목되는 것은 극도로 악한 인물들이 소극(笑劇, farce)의 인물들처럼 우스꽝스럽게 묘사되어 있다는 점이다. 이치우는 그가 저지른 숱한 악행의 무게감에 비해 행동거지가 대단히 가벼운 인물로 그려져 있다. 목적하는 바가 이루어지지 않을 때에 감정 조질에 능숙하지 않은 점이나, 감정을 표현할 때의 산만하고 즉발적인 움직임, 문제 해결을 위해 새로운 악행을 생각해내면서 기꺼워하는 모습 등은 정신적, 신체

---

49 B. Brecht, 「연극을 위한 소지침서」, 『서사극 이론』, 김기선 역, 한마당, 1992, 339쪽.

적 규율을 못 견디며 자신의 장난에만 몰입하는 어린아이를 연상시킨다. 이와 같은 미성숙한 모습은 지적 사고력의 수준이나 신체적 행동 방식에서 단적으로 드러난다.

> 이치우(李致宇)　　(책을 읽는다) "지구(地球)를 향해 무엇이 가까이 오는 소리, 시계(時計) 바늘처럼 시계바늘을 넘어 어김없이 가까이 오는 소리가 있다." **흠 아마 이건 화성인(火星人)을 두고 하는 말이겠지, 비행(飛行)접시 애기는 없나…….(찾아본다)**(456)

> 이치우　　(뚝 걸음을 멈추고) 그놈은 암만 해두 나를 만만히 보는 것 같다! 이 이치우를! 제깐 놈이! **(불끈 주먹을 쳐들며) 이 주먹으로도 난 그 놈을 이길 자신이 있다! (하더니 동강이 난 책을 발길로 차서, 하나는 안락의자(安樂椅子) 밑으로 하나는 테이블 밑으로)**(462)

이치우는 악행을 구상하고 실행하는 데에서도 단순하며 직설적인 모습을 보인다. 그는 속내를 드러내지 않는 치밀한 악인이 아니라 악행이 드러나도 개의치 않고 원하는 것을 얻는 데에만 열중하는 막무가내식의 인간이다. 한지에게 재산을 빼앗기지 않기 위해서 그가 자신의 아들이 아니라는 알리바이를 만드는 과정은 억지와 궤변으로 마무리된다.

> 김씨　　당신이 먼저 그랬다는 것은 세상이 다 아는 일이 아니오?
> 아치우　　그럴 때마다 꼬박꼬박 임신한다면 세상은 맨 만도린 투성이라구 해야하게.
> 김씨　　가령 그 작자가 엉뚱한 증거라두 만들어 가지고 있으면 뭐라구 막아낼 테오?

이치우	문제 없오! 그땐 아이가 바뀌어졌다구 하면 돼.
김씨	바뀌다니? 뱃속에 있는 아이의 애비가 바뀐단 말이오?
이치우	왜?
김씨	왜라니…….
이치우	**하느님이 하는 일을 누가 알아. 에미 뱃속에 열 두 달이나 있었다구 우기는 놈두 있는 세상인데.**
김씨	……. (아연(啞然))(475~476)

이 외에도 병원의 열쇠구멍으로 한지 어머니가 간통하는 것을 봤다는 목격자의 존재를 주장하기 위해 "옛날에는 열쇠구멍이 컸다"(483)고 강변하는 것, 포도를 몇 알씩 한번에 털어 넣거나 그 껍질을 방안에 뱉는 행위(471), 한지와 난이의 근친상간을 포함하여 복잡한 가족 관계가 일일이 들춰지는 긴박한 상황에서 깨어진 손전등이 자기 것이라며 아까워하는 행위(516) 등, 희극의 캐릭터로서 그의 특성은 도처에서 산견된다. 이처럼 천륜을 어긴 무거운 죄질과 가벼운 행동거지가 공존하는 그는 성격과 행동 사이의 모순적 자질이 한데 결합되어 있는 인물이라 할 수 있다. 추악한 것과 우스꽝스러운 것의 결합을 통해 그로테스크가 발생한다면,[50] 그는 그로테스크의 미학이 본격적으로 실현된 인물로서 이전의 사실적 재현의 전통에서는 볼 수 없었던 대단히 이례적인 인물이라 할 수 있다.

---

50 Philip Thomson, 『그로테스크』, 김영무 역, 서울대학교 출판부, 1986, 11쪽. 여기에서 저자는 "그로테스크란 황당무계한 공상과 필연적인 친화력을 맺고 있기는커녕, 사실적인 틀 속에서 사실적인 방식으로 제시된다는 사실에서 적어도 그 효과의 일부를 얻고 있다"고 말한다. 이어 카프카의 〈변신〉을 예로 들며, "전적으로 부적절하고 부적합한 희극적 요소의 침입으로 말미암아 독자들은 이러한 장면들의 경악스러운 성격을 더욱 강하게 느낄 수 있게 된다"고 설명한다.

그에 대한 오혜숙의 대사, "어마나 - 이런 사람 처음 봤네"(490)는 이와 같은 특이성을 강하게 환기한다.

그로테스크는 이치우에게 국한되지 않는다. 오혜숙과 김씨 역시 진지한 악인들이 아니다. 이치우의 정부 오혜숙은 그의 재산을 가로채기 위해 김씨에게서 한지와 관련된 정확한 정보를 알아내고자 한다. 그녀는 한지가 이치우의 친아들인지, 한지의 어머니는 어떻게 죽게 되었는지, 김씨와 이치우는 그 과정에서 어디까지 공모했는지 등을 확인하고자 하는 것이다. 이치우의 막대한 재산의 향배가 관련된 문제이므로 알고자 하는 오혜숙의 목적과 숨기고자 하는 김씨의 목적은 강하게 충돌한다. 그러나 이 과정은 긴장감 높은 탐문과 회피로 이루어지지 않는다. 김씨는 거짓 증언과 살해 모의를 함께 한 범죄자라기보다는 어설픈 늙은이일 뿐이다. 탐정을 방불케 하는 오혜숙의 유도신문에 걸려, 김씨는 주요 정보를 자신 스스로 말하고 또 번복하면서 사실을 알려주게 된다.

또한 이들의 대결에는 정부와 본실 사이의 여성의 성(sexuality)을 중심으로 한 대결이 개입되어 있다. 김씨는 정부인 오혜숙에게 수치심을 주고, 오혜숙은 늙고 병든 김씨 앞에서 자신의 젊은 육체를 과시한다. 김씨는 푼수로서의 속성을, 오혜숙은 자신의 성적 매력에 대한 나르시시즘을 지니고 있어서 이들의 충돌은 코믹한 양상을 띠게 된다. 나르시시즘에 빠진 탐정과 성적 매력의 상실로 과민하게 반응하는 피의자 사이에, 이러한 구도와는 어울리지 않는 극도의 악행에 대한 심문이 이루어지고 있는 것이다. 그 결과 이들의 대화는 악인들끼리의 진지한 대결이 아니라, 못난이들 사이의 다툼이 되어버린다.

오혜(吳惠) 그럼 이 집에 간호부로 와 있다가 그대로 후실로 들어 앉게 되었다는 것은 한사코 숨기셔야겠네요.

김씨(金氏) **아니! 네가 탐정이냐 —**

오혜(吳惠) **전 여학교 때 탐정 소설을 참 좋아했어요.** (개가(凱歌) 나 울리듯 유유히 라디오 쪽으로 물러간다) (457)

김씨(金氏) 주제넘은 년이 내가 이래서 한때 심심해서 가지구 논다 는 것두 모르구, 이 집에 들어 앉겠다구. 어림도 없다!

오혜(吳惠) 가지구 논다구요! (화가 꼭두까지) **봐요!** (까운을 제쳐 얇은 잠옷 바람인 육체(肉體)를 과시(誇示)) 늙은 손이 조금이라두 닿는 자리가 있는가구……(465)

오혜(吳惠) (분해서 못견디다가) **아 — 오늘의 이 내 꼴이 무엇이 냐.** (한탄(恨歎)) 재색(才色)을 겸비한 여왕(女王)으 로서 모든 남학생들이, 아니 교수(敎授)들까지도 감 히 가까이 하지 못했던 내가 오늘날 갈보란 말을 듣다 니……(입술을 깨문다) 돈이다. 돈 때문이다. 이 청춘 (靑春)을 (자기 몸을 껴안으며) 저 늙은 너구리가 강탈 해 가는 것을 모른 척했다. 이제는 돌아설 수 없다. (서 재(書齋) 앞으로) 아니 돈이 있으면 청춘을 도루 살 수 도 있다. (문을 쑥 열고 서재에 들어선다) (466)

한지와 난이에 대해서는 이렇게 우스꽝스러운 묘사가 이루어지지 않는 다. 그 대신 다른 차원에서 이질적인 것의 결합이 이루어진다. 한지에 대 한 첫 감정에 대해 난이는 "감상적인 소녀의 감격과 동경"(404)이었다고 말한다. 그러나 그 후 난이는 그것을 '사랑'으로 확신한다. 2년 만에 재회 하게 되자, 한국을 떠나고자 하는 한지는 둘의 인연을 '우연'으로, 그를 붙 잡고자 하는 난이는 '운명'으로 대하며 갈등한다. 그러나 그들은 결국 서 로의 사랑을 확인하게 된다. 여기에 눈물과 키스가 곁들여진다. 이렇듯 이들의 관계는 멜로드라마의 전형적인 서사 전개를 따르며, 대사 역시 감상적인 언어로 충만하다. 이들의 사랑은 오직 감정에만 충실한 무지한 연인들의 것으로 묘사된다.

그러나 둘이 남매라는 사실은, 보통의 멜로드라마가 그러하듯 감상적 비극성을 강화하는 근거가 되는 것이 아니라, 오히려 멜로드라마적 구도에서 벗어나는 계기가 된다. 둘은 사랑의 실현 방법에 대해 다른 입장에 선다. 한지에게 근친이라는 사실은 가족제도가 부여한 것이며 인간에게 비본질적인 것으로서, 그것이 야기하는 죄의식을 극복하는 것이 사랑의 온전한 실천 방법이 된다. 아버지 이치우가 자신을 죽이려 했다는 것을 알게 되자, 그의 이러한 신념은 분명한 증거를 얻게 된다. 핏줄로만 혈육일 뿐, 그들은 본질적으로 가족이 아님을 확증하게 된 것이다. 그는 당당하게 난이와 결혼하고 이치우의 총에 맞아 죽게 된다. 이 과정에서 한지의 언어는 점차 결정의 주체이자 세계 속의 단독자로서의 자아를 강조하는 관념적 연설로 흐른다. 그는 더 이상 멜로드라마의 주인공이 아니며, 계몽극의 연설자가 되어간다.

이와는 달리, 난이가 자신의 사랑을 실현하는 방법은 서로가 가족이자 근친임을 인정하면서 그것을 받아들이는 것이다. 그녀에게 한지와의 사랑은 숨 쉴 수 있는 유일한 이유이므로 생명 자체를 의미한다. 그러나 근친이라는 사실은 인간으로서 더 이상 살 수 없는 죽음을 의미한다. 그녀는 한지와 결혼하여 사랑을 실현한 후 자살한다. 이 과정에서 난이는 한지처럼 당당하지 못하며 오히려 불안에 싸인 모습을 보인다. 그녀는 한지에 말에 동의하지 않지만 자신의 심정을 납득시키려 하지 않고, 죽음을 예감하지만 파멸을 향해 나아간다. 이런 점에서 그녀 역시 감상적 멜로드라마의 주인공에서 벗어난다. 그녀는 비극의 인물로 이행한다.

전기에 스스로를 감전시켜 죽은 난이와 이치우의 총에 맞아 고목에 꿰여 죽은 한지의 모습은 기괴한 결말을 보여준다. 멜로드라마의 구도로서는 대단히 낯선 이러한 결말 처리는 그들의 사랑을 계몽성과 비극성의 착종으로 다시 바라보게 한다.

이처럼 〈일부변경선근처〉는 가족, 사랑, 선인과 악인, 선의와 욕망을 제시할 때, 일반적인 기대나 예상을 배반하고 그것을 비틀어 기괴한 모습으로 보여준다. 이때 상호 이질적인 양식적 자질들이 한데 섞인다. 악인이 등장하는 진지한 드라마와 우스꽝스러운 인물들의 소극, 연인들을 주축으로 삼는 멜로드라마, 지식인에 의해 실존주의 사상이 설파되는 계몽극, 죄 없는 인물이 파멸을 자초하는 비극의 요소들이 공존하며 충돌한다. 그 결과 〈일부변경선근처〉는 무대에서만 존재할 수 있는 그로테스크한 연극 속 세상을 보이게 된다.

그 결과 기묘한 연극의 세계와 관객이 속한 현실 간에는 일정한 간격이 발생한다. 그러나 〈일부변경선근처〉는 또한 연극과 현실 사이의 간격을 교란하여 무대 위의 사건을 관객이 살아가고 있는 현실 세계와 관련짓는다.

그 첫 번째 방법은 이 작품이 1950년대 후반의 현실 사회를 배경으로 하고 있다는 점을 분명히 하는 것이다. 그것은 라디오의 활용으로 이루어진다. 3막은 김씨 병실에 있는 라디오에서 흘러나오는 논설로 시작한다. 논설은 과장된 수사로 제네바 정상회담의 성과를 전한다.

> 라디오 ……이러한 의미에서 이번 제네바에 모인 사거두(四巨頭)**들은 단순히 한 나라의 원수(元首)로서라기보다 인류(人類)의 양심(良心)과 불안(不安)을 지니고 참석한 것이라고 볼 수 있으며,** 일부 사람들이 이 회담(會談)을 가지고 세계

사(世界史)의 전환(轉換)을 운위하는 소이(所以)도 여기에
있는 것입니다…….(451)

1950년대 후반에 제네바 정상회담은 한국인에게 큰 관심의 대상이었
다. 미국, 영국, 프랑스, 소련의 정상이 참여하는 이 회담의 주요 목적은
2차 세계대전 이후 동서 간의 대결 구도를 완화하는 것이었고 독일의 통
일 문제, 동서간의 교류 촉진이 주요 의제로 다루어졌다. 이 회담에서 한
국 문제가 직접적인 의제가 되지는 않았으나, 미국과 소련이 한국 분단에
깊이 관련되어 있다는 점에서 회담의 결정 내용은 분단 상황을 해소하는
물꼬를 틀 것으로 기대되었다. 즉 라디오는 관객들에게 이 작품의 극중
세계를, 비록 그것이 이상할지언정 현실의 한 부분으로 바라볼 것을 강하
게 요청하고 있는 것이다.

그런데 이 작품이 쓰인 1959년에 제네바 정상회담은 개최되지 않았으
며 당시는 오히려 제네바 회담의 개최 가능성이 낮다는 언론 보도가 잇따
르던 때였다. 제네바 정상회담은 1955년에 개최된 적이 있다. 1955년 7
월 18~23일의 기간에 제1차 제네바 정상회담이 이루어졌다. 그것은 2차
세계대전 이후 처음 열린 동서 수뇌회담으로서, 독일의 통일 문제, 유럽
의 안정 보장, 군비 축소, 동서 간의 교류 촉진 등이 논의되었으나 합의에
이르지 못하고 막을 내렸다. 이후 추가 개최 논의는 공전했고, 제2차 정
상회담은 1960년에 이르러서 제네바가 아닌 파리에서 개최되었다.[51]

라디오에서 소개하는 제네바 회담을 1955년의 것으로 볼 수도 있을 것
이다. 그럴 때에 이 대목에서 환기되는 것은 1955년 이후 공전하며 개최

---

51 「동서정상회담의 개막」, 『동아일보』, 1960.5.17.

되지 못하고 있는 상황이 주는 실망감과 답답함이라고 할 수 있다. 이와 같은 사정은 라디오에서 흘러나오는 회담에 대한 온갖 과장된 의미 부여와 충돌한다. 독자(관객)들은 오히려 라디오의 수사를 과장된 것으로, 그것이 부여한 의미를 공허한 것으로 여기게 된다. 라디오 소리는 길게 이어지고 회담의 성과는 갈수록 미화되면서, 이러한 역설적 효과는 극대화된다. 이처럼 이 작품은 현실의 사건을 직접적으로 인용하는 것이 아니라 오히려 세부 국면을 반대로 뒤집음으로써 역설적인 방식으로 현실을 환기시킨다.

라디오에 의해 이 작품이 1950년대 후반의 한국 사회를 배경으로 하고 있음을 분명히 한 것은 이후 이어지는 인물들의 비윤리적 행태를 단순히 선정적인 볼거리로만 대할 수 없도록 강제한다. 김씨의 병실과 이치우의 서재를 번갈아가며 진행되는 장면들은 등장인물 사이의 복잡한 관계와 그 속에서 벌어지는 추악한 거래와 술수를 연속적으로, 또한 병치시키며 보여준다. 화려하고 웅장한 부호의 집 내부에서 벌어지는 추악한 실상이 일상적 현실 감각에서 벗어난 비현실적인 것으로 여겨질 정도로 그로테스크하지만, 라디오는 이것을 현실의 진면목으로 보도록 관객의 시선에 방향타의 역할을 하는 것이다.

극의 내용을 현실과 관련짓는 두 번째 방법은 제4의 벽을 허무는 것이다. 그것은 느닷없이 단 한 번 짧게 이루어진다. 그렇기 때문에 그것은 오히려 충격적이다. 곧, 해설자라든가 극중극의 구도와 같이 무대-객석 사이의 소통 구조를 제시하여 관객의 관람 방식을 친절하게 유도하는 것이 아니라 극중 세계 속에서만 행동하던 등장인물이 갑자기 관객을 향해 직접 발화함으로써, 안정된 관람 태도를 지니고 있었던 관객을 곤경에 빠뜨리고 강력한 각성 효과를 거두는 것이다. 그것은 난이와 한시의 봉침을 발견한 오혜숙에 의해 이루어진다.

닭이 우는 소리.
조금 있다가 오혜숙 거품을 품고 뛰어 나온다.

오혜(吳惠)　(뒤를 손가락질하며 관객석(觀客席)을 향(向)해) 저것
　　　들이! 저 엉뚱한 것들이! 친 남매간인지두 모를 것들이!
　　　(눈알을 굴리며) 사람의 도리두 모르는 것들이 내 눈앞에
　　　서 껴 안구 입 맞추구……. (다음 말을 하려던 입을 손으로
　　　막았다가) 아이 분해라! 나를 망신시켜 놓구서 자기는! (발
　　　을 구른다) 일러바치자! (앞으로 뛰다가) 앗! (연줄에 걸릴

　　　뻔했다가 간신히 몸을 돌려 걸상에 가 주저앉는다) 아 죽
　　　을 뻔했다. 그것들이 재미있게 노는 때문에 하나밖에 없
　　　는 내 목숨이 달아날 뻔했다. 후— (이마에 땀을 씻으려다
　　　가 벌떡 일나난다) 저 죽일 것들이! 얼른 일러 바쳐야지! 이
　　　제는 천만 환이구 후실(後室)이구 뭐구 없다! 복수다! 모든
　　　원한을 복수하자!

오혜숙(吳惠淑)이 뛰어 나가면서 무대(舞臺) 암전(暗轉)
(510~511)

　　오혜숙은 근친상간을 관객이 속한 현실에서 '실제로' 벌어진 일로 취급
한다. 허구의 사건에 직접 현실적 실재성이 부여되면서, 허구를 그 자체
로 인정하면서 무대적 실제로 여길 때에 발생하는 환영(illusion)은 깨어진
다. 여기에서 주인공 중심의 관습적인 관람 방식은 도전을 받게 된다. 한
지를 주인공으로 보고서, 재산을 빼앗기고 어머니가 비명에 돌아가신 억
울한 천재인 주인공이 누이동생과 운명적 사랑에 빠졌다는 식의 동조는

결정적으로 흔들린다. 그것은 한지를 허구적 인물로 치부함으로써만 가능했던 가짜 공감이 되는 것이다. "거품을 물고", "눈알을 굴리며" 광분하는 오혜숙은 만약 이러한 사건이 현실에서 일어난다면 관객의 입장은 무엇인가를 묻고 있기 때문이다.

제4의 벽의 해체는 난이와 한지의 근친상간에 대한 혐오를 드러내는 동안 짧게 이루어진다. 오혜숙은 곧 등장인물로서의 위치로 복귀한다. 그러나 4막 1장이 마무리되면서 이루어지는 이와 같은 해체는 2장으로 넘어가는 암전을 동반하며 긴 반향을 남기게 된다. 오혜숙이 관객과 길게 이야기하면서 의사소통의 채널을 지속적으로 유지하지 않기 때문에 근친상간의 문제에 대한 평가는 관객에게 남겨지게 된다. 오혜숙은 관객 자신의 반성적 사고를 촉구하는 질문자의 역할을 하는 것이다.

이처럼 〈일부변경선근처〉는 연극의 허구성을 인정하면서 극중의 내용과 자신의 삶에 선명한 경계를 설정하는 관객의 태도를 교란한다. 이것은 곧 극중 세계와 현실 세계가 서로 다른 별개의 것이 아니라는 것을 일깨우려는 소통 전략이라 할 수 있다. 제4의 벽이 해체될 때, 관객은 지금 하나의 연극을 보고 있는 상황이라는 것을 다시금 깨닫는다. 그런 점에서 여기에는 연극의 허구성 자체를 재인식시키는 메타극적 전략이 내재해 있다고 할 수 있다. 그럼으로써 관객은 현실다운 연극을 보는 것이 아니라 연극처럼 일그러진 현실을 보도록 요청받게 되는 것이다. 즉 사실적 재현과는 반대 방향의 인식 과정이 기획되어 있는 것이다. 이를 통해 이 작품은, 모든 주요 인물들이 죽음에 이르는 것이 과장스럽게 보일지 몰라도 그것이 시대의 실상이라는 것을 역설한다. 그것은 물신적 욕망과 자폐적인 감정으로 병든 인물들로 구성되어 있는 세계이다.

이상에서 살펴본 것처럼 〈일부변경선근처〉는 보순석인 사실이 공존하는 그로테스크한 인물들을 보여준다. 또한 현실의 사건을 반대로 묘사하며 오히려 현실을 반영한다. 그리고 이러한 연극속 세계가 현실과 결코 다르지 않다는 점을 인식시키기 위해 제4의 벽을 해체하는 도발적인 기법을 구한다. 이처럼 표면적 사실성을 반대로 비추어내는 것은 전후희곡에서 출현한 새로운 의미 생성의 방식이라 할 수 있다.

이번 장에서는 전후희곡에 나타난 새로운 양상을 살펴보았다. 전후희곡의 가장 큰 특징은 연극의 수행성을 형태화하는 양상을 띠었다는 점이다. 전후 일련의 희곡에서는 무대장치, 조명, 음향 등의 공연 요소를 시공간의 사실적 재현을 위해서가 아니라 구성상의 특징을 드러내기 위한 것으로 사용했다. 이들은 현실적 대상을 지시하는 기호가 아니라 공연의 약호로서의 역할을 수행하기 시작한 것이다. 이를 통해 서사구조, 언술행위, 소통구조를 극 내부에 두는 것이 아니라 극 외부로 노출시킴으로써 관객이 연극의 형식을 재인식하도록 유도했다. 그것은 이전의 연극이 보여주었던 일방적 소통 관계를 허물고, 무대 위의 기호를 관객 스스로가 종합하고 해석할 수 있도록 유도하기 위한 것이었다. 그것이 궁극적으로 지향한 것은 관객이 연극적 사유의 주체가 되는 것이었다고 할 수 있다.

제4장

공연 : 텍스트–상연의 개방적 관계와
관객의 능동적 독해

1. 연기 : 배우와 관객의 역할 제고

(1) 공연 기호로서 배우의 위상 제고

전후의 한국 연극에는 공연의 기호가 기존의 재현 문법과는 다른 성격을 띠기 시작했다. 이전의 공연 문법이 텍스트가 상정하고 있는 '재현 대상'을 사실적 형상화라는 표현 문법 안에서 무대상에 구현하는 것에 초점을 맞추고 있었다면, 전후 일련의 공연들은 텍스트가 내포하고 있는 관객과의 '소통 전략'에 초점을 맞추게 되었다.

주목되는 것은 그 과정에서 무대 위의 제반 표현 요소들의 수행적 효과에 주목하게 되었고, 또한 텍스트에 대한 상연의 독자성에 대한 인식이 이루어지기 시작했다는 점이다. 공연은 희곡의 충실한 무대화라는 구도에서 벗어나, 관객을 대면하는 독립된 소통 체계로서의 성격을 추구하게 되었다. 하지만 그것이 전면적인 텍스트의 거부나 의도적인 양식의 변환

내지 혼종적인 실험으로까지 나아간 것은 아니다. 그것은 다소 미온적으로, 상연의 자체 논리 안에서 텍스트의 세부 사항들을 재배치하거나, 텍스트가 지시하고 있지 않은 기법과 매체를 도입하는 것으로 실현되었다.[1] 그러나 그것은 텍스트, 상연, 관객 간에 재현주의적이며 단계적인 구도에서의 이탈이 이루어졌다는 점에서 중요한 변화라 할 수 있다. 그 구체적인 내용을 연기, 무대미술, 그리고 연출의 영역을 통해 살펴보고자 한다.

　텍스트를 기반으로 하는 공연의 경우, 연기란 일차적으로 텍스트 속 인물의 무대적 재현이다. 전후연극 이전의 공연물에서 그것은 또한 텍스트의 재현대상으로 '실제' 인물을 상정하고 그것을 구현하려 했다. 그런데 여기에 프롬프터가 상존함으로써, 재현 대상으로서의 인물과 배우의 연기 사이에는, 텍스트가 암묵적으로 개입되어 있었다. 그것은 대사를 잊는 배우의 실수를 미연에 방지하여 공연의 완성도를 높이기 위한 것이었지

1　텍스트와 상연에 대한 위베르스펠트의 설명을 빌리면, 텍스트와 상연의 교차점 감소라 할 수 있을 것이다. 텍스트적 기호들의 집합을 T, 상연된 기호들의 집합을 P라 한다면, 이 두 집합은 매 상연마다 달라질 수 있는 지극히 유동적인 관계이다. 그러나 사실적 재현의 전통에서 P는 T와 일의적으로 포개지는 것으로 다루어지거나 적어도 P의 실천은 T와의 교차점의 증대를 지향하는 것으로 여겨졌다. 전후연극에서는 이 양자 사이에 분명한 차이가 있으며, 공연 실행에서 교차점의 감소를 지향하는 움직임이 나타났다고 할 수 있다. 물론 그것은 T를 P의 지극히 보잘것없는 요소라고 보는 아방가르드적 입장과는 다른 것이라 할 수 있다(Anne Ubersfeld, 『연극기호학』, 신현숙 역, 문학과지성사, 1997, 19~21쪽 참조). 위베르스펠트의 기본 도식을 응용하여 이를 다음과 같이 표현할 수 있을 것이다.

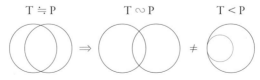

만, 공연의 수행 주체로서 역할을 배우와 텍스트에 분할한 것이었다고 할 수 있다. 공연 중에 텍스트를 제공하는 프롬프터가 있음으로 해서 배우의 실수, 혹은 성실성 여부와 상관없이 공연은 중단 없이 진행될 수 있었다. 이러한 프롬프터의 영향력에 대해 오현경은 다음과 같이 회고한다.

> 프롬프터를 두어 공연을 전개한다는 것은 그 자체가 옳다 그르다는 아닐 거에요. 그리고 프롬프터가 주는 대사를 듣는 것도 어느 정도 대사를 외웠어야 들을 수 있는 거지, 전혀 모르면 들을 수도 없어요. 그런데 생각해 봐요. 연극이 진행되잖아요. 그럼 배우는 경우에 따라 슬픈 표정이 될 수도 있어요. 그런데 그때 대사를 모르면, 어떡해요? 프롬프터 소리가 들리는 쪽으로 간다구요. 그럼 얼굴을 어떡해? 슬픈 표정 그대로 슬금슬금 간다구, 달려가서 듣구 와서 다시 슬픈 표정을 지을 수는 없으니까.[2]

이러한 경우, 극단적으로 말해서 공연을 성립시키는 실질적인 주체는 프롬프터라 할 수 있다. 차범석 역시 1962년에 이루어진 국립극단의 〈침종〉(1962.11.22~27) 공연에 대해 프롬프터의 폐해를 지적한다.

> 아무리 급한 시일이라 할지라도 초일에 프롬프터가 숨어있는 배우처럼 열연하는 악습은 국립극단의 위신을 위해서는 추방할 수 없을까? 이 작은 개혁이 우리 연극에는 필요하다.[3]

---

2   오현경 구술, 김정수, 「한국 연극 연기에 있어서 화술표현의 변천양태 연구」, 동국대학교 박사학위 논문, 2007, 133쪽에서 재인용.
3   차범석, 「시 없는 시극―국립극단의 '침종'을 보고」, 『한국일보』, 1962.11.24.

1950년대 후반에는 연극 공연의 완성도 제고를 위해서 프롬프터의 철폐에 대한 요구가 지속적으로 이루어졌다. 그 결과 1950년대 후반에서 1960년대 전반에 걸쳐 프롬프터는 사라졌다.

> 우선 우리는 연극이 객석과 융합될 수 없었던 제요소를 제거해야 한다. 첫째로 팔월극장 동인들은 종래 직업·비직업인들의 타성이었던 '푸롬프터'를 없앴다는 점에서 찬사를 받을 만하다. 그만큼 그들은 대사를 익히는 데 많은 시일을 소비한 것이라고 하겠다. 그러한 성의 야말로 연극인들의 귀감이 되어야겠다.[4]

위의 비평은 소극장 운동단체인 팔월극장의 〈엄마의 모습〉(1959)에서 최초로 프롬프터 없는 공연이 이루어졌음을 전하고 있다. 이후 드라마센터에서는 〈밤으로의 긴 여로〉(1962.6.20. 개막)에서,[5] 국립극장에서는 〈산불〉(1962.12.25~30)에서 처음으로 프롬프터 없는 공연이 이루어졌다.[6]

프롬프터의 유무는 배역과 배우 사이의 관계에 질적인 변화를 가져온다. 공연을 위한 배우의 준비에서 대사의 암기는 중요한 '체화'의 과정이라 할 수 있다. 이 체화가 단순히 정확한 대사 구사에 국한되는 것이 아님은 물론이다. 스타니슬랍스키(Stanislavski, 1863~1938)의 기준에 따라 배우의 연기 준비 과정을 크게 인식의 단계, 체험의 단계, 구현의 단계로 나

---

4 「올바른 연극의 자세—팔월극장 창립공연을 보고」, 『동아일보』, 1959.11.18.

5 김정수, 앞의 논문, 135쪽.

6 "국립극장 공연 때마다 유령처럼 따라다니던 프롬프터를 완전히 추방했다는 사실이 반가웠으며 또한 착실한 연습도 느낄 수 있어 좋았다." 이근삼, 「이 해의 가장 큰 수확—국립극단의 산불 공연」, 『한국일보』, 1962.12.29.

눌 수 있다면, 프롬프터가 있는 경우, 중간 단계인 체험의 단계가 간략화 된 것으로서 그 구현, 곧 공연 상황에서 관습적인 방식을 따르게 되는 것은 당연한 일이라 할 수 있다. 이 경우 관습적으로 통용되는 테크닉을 뛰어나게 구사하는 것이 좋은 연기로서 찬탄을 불러일으키기도 한다. 하지만 등장인물의 유형에 따라 역시 유형적인 연기가 적용될 가능성이 높다.

반면 체험의 단계를 거친다는 것은 등장인물에 대한 관습적 표현이 아니라, 인물 해석과 배우의 개성이 서로 만나 조율되며 그 결과가 배우의 신체 안에 새겨진다는 것을 의미한다. 그런 점에서 무대 위 배우는 배역을 연주하는 연주자이지만, 인물의 심리 및 신체와 연주 도구인 배우의 그것이 마치 분리 불가능한 것처럼 보이는 상태를 지향한다. 다시 말해 재현의 대상과 재현의 매체 사이의 간극을 최소화한다. 요컨대 프롬프터가 있는 경우, 배우의 연기가 인물에 대한 다분히 관습화된 방식의 '재현의 기량'을 드러내게 된다면, 반대의 경우에는 연기가 대상 및 텍스트에 대한 재현이라는 것을 숨기는 입장을 취하는 것이다. 이제 배우는 어떠한 외부의 도움 없이 공연을 성립시키고 진행하는 주체로서 이전보다 더 큰 역할을 하게 되었다. 이것을 텍스트와 상연 사이의 관계에서 보면, 상연은 텍스트와의 관련 속에서 성립되는 것이 아니라 독자적인 완결성을 획득할 때에 비로소 성립하는 것으로 인식과 실천의 전환이 일어난 것이라 할 수 있다.

분장 역시 마찬가지의 구도 안에서 이해할 수 있다. 신협의 〈햄릿〉(1951)에서는 이국성을 부여하기 위해서 전체적으로 강한 분장을 했다. 특히 머리의 경우 검은색을 감추는 것에 주안점을 두었다(그림 10참조). 1950년대 중반에 공연된 〈욕망이라는 이름의 전차〉(1955)에서도 사정은 마찬가지이다. 그러나 1960년 세사극회의 〈성난 얼굴로 돌아보라〉(1960)의 경우

그림 17 〈욕망이라는 이름의
전차〉, 테네시 윌리엄스 작,
스탠리(김동원)와 스텔라(황정순).

그림 18 〈성난 얼굴로
돌아보라〉, 존 오스본 작,
지미(김길호).

배우는 머리에 강한 분장을 하지 않고 극중 인물 지미로 서며, 서양인이
라는 인물의 특성은 부러 표현되지 않는다.

　분장을 통해 이국성을 강조할 경우, 동양인이라는 배우의 특성은 최대
한 감추어야 하는 것이며, 인물은 배우 이전에 이미 존재하는 원본으로서
그 구현에는 배우의 신체적 변용이라는 과정이 개입되어야 하는 것으로
여겨진다. 반면, 배우의 신체적 특징을 노출할 경우 등장인물은 배우의
신체적 특징과 상관없이 존재하는 것이 아니라 그 안에 밀착될 때 드러날
수 있는 것으로 취급되는 것이다. 이제 배우의 신체는 재현 대상을 위해
소거되어야 하는 것이 아니라 분명한 공연의 요소로서 인정받게 되었다
고 할 수 있다.

　드라마센터의 〈밤으로의 긴 여로〉(1962)에 대한 장민호의 회고는 프롬
프터의 추방과 분장의 유연화가 배우의 위상 제고라는 입장에서 함께 나

타난 현상이었음을 알려준다.

> 〈밤으로의 긴 여로〉의 연습기간은 거의 한 달이라고 봐야지요. 프롬프터는 없었어요. 그전에 〈햄릿〉 공연도 프롬프터가 스탠바이는 되어 있었지만, 프롬프터에 의존하는 배우들은 한 사람도 없었어요. 그 **때가 되면 최소한 배우는 대사를 못 외우면 무대에 설 자격이 없다고 그렇게 생각했어요. 그리고 분장도 머리에 칠한 기억이 없어요.**[7]

이처럼 1950년대 후반에 이루어진 프롬프터의 추방과 분장의 유연화 등 공연 제작 상의 관례 변화는, 상연 시 텍스트의 개입을 배제했다는 점, 텍스트가 상정한 재현 대상의 원본성에 충실한 묘사만을 공연 형상화의 유일한 미학적 준거로 여기던 것에서 탈피했다는 점에서 텍스트의 위상이 달라졌음을 시사한다. 배우 자신의 능력과 신체적 자질을 공연을 성립시키는 독자적 요소로서 인정하게 되었다는 것은 공연 기호의 자체적 완결성과 독자적 미학을 추구하는 태도가 등장했음을 뜻한다는 점에서 한국 연극에 일어난 중요한 변화라 할 수 있다.

(2) 독해 대상으로서의 연기 추구

1) 감정의 절제

무대 위의 배우가 수행의 주체로서 그 중요성을 높여가듯 객석의 관객에게도 이전보다 능동적인 역할이 부여되기 시작했다. 전후연극에서는

---

7   장민호의 회고, 김정수, 앞의 논문, 135쪽에서 재인용.

감정과 행동에 절제가 이루어져야 한다는 것이 지속적으로 요청되었다. 그것은 직접적으로 낡은 연기를 청산하는 방법으로 여겨졌지만, 궁극적으로는 무대-객석 간의 소통 방식의 변화를 위한 것이었다고 할 수 있다. 관객을 감정적 설득의 대상으로 삼는 것이 아니라, 반대로 관객에게 무대 위의 사건을 스스로 발견하고 평가하는 역할을 부여하는 것이었기 때문이다. 스타니슬랍스키는 배우가 관객에게 집중할 때 오히려 관객이 수동적이 되는 역설적인 상황을 지적하면서 배우-관객 사이에 형성될 수 있는 생산적인 관계를 다음과 같이 설명한다.

> 배우가 관객을 즐겁게 하려하면 할수록 관객은 그렇게 즐거워지기를 기다리며 편하게 객석에 기대어 앉을 것이지만, 배우가 그의 관객에게 집중하는 것을 중단하면 오히려 관객은 배우를 보게 될 것이다. …(중략)… 배우의 목적은 관객에게 감정으로 강렬한 인상을 남기는 것이 아니다. 그보다는 조용한 관객을 얻는 것이 훨씬 가치가 있다. 그것이야말로 긴 감명을 남긴다.
>
> 창조성의 새로운 방법은 새로운 극작과 함께 새로운 종류의 관객을 생산한다. 이때의 관객은 단지 연극을 어떻게 보고 어떻게 즐길 것인가를 알 뿐만 아니라 그들이 보는 것을 어떻게 듣고 느끼고 반응해야 하는가를 또한 알고 있다.
>
> 이러한 새로운 관객은 외적인 플롯과 행동으로 단지 외적인 효과만을 노리는 극작이나 연기를 기대하지 않는다. 그들은 깊이 있는 감정과 위대한 사상을 보려 한다.
>
> 이런 점에서 관객은 연극 공연에서 창조적인 참여자이다.[8]

---

8 Constantin Stanislavski, *An Actor's Handbook*, Elizabeth R. Hapgood ed., Theatre Art Books, 2002, pp.27~28.

1950년대 후반에 기존의 감정 발산의 연기가 감각적으로 낡은 것으로 여겨진 이유는 관객을 수동적 입장에 놓으며 연극을 특별히 주목할 만한 것으로 바라볼 수 있는 가능성을 제공하지 못했기 때문이라고 할 수 있다.

김경옥은 감정의 강조를 통한 소통 전략에 반대하는데 그 직접적인 표현을 극단 민극(民劇)의 〈돈〉(손기현 작, 이원경 연출, 1955.7.3) 공연에 대한 평가에서 볼 수 있다.

> 일종의 회고취미인지는 모르지만 지난 삼일부터 시공관에서 상연되는 극단 「민극」의 「돈=손기현 작 이원경 각색 연출」은 초기적 리얼리즘으로 돌아간 느낌을 주는 연극이었다. 작품을 비롯해서 연출 연기 모두가 그러한 시대감각 속에 꼭 같이 생리하고 있다는 것이 결코 우연한 일치는 아니라고 생각되기 때문에 이러한 연극이 있어야하는 우리의 문화적 풍토에 다시금 숙연함을 느낄 따름이다. 이 극의 이야기는 「어린 딸의 입학금을 마련하기 위해서 가난한 농부가 살인하게 되는 것」을 중심으로 꾸며졌는데 작자 손씨는 통속화되기 쉬운 테에 마을 정화의 경까지 구출하려고 애쓴 것 같으나 「시튜에이숀」의 설정에 있어서 비극적 풍토성이 박약하고 「모티프」에 생활성이 없기 때문에 너무 쉽게 처리된 「멜로드라마」가 되고 만 것이 유감이다.[9]

김경옥은 민극의 〈돈〉이 작품, 연출, 연기에서 모두 초기적 리얼리즘의 형태를 띤다고 평한다. 인용문을 통해서 파악할 수 있는 〈돈〉의 내용은 "어린 딸의 입학금을 마련하기 위해서 가난한 농부가 살인하게" 되는 것으로, 빈곤의 사회상을 다룬 작품이라 할 수 있다. 이를 김경옥은 등장인물의 비참함에 공감할 수 있는 구체적인 극중 현실의 창조가 결여된 상

---

9   김경옥, 「초기 「리얼리즘」의 무대—민극『돈』의 시대감각」, 경향신문, 1955.7.12.

태에서 살인이라는 사건의 극단성만을 강조한 결과, "너무 쉽게 처리된 「멜로드라마」"가 되었다고 진단한다. 이러한 평가에서 김경옥이 말하는 '초기적 리얼리즘'의 의미를 추측해볼 수 있다. 그것은 사회적 현실을 소재로 취해 현실 재현의 태도를 표명하면서도, 극단적인 사건, 감정의 과잉 때문에 관객을 감정적으로 설득하려는 의도를 노출하게 된 것을 가리킨다. 김경옥은 이를 '회고 취미'나 '낡은 시대 감각'으로 여기면서 청산의 대상임을 분명히 한다.

이처럼 기존 연기의 쇄신을 주장하는 것은 차범석에게서도 발견할 수 있다. 1959년에 차범석은 신인소극장 창립 공연에 대한 감상을 통해서 감정의 발산에 대한 반대를 표명한다.

> 최종일에 본 연극을 통하여 필자는 그 연령에 비해 무대상의 생활이나 표현기술이 침착하여 웬만한 기성 연극인들에게서는 찾아볼 수 없는 청신함을 발견했음은 무엇보다도 반가운 일이었다. …(중략)… 그러나 필자의 본의가 찬양보다 조언에 위주함으로써 상호의 발전을 기하는 데 있는 만큼 몇 가지 욕심을 말하고 싶다.
> 첫째 화술의 문제다. 현대기의 경향이 외상보다 내면에 있고 사건보다 심리에 있다면 연극의 화술도 과장된 억양이나 필사적인 절규는 진작 씻어져 있어야 할 문제인데도 실제는 기성이건 신인이건 별로 다른 바가 없음은 어인 까닭인가? …(중략)… 고조된 감정을 반드시 웅변으로 직결시켜야 한다는 법은 업기 때문이다. 둘째로 무대상의 육체운동이다. 한 개의 「포오즈」는 조각과 같이 일각의 움직임은 무용과 같아야 한다. 그것은 결코 멋진 걸음걸이나 도금한 장식을 말함이 아니라 자연스럽고 정확하고 자신 있는 움직임을 가리키는 말이다. 비틀거리는 것인지 허둥거리는 것인지 분간할 수 없는 보행이나 새끼를 꼬듯이 몸을

비틀고 감정과 불일치하는 「포오즈」는 무의미한 것이다.[10]

차범석은 연극의 '현대적' 경향이 "외상보다는 내면에 있고 사건보다 심리에 있다"고 설명하면서, "기성 연극인들에게서는 찾아볼 수 없는 청신함"을 발전시킬 방안으로 '과장'이나 '절규' 없이 상황에 적합한 행동을 통해 절제된 표현을 할 것을 제안한다. '화술(diction)'과 '행동(action)'에 대한 이러한 인식은 스타니슬랍스키의 연기론에 비추어볼 때, 상당히 정확한 진단이라 할 수 있다. 스타니슬랍스키는 인물의 감정을 과장하고 이를 신체적으로 표현하기 위해 과도한 동작을 사용하는 연기를 기계적인 '고무도장(rubber stamps)' 연기라 칭하면서, 이러한 연극적인 화술(theatrical speech)과 꾸민 동작들(plastic movement)들은 모두 연극적 효과를 강조하기 위한 상투적인 수법(cliché)에 지나지 않는다고 설명한다.[11]

김경옥과 차범석이 참여했던 제작극회는 실제 공연에서 감정의 절제를 지속적으로 실천해나간 것으로 보인다. 제3회 공연이었던 〈공상도시〉에 대한 평가 중에는 "발산」보다 저류의 오뇌(懊惱)를 의식적으로 강조하다가 정체된 공간이 좀 답답은 하지만 연출(오사량)의 호흡에도 공감할 수가 있다"[12]는 내용이 있어서 연출, 연기에서 감정의 과잉에 빠지지 않으려 유의했음을 짐작해볼 수 있다.[13] 제6회 공연 〈묵살된 사람들〉(오상원 작,

10   차범석, 「기대되는 집단 〈신인소극장〉 창립공연」, 『조선일보』, 1959.8.5.

11   Constantin Stanislavski, *An Actor Prepares*, Elizabeth R. Hapgood trans., Theatre Art Books: New York, 1959, pp. 23~25.

12   「전진적 자세의 '제작극회' 제3회 발표회 〈공상도시〉」, 『한국일보』, 1958.4.2.

13   스타니슬랍스키의 『배우수업』의 한국어 최초 번역자가 오사량인 점은 그가 사실주의 연기에 깊은 관심이 있었음을 반증한다(스타니슬라프스키, 『배우수업』, 오사량 역, 성문각, 1970에 붙은 유치진, 이해랑의 추천의 글 참조). 하지만 오사량

최창봉 연출, 원각사, 1959.5.25~28)의 연기에 대한 다음의 평가는 제작
극회가 보여준 연기의 성격을 가늠하는 데에 도움이 된다.

〈신인과 새 연기〉
관객과의 호흡은 물론 대사의 전달도 어려운 대극장 조건이 빚어
낸 결과는 「인토네이션」의 극복성이었다. 대부분의 기성연기인들은
이상한 「인토네이션」을 가지고 천편일률적인 대사를 해왔고 신인들
은 그들을 모방하여 얼마만큼 대가의 것을 잘 흉내 내느냐 하는 데 연
기력량의 가치척도가 있을 정도로 되어 버렸다. 이 문제는 이즈음 우
리 연극의 병이다. …(중략)… **「제작극회」는 비교적 자연스러운 「인토
네이션」을 사용하고자 노력한 점이 눈에 안 띄우지도 않지만, 일부 연
기자들의 박력 잃은 대사에는 차라리 전자에 못지않게 불쾌감을 주었
다.**[14]

비록 연기상의 미숙함으로 말미암아 "박력 잃은 대사"라는 느낌을 주었
지만, 위의 인용문에서 보이듯 기존의 과장된 연기 스타일과는 다른 "새
연기"를 추구했음은 분명히 감지되었다. 제9회 공연이었던, 존 오스본
(John James Osborne, 1929~1994) 작 〈성난 얼굴로 돌아다보라(Look back
in anger)〉(최창봉 연출, 원각사, 1960.7.7~10)에 대한 평가에서도 "최창
봉씨의 연출은 섬세하고 침착하며 인물도 잘 움직인 훌륭한 솜씨였다. 단

의 번역은 일역판의 중역이며 번역상의 오류와 스타니슬랍스키 시스템에 대한
제한된 이해를 포함하고 있다. 스타니슬랍스키에 대한 체계적인 이해와 수용은
그 이후의 과제로 대두된다. 오사량 번역의 특성에 대해서는 홍재범, 「한국어판
『배우수업』과 주어진 상황 그리고 자감」, 『스타니슬랍스키 시스템과 한국 극예술
의 접점』, 연극과인간, 2006 참조.
14 김기팔, 「소극장 운동의 문제점(속)」, 『한국일보』, 1959.5.30.

지 좀 더 극적 감정을 앙양했었으면 하는 욕심이 있었다"[15]는 내용을 찾아볼 수 있다. 전체적으로 섬세함에 만족하면서, 감정의 "발산"과 "앙양"이 이루어지지 않았음을 아쉬워하는 내용들이다. 이처럼 당시 신인이었던 제작극회의 연기는 미숙한 것이었지만 감정의 강조를 최대한 피하고 자연스러움을 추구한다는 분명한 지향점을 가진 것이었다.

제작극회의 창립 취지에 대해 차범석은 "제작극회가 하나의 타겟으로 겨냥한 대상은 바로 극단 '신협'이었다"고 회고한다. "과장된 표현법이나 상업주의적 레퍼토리 선정이 모두 우리에겐 불만"이었으며 "좀 더 내면적이고도 현대적 감각에 맞는 연극을 하자는 게 우리 젊은이들의 주장이었다"[16]는 것이다. 제작극회는 창립 선언문을 통해 "참된 현대극 양식의 수립"[17]을 과제로 제시했고, 국립극장과 신협으로 대표되는 당시의 기성 연극에 대해 "현대인의 미의식 감각에 감응되지 않는 퇴영적 무대에 현대인은 친근함을 느낄 수 없다"[18]고 진단했다. 이는 기성 연극이 달라진 리얼리티 감각을 포착하지 못한다는 점을 지적하며 강한 단절 의식을 드러낸 것이라 할 수 있다.

그러나 제작극회 혹은 차범석의 구분과는 달리, 신협에서도 감정의 절제는 지속적으로 시도되었다. 이해랑은 1955년 미국 연극 시찰 중 액터스 스튜디오를 방문하고 돌아와 〈욕망이라는 이름의 전차〉(1956)를 준비하면서 인위적으로 크게 말하는 것을 경계하고 작은 소리로 자연스럽게

---

15 「분노하는 인간상 〈성난 얼굴로 돌아보라〉 제작극회 공연」, 『경향신문』, 1960.7.9.

16 차범석, 「제작극회와 나」, 『예술가의 삶 6』, 혜화당, 1993, 177쪽.

17 차범석, 「한국 소극장 연극사—대학극회와 제작극회」, 『예술세계』 1989 가을호, 한국예술문화단체총연합회, 1989, 125쪽.

18 「제작극회 창립 선언」, 차범석, 위의 글, 같은 쪽.

구사하는 화술을 지향하기 시작했다.[19] 그의 이러한 선택은 스타니슬랍스키 시스템에 대한 깊이 있는 이해를 결여한 것이었지만, 감정과 행동에서 절제를 추구하는 동시대 요청에 대한 대응이었다고 할 수 있다. 그와 함께 신협의 단원이었던 김동원 역시 〈세일즈맨의 죽음〉(1957)에서 이와 유사한 변신을 시도하는데, 그것이 실제로 관객의 집중을 창조해내었다는 점에서 주목된다.

> 나는 이 작품에서 주인공 '윌리 로만' 역할을 맡았는데, 여기서 나의 연기 스타일을 한 번 바꿔 보려고 나름대로 노력을 하였다. 그때까지는 객석이 많은 대극장에서 연극을 하다 보니 목소리나 몸동작이 상당히 큰 편이었는데, 이것이 내 연기 스타일처럼 굳어져버려 너무 연극적이고 그래서 조금 부자연스럽다는 평을 듣고 있던 때였다.
>
> 그러나 '월부 장사'로 상징되는 세일즈맨이 지닌 현대 산업 사회의 비극성을 제대로 표현하려면 고도의 심리적인 내면 연기가 필요했다. 그래서 일부러 대사의 톤을 한 단계 낮추었고 새로운 연기 스타일을 보여주기 위해 많은 고심을 했다. 나의 이런 의도를 관객들이 처음엔 잘 간파하지 못했는지, 개막 공연에서 "목소리가 안 들린다, 좀 크게 해라!"는 불만들이 여기저기서 터져 나왔다. 그런 관객들의 볼멘소리를 듣고 "당신들이 조용히 하면 다 들릴 텐데…"라는 말이 혀끝에 맴돌았지만 속으로 참고 '이 참에, 객석에서 시끄럽게 구는 관객들의 버릇을 고쳐놔야 한다'는 생각을 하게 되었다.
>
> 무엇보다 현대적인 연기는 단지 대사로써만 전달하는 것이 아니라는 것을 보여주고 싶었다. 그래서 모른 척하고 대사의 톤을 바꾸지 않았더니, 기대했던 대로 관객들 스스로가 내 목소리를 듣기 위해 조용한 분위기를 만들어 귀를 기울이는 모습이 공연 횟수를 거듭할 때마

---

19 정상순, 「스타니슬라브스키 시스템의 한국 유입 양태에 관한 연구」, 동국대학교 석사학위 논문, 1997, 58쪽.

다 역력해졌다.[20]

　김동원의 회고는 시끄럽던 관극 관행을 고치기 위한 배우의 노력을 보여준다. 그러나 그 바탕에는 과장스럽거나 설명적이지 않은 연기에 대한 시대적 요구가 있었다. 김동원의 성공은 무대−객석에서 이전과는 다른 관계가 이루어졌음을 시사한다. 이를 전쟁기에 공연된 〈햄릿〉에서 팡파르를 울려 집중을 창조했던 방식과 비교해보면, 둘 사이에 극명한 대조를 확인할 수 있다. 〈햄릿〉의 경우 무대의 압도감이 시끄럽고 혼란스런 객석의 분위기를 잠재웠다면, 〈세일즈맨의 죽음〉에서는 관객의 자발성을 유도함으로써 집중의 상황이 창조된 것이다.[21]

　이러한 집중력하에서 연기는 직접 설명하는 것이 아니라 암시하는 것으로도 그 소기의 효과를 거두게 된다. 가령 마지막 장면의 연기에 대한 김동원의 묘사는 관객의 능동적인 해석 활동을 재확인해준다.

　　거칠고 버겨운 삶의 무게를 이기지 못하고 결국 죽음의 계곡으로 걸어 들어가는 마지막 장면 연기에 내가 특히 신경을 썼는데, 속으로는 울면서 겉으로는 웃어야 하는 이 장면을 어떤 연기로 보여줄까 고

민 끝에 색다른 방식을 구사해 보기로 했다.

　　한 마디 대사도 없이 마치 무용을 하듯 리드미컬하게 움직이며 눈에는 눈물이 가득하지만 입가에 웃음을 띠면서 퇴장한 것이다. 나는 관객들이 일제히 숨을 죽이고 "참 안됐구나, 안됐어" 하며 모두가 혀를 차면서 내 연기에 몰입하고 있음을 내 등 뒤로 느꼈다. 나의 연기 의도가 관객들에게 잘 먹혀 들어간 것이다. 이렇듯 내가 신경 쓰고 고

20　김동원, 『미수의 커튼콜』, 태학사, 2003, 228쪽.
21　김동원, 위의 책, 같은 쪽.

민한 결과가 관객들의 좋은 반응으로 돌아오니 배우로서 뿌듯한 자부심을 느꼈다.

　김동원이 시도한 새로운 연기란 감정의 발산을 통해 관객을 일방적인 수신자로 삼는 것이 아니라, 등장인물의 심적 상황에 대한 관객의 적극적인 읽기를 유도하는 것이었다고 할 수 있다.

　이와 같은 연기의 변화 추구는 사실적 재현의 전통하에서 이전보다 한결 자연스러운 연기를 추구한 결과로 이해될 수도 있다. 당시에 이해랑이 스타니슬랍스키의 연기 방법론에 관심을 가진 것이나 차범석의 극작과 제작극회의 공연이 사실주의 양식을 추구했다는 점은 이러한 이해에 힘을 싣는다. 그러나 한국의 연기 전통이 텍스트의 양식에 상관없이 관객에 대한 감정적 설득을 지향해왔다는 점과, 20세기 초 서구에서 메이예르홀트나 브레히트에 의해 반사실적 연기 양식이 수립되었던 것과는 달리 당시 한국 연극에서 다양한 연기 사조들이 모색되지 못했다는 점을 감안할 필요가 있다. 이렇게 볼 때, 감정적인 설득을 통해 무대의 해석을 객석에 일방적으로 전달하는 방식에서 탈피하여 관객의 능동적 해석 활동을 지향했다는 점에서, 전후연극에서 이루어진 감정의 절제는 사실주의 연기 양식의 수립이라기보다는 연기 일반에 대한 인식의 변화가 추구된 것이었다고 할 수 있을 것이다.[22]

22　김동원은 〈세일즈맨의 죽음〉 공연을 회고하는 다른 자리에서 이 작품에서 이루어진 연기가 혁신적인 것이었다고 자평한다. "목소리 톤도 높고 과장된 몸짓으로 연기하는 것을 좋게 생각하던 당시 무대에서, 목소리 톤도 낮고 내면적인 표정연기를 한다는 것은 우리 나라 연기사에서 일대 전환이었다."(김동원, 「나도 세일즈맨이다」, 『시민연극』 제7집, 서울시극단, 2000.4, 50쪽) 그의 회고는 신협의 성취를

2) 상징적 기호로서의 연기 시도

원방각의 〈생명은 합창처럼〉(오학영 작, 이광래 연출, 장종선 장치, 원각사, 1959.5.22~24)[23]의 공연에서는 상징적 기호로서의 연기에 대한 시도를 발견할 수 있다. 그것은 연기를 관객에 대한 감정적 설득의 방법으로 삼는 것이 아니라 관객을 적극적인 독해의 주체로 상정했다는 점에서 전후에 등장한 새로운 연기 인식이 발현된 한 현상이라 할 수 있다.

오학영이 「현대문학」에 등단할 때 추천인이었던 이광래는 다음과 같이 〈생명은 합창처럼〉의 극작술을 상찬한다.

말씨의 구사법에 있어서도 극히 간결하고 순수하면서도 자연스럽

게 제 할 말을 다하였을 뿐 아니라 단 두 사람(가끔 「삼만」이가 째기질을 하였지만) 「상화」와 「아란」의 대화로 얽은 전편에 **희곡적인 구성**

자찬하는 성격이 짙지만, 새로운 연기가 시도되었고, 또한 그것이 관객에게 받아들여졌다는 점은 충분히 인정할 수 있을 것이다.

23 오학영의 3부작 중에서 1950년대에 공연된 작품은 〈생명은 합창처럼〉이 유일하다. 이진순이 작성한 공연 연표에 따르면 〈꽃과 십자가〉는 1960년 중앙예술극회(1960.10.16~17)에 의해, 1961년 팔월극장에 의해, 1962년에 중앙대 연극영화과에서 공연되었다(이진순, 「한국연극사 제3기(1945~1970)」, 이진순, 김의경·유인경 편, 『지촌 이진순 선집 1』, 연극과인간, 2010, 75~81쪽). 하지만 이에 대한 비평이나 공연 자료는 보이지 않는다. 오학영은 자신의 희곡집 『꽃과 십자가』의 작가 후기에서 이 작품을 가장 많이 상연의 기회를 얻은 작품으로 소개하면서 그것이 이 작품의 제목을 희곡집의 이름으로 삼은 이유라고 설명한다(오학영, 「후기」, 『꽃과 십자가』, 현대문학사, 1976, 345쪽). 그의 3부작 중에서 언술 행위의 다층성이 가장 강조되었으며 그 결과 사실적인 묘사와는 가장 거리가 먼 〈꽃과 십자가〉가 되풀이 상연되었다는 것은, 이후 공연주체들이 매력을 느끼는 연극성의 성격이 점차 변모해갔음을 시사한다.

의 명확한 악센트와 더불어 적당한 템포와 리듬으로 클라이막스를 설정하여 연출상에 중요한 단편적 구도에 회화미도 조각미도 아닌 극미를 직관적으로 시각화하였다.

더구나 사이사이 소고, 전차소리, 음악 등을 삽입하여 분위기 양성에 효과를 높여서 라스트에 천공문이 열리며 쏟아져 들어오는 햇살에 암호를 해득한 생명들의 실존들을 코오라스와 더불어 시(詩)화한 음악적인 수법은 결코 애숭이 작가라고 얕볼 수 없는 역량을 보여 주었다.[24]

이렇듯 텍스트의 여러 표현요소들의 성취를 긍정적으로 평가하고 있는 이광래가 연출을 맡았고, "현대극의 실험실적 체험"[25]을 표방하며 결성된 원방각[26]의 창립 공연이었던 만큼, 그 성과에 기대를 가져볼 수 있다. 하지만 공연 자료를 찾아볼 수 없는 상황에서 텍스트의 성격과 세부적 지시사항들이 어느 정도 실현되었는지를 알기란 어렵다. 다만 공연에 대한 비평을 통해 배우들의 화술과 신체적 행동에서 기존의 문법에서 벗어나려는 시도가 있었음을 추정해볼 수 있다.

위의 인용에서 이광래는 대사의 구사가 간결하면서도 자연스럽다고 했지만, 상화와 아란의 대화는 마치 부조리극의 그것처럼 서로 어긋나며 자신의 입장을 되풀이 선언하는 양상을 띤다. 또한 사랑과 생명에서 생의 근거를 깨닫는 마지막 장면에서 상화의 독백은 영탄조로 길고 강하게 발

24 이광래, 「희곡천후기」, 『현대문학』, 1958.5, 260~261쪽.

25 「22일 창립공연 소극장 원방각」, 『동아일보』, 1959.5.18.

26 원방각은 주로 서라벌예대 출신들로 조직되었는데, 발족 당시 주요 임원은 다음과 같이 소개되고 있다. 대표 이광래, 문예 김상민, 기획 장한기, 연기 조광일, 섭외 최형남, 총무 안서영. 「소극장 원방각 발족 4월 중순에 창립공연」, 『경향신문』, 1959.3.16.

화된다(3장 3절 참조). 그럼에도 불구하고 이광래가 "극미를 직관적으로 시각화"했다고 평가하는 이유는 주로 상화와 아란의 대화로 이루어져 있는 장면의 구성과 배치가 "적당한 템포와 리듬으로 클라이막스를" 창조하는 데에 기여하고 있다고 보기 때문이다. 즉 대사와 장면의 구성 양상이 희곡에 음악성을 부여하고, 이 음악적 전개는 또한 클라이막스를 효과적으로 구현한다는 것이다. 극작술에 대한 상찬이 이루어진 것은 음악성의 형성 과정과 플롯 전개 과정이 일치한 것이 관객에게 감각적 호소력을 지닐 수 있다고 본 결과인 것이다.[27] 이러한 관점에서 보면, 일상적 회화의 범주에서 벗어나는 이 작품의 대사들은 부자연스러운 것이 아니라, 음악성과 플롯의 성취에서 중요한, 그리고 정당한 수단이 될 수 있다.

하지만 적절한 표현 방법을 획득하지 못한 채 대사 처리, 곧 화술에서 음악성을 인위적으로 강조하려 할 때에는 오히려 역효과를 초래할 수 있다. 어색하고 과장된 연기로 보일 수 있는 것이다. 가령 이 작품의 "클라이맥스"라 할 수 있는, 상화가 실존적 깨달음을 얻게 되는 장면은 다음과 같은 대사로 시작된다.

> 상화　　아! (전신에 땀을 흘린다. 바가지에 남은 물을 들어 마시고 비틀거리며) **말하라. 누가 살해자이고 누가 피살자인가⋯⋯ 저 주검의 체취, 저 냄새는 내게서 풍기는 것이냐, 아니면 아란의 것이냐?** 소포크레스 영감의 말이 옳았어. 지금 여기에 누가 살해자이고 누가 피살자인가? 내가 죽인

27　로널드 헤이먼(Ronald Hayman)은 극적 대사의 리듬이 "관객들에게 쾌락을 줄 수 있으며, 관객들의 기대감 형성에 크게 영향을 미친다"며 관객의 긴장 조성에서 리듬이 가지는 역할을 설명한다. Ronald Hayman, 『희곡을 어떻게 읽을 것인가』, 김만수 역, 현대미학사, 1995, 45쪽.

것이 아니라 내가 피살된 것이 아닐까. (감정에 균열이 생기는지 그 움직임이 불안해진다) 인제 저 주검마저 내 곁을 떠나간다. 그럼 난 한층 더 고독해질 거야, 아니야. 어쩌면 사람은 날 때부터 고독한 존재였을 거야. 아란이 내 곁에 있을 때 그의 숨결도 고독했어. **허지만 그 고독하던 생명이 물거품처럼 사라져가고 없는 주검 앞에서 아−나는 나의 벌거벗은 생명이 여기 있음을 느끼게 된 까닭은 무엇을 의미하는 것일까.(72)**

이 대사가 관객에게 호소력을 얻기란 쉽지 않아 보인다. 영탄과 선언으로 되어 있는 이 대사에 음악성과 심리적 정당성을 과도하게 부여하려 한다면, 자칫 생경한 강조와 감정의 과장으로 흐를 수 있기 때문이다.

공연을 본 김기팔은 원방각의 연기자들이 기성을 흉내 낼 뿐 진실이 없는 연기를 보여주었다고 지적한다.

> **대부분의 기성연기인들은 이상한 「인토네이션」을 가지고 천편일률적인 대사를 해왔고 신인들은 그들을 모방하여 얼마만큼 대가의 것을 잘 흉내 내느냐 하는 데 연기 역량의 가치척도가 있을 정도로 되어 버렸다. 이 문제는 이즈음 우리 연극의 병이다.**
>
> 원각사는 좌석 3백을 헤아리는 소극장이다. 그만큼 관객과의 거리가 단축되었다. 배우의 호흡소리가 똑똑히 들릴 정도다. 그리하여 예의 「인토네이션」이 아니고도 대사는 충분히 전달될 수 있다. 그런데도 **「원방각」의 연기인들은 거의 대부분이 그 불쾌한 「인토네이션」으로 대사를 전개시키는 것이다. 표정 또한 마찬가지다. …(중략)…「제작극회」는 비교적 자연스러운 「인토네이션」을 사용하고자 노력한 점**이 눈에 안 띄우지도 않지만, 일부 연기자들의 박력 잃은 대사에는 차

라리 전자에 못지않게 불쾌감을 주었다.[28]

    김기팔은 극장 규모에 대한 인식 부족과 기성을 답습하는 연기 방식을 그 원인으로 꼽는다. 그러나 생각해볼 것은 연출자 이광래와 연기자들이 특별한 고민 없이 기존의 연기 방법을 답습했는가, 아니면 텍스트의 성격을 구현할 연기 방식을 모색했으나 특별한 방법을 찾지 못해 결과적으로 기존의 방식으로 회귀하게 되었는가의 문제이다. 또한 김기팔이 제작극회와 원방각을 비교하면서 양자에 대해 공히 불쾌감을 피력한다는 점은 그의 평가를 재고해볼 여지를 제공한다. 그는 제작극회의 "비교적 자연스러운 「인토네이션」"[29]조차 박력 잃은 것으로서 불쾌감을 주었다고 평하고 있는 것이다.

    앞에서 살펴본 것처럼 이 작품이 공연된 1950년대 말에는 신인과 기성 할 것 없이 감정이 절제된 '진실한' 연기에 대한 논의가 활발하게 이루어지고 있었다. 인위적인 강조를 반대하는 것은 이광래도 다르지 않다. 비록 연기에 대한 글은 아니지만, 이광래는 자신의 희곡 〈기류의 음계〉(1957) '작의'에서 자연스럽지 못한 연기에 대해 분명히 반대 의사를 표명한다.

    그리고 『기류의 음계』아래 이율배반적으로 분열하고 갈등하는 현대의식의 생태를 분석하여 의지적 정열적 변화의 경과를 내험(內驗)하는 현대의식의 비장미를 시간적으로 공간적으로 구상화해 보려고 **했다. 그렇다고 난해한 술어를 나열하여 연기자로 하여금 내험 없는**

---

28   김기팔, 「소극장 운동의 문제점(속)」, 『한국일보』, 1959.5.30.

29   김기팔, 위의 글.

추상적 연기를 강요하지는 않겠다. …(중략)… 그러므로 의식 작용을 화술(話術)에만 의존치 않고 의식을 요소를 구체적으로 직관케 하기 위하여 작중 「박환기」의 인물을 삼인으로 등장시켜 각각 〈지〉, 〈정〉, 〈의〉를 분담케 하였다. (중략) 실인물(實人物)로서의 의식의 요소를 분담케 하는 작의를 연출자와 연기자들이 잘 이해해 주기 바란다.[30]

이광래는 "의식 작용을 화술(話術)에만 의존치 않"음으로써, "연기자로 하여금 내험 없는 추상적 연기를 강요하지는 않겠다"고 말한다. 작품이 다루고 있는 자아의 분열이 화술에서의 억양이나 톤의 조절을 통해 '생경하게' 표현되는 것을 최대한 피하고, 이 분신들에게 현실감을 부여하겠다는 것이다.

이처럼, 과장과 인위성에 반대하고 자연스러움을 추구하여 진실성을 획득하려는 입장은 대동소이하다. 그러나 '과장', '인위성', 자연스러움', '진실성'의 의미는 상대적인 것이라서, 이와 같은 주장과 지적들은 구체적인 의미를 가지기 힘들다. '과장되지 않은' 혹은 '자연스러운' 연기 실천은 창작 주체에 따라 대단히 다른 양상으로 표출될 수 있는 것이다. 여기에 영향을 미치는 것은 오히려 공연되는 텍스트의 성격과 그것의 형상화 전략이라 할 수 있다. 그것을 창작 주체들이 어떻게 인식하고, 어떤 방법으로 구현하느냐 따라 수용에서 느끼는 질감은 대단히 달라질 수 있다.

이 점에 있어서 제작극회와 원방각은 다른 노선에 있었다고 할 수 있다. 차범석이 동인으로 참여한 제작극회의 경우 사실주의 작품들을 공연했다. 이와는 달리 원방각은 주제와 형식에서 사실주의와 거리가 먼 〈생명은 합창처럼〉을 창단 공연으로 선택한다. 〈생명은 합창처럼〉에서 김기

---

30 이광래, 〈기류의 음계〉, 『이광래 희곡집 (1) 촌선생』, 현대문학사, 1972, 251쪽.

팔이 발견한 "불쾌한 인토네이션"은, 비록 표면적으로 기성 연기자들의 연기 방식과 유사했더라도, 텍스트의 성격을 무대에 구현하기 위한 공연 주체들의 적극적 선택이었을 가능성이 있는 것이다.

다음과 같은 공연 사진 역시 이러한 추정에 참고가 된다. 공연 사진은 소매치기를 나갔던 삼만이 돌아와 아란이 죽어 누워 있는 것을 발견하고, 상화는 아란을 밀친 자신의 행위가 불러올 결과에 대해 불길한 예감을 가지고 서 있는 장면이다. 이 한 장의 사진으로 연기의 성과를 판단하는 것은 무리이지만 상화 역의 배우는 극중 상황에 대해 사실주의 연기의 진실감(sense of truth)[31]을 지향하지는 않은 것으로 보인다. 그는 약간 얼이 빠진 표정으로 정면을 향하고 있다. 그의 표정은 아란의 죽음에 당황한 감정을 표현하기보다는 실존적 장애에 부딪힌 상화의 상태를 표현하려는 것이라 할 수 있다. 간단히 말해서 우발적으로 살해를 행한 인물의 감정보다는 실존의 문제에 처한 주체의 상징성을 부각시키고 있는 것이다.

김기팔은 연기진들의 "거의 대부분"이 과장된 억양을 사용했다는 것을 공연의 단점으로 꼽는데, 역으로 이것은, 원방각의 연기자들이 같은 연기 방식을 공유했다는 것을 반증한다. 연출을 맡은 이광래는 극작가일 뿐만 아니라 연출가였고 이미 적지 않은 작품을 연출했으므로, 그가

그림 19 〈생명은 합창처럼〉, 오학영 작, 원방각, 1959.5.

---

31 Constantin Stanislavski, *An Actor Prepares*, trans. Elizabeth R. Hapgood, Theatre Art Books: New York, 1959, pp. 120~122.

연기에 대해 모든 배우들에게 인물의 상징성을 강조하기 위한 일관성 있는 주문을 했을 가능성을 생각해볼 수 있다. 하지만 이광래가 중간극 활동을 통해 대중극의 문법에 친숙해져 있었고, 각색과 연출 활동을 통해 당대의 기성 연극의 문법을 실천해왔다고 할 때, 연기에 대한 그의 접근은 기존의 연기 방법을 넘어서지 못했을 가능성이 크다. 연기 경험이 많지 않은 신인 연기자들이 이 작품을 연기하기 위한 새로운 연기 방법론을 제공받지 못한 결과, 의도와는 다르게 이미 존재하는 강한 어조의 연기법, 즉 기성 연극의 소위 '신파조'의 연기에 무의식적으로 기대게 되었다고 볼 수 있을 것이다. 그것이 김기팔에게 기성배우를 "흉내"내는 것으로 보였을 가능성이 있다.

화술의 문제와 함께, 김기팔은 또한 사건 묘사의 비사실성에 대해 신랄하게 비판한다. 그는 아란이 텍스트에 명시되어 있는 것처럼 탁자에 머리를 부딪히지 않고 그냥 주저앉아 죽는 것으로 묘사되었다며, 이를 극적 리얼리티를 구현하지 않은 창작자들의 불성실이자 관객에 대한 '사기'로 여긴다.

「신기」와 「사기」
논리의 제약에서 어느 정도 자유로운 예술은 「새로움」(신기)이라는 편리한 탈을 쓰고 대중을 기만하는 경우가 드물지 않다. 대중의 무지를 탄식하여 역사에 호소한다는 류의 안주처도 얼마든지 있다. 그리하여 사계(斯界)의 전문가까지도 곧잘 속일 수 있는 것이다. 「생명은 합창처럼」의 「클라이막스」는 상화가 아란을 〈살의 없이〉 살해하는 장면이다. …(중략)… 허나 무대화에서는 〈공중잡이로 활랑 자빠〉지지 않고 주저앉듯 쓰러지며, 〈탁자에 두부가 부딪치〉지 않고 〈벽에 쓰러지〉지도 않는다. 희곡에서의 「디렉션」대로는 연출할 수 없기 때문일 것이다. …(중략)… 아니면, 무대상에서의 「리앨리티」는 현실이 아니다, 예를 들어 칼로 살인한다면 실제로 찌를 수는 없는 게 아닌가. 그것은 어디까지나 암시로 그칠 수밖에 없는 것이다, 라고 대답할 수도 있을 것이다. 그러나 다시 생각해 보자. …(중략)… **암시는 진리를 전제로 한다. 칼로 심장을 찌르면 인간은 죽는다라는 진리를 암시 이전에 관객은 납득하고 있는 것이다.**

결국 우리는 연출자의 고충을 충분히 이해하면서도 그 사기성에 불쾌해지지 않을 수 없다. 신파연극이 슬프지도 않은 이야기로 눈물을 강요하는 사기성을 우리는 너무나 잘 알고 있다. 현대의식 운운의 난해란 관념어로 대중을 기만하는 예술작품들도 볼 대로 보았다. 여기서 예술가로서의 우리 연극인은 관객의 자유를 명심해야 될 것이다. 관객을 강제로 극장에 끌어들일 권리가 연극인에겐 없는 것이다.[32]

김기팔의 비평은 그 혹평에도 불구하고 〈생명은 합창처럼〉의 공연이 적어도 '새로운 것'으로 비춰졌음을 알려준다. 그리고 그 새로움에 동의하지 않을 때 가질 수 있는 전형적인 반감 또한 보여준다. 김기팔의 묘사를 따르자면, 아란의 죽음은 치명적인 신체적 상처 없이, 즉 현실적인 인과관계 없이 이루어졌다. 이를 단초로 삼아 이 장면에서 배우들의 연기가 일종의 상징적인 기호의 상태를 지향했음을 추정해볼 수 있다.

텍스트에서, 결혼을 요구하는 아란에 대해 상화는 강한 저항감을 가지고 밀쳐버린다. 의도적으로 살인을 실행한 것은 아니지만 아란을 자신을 억압하는 존재로 여기며 거부한 것도 사실이다. 그러므로 상화에게 아란은 자신이 '죽인' 것이 아니라 자신의 거부에 따라 '죽은' 것이 된다. 이러한 입장에서 그는 '살인자'가 아니라 '홀로 남겨진 자'가 된다. 그렇게 때문에 그는 이렇게 요구할 수 있다. "말하라. 누가 살해자이고 누가 피살자인가."(72) 이렇게 볼 때, 아란이 죽는 장면의 묘사에서는 현실 지평의 인

32　김기팔, 「소극장 운동의 문제점」, 『한국일보』, 1959.5.29.

과관계를 제시하는 것이 아니라, 아란의 죽음에 대한 상화의 입장이 어떻게 형상화될 것인가를 관건으로 삼을 수 있다.

상연에서는 텍스트의 지문과는 다른 형상화가 이루어졌다. 그저 "주저앉듯" 쓰러진 것이다. 공연 사진을 보면 아란은 상화와 언쟁을 하다가 상화가 밀치자 옆의 소파에 주저앉은 것으로 보인다. 한 가지 생각해볼 수 있는 것은 상화의 거부 자체를 아란의 죽음으로 묘사했을 가능성이다. 만약 그렇다면 상화가 밀치는 행위를 사실적으로 거세게 떠미는 것이 아니라 거부의 의미를 신체적으로 형식화하여 상징적으로 처리하고, 이에 따라 아란은 그 형식에 대한 대응으로 스스로 주저앉아 소파의 한쪽에 쓰러짐으로써 자신의 죽음을 또한 형식화했을 가능성이 있는 것이다. 이와 같은 추정에는 무리가 많지만, 김기팔이 전하듯 이 작품이 사실주의 연기를 보이지는 않았다고 할때, 충분히 가정해볼 수 있는 형상화 방식이라 할 수 있다. 물론 이러한 '반사실적' 연기는 섬세하게 조직되지는 못한 것으로 보인다.

〈생명은 합창처럼〉이 어떤 연기를 시도했는지는 미지수이다. 그러나 사실적 재현과는 거리가 먼 텍스트의 성격을 구현하기 위해, 비록 설익은 것이더라도 특별한 수행 방식을 시도했을 가능성은 충분하다. 이러한 시도가 이루어진 것은 물론 텍스트의 성격에 기반한 것이지만, 감정을 도구로 삼는 연기 관행에서 탈피가 이루어졌다는 점에서 전후연극의 한 현상을 보여준다. 물론 이러한 연기는 관객의 적극적 독해를 요구하고 있다. 하지만 그것이 그저 난해해 보였다는 점이 김기팔이 그 의도를 읽는 대신에 "새로움(신기)이라는 편리한 탈을 쓰고 대중을 기만한" 사기라고 평가한 이유라 할 수 있을 것이다.

2. 무대미술 : 사실성의 변형과 생략

(1) 무대미술의 독자성 인식

공연에서 무대미술이란 무대 공간 전면에 걸쳐 실행되며, 시각적 효과를 지속적으로 실현한다는 점에서 공연의 성격을 단적으로 대변한다. 그러므로 무대미술에 대한 인식과 실천에서의 변화는 공연 창조에서 이전과는 달라진 양상을 가늠해볼 수 있는 고찰의 대상이 된다. 그런 점에서 1958년에 『동아일보』에 게재된 백영수의 글은 주목을 요한다. 1950년대 후반 공연 창작의 한 주체로서 무대미술가가 지닌 탈재현주의적 인식 내용을 알아 볼 수 있기 때문이다. 더욱이 자신이 디자인한 국립극단의 공연 〈릴리옴〉(몰나르 작, 이원경 연출, 시공관, 1958.11.1~6)의 무대 스케치를 싣고 있어서, 그 구체적인 실천 내용을 살펴볼 수 있다.

> 발레극 무대장치의 대가인 「따리」와 「미로」, 그리고 「피카소」가 장치한 유명한 무대미술이 새로운 발전을 가져오고 있다. 「따리」의 장치에는 각본을 초월해서 표현되는 내용이, 연출자나 출연자가 이 창의성에 놀라지 않을 수 없는 흥분을 가지게 한다. …(중략)… **지극히 「리얼리즘」적인 각본이라도 그러한 수법(추상적무대장치)의 장치가 호흡을 같이 할 수 있다는 데에 오늘의 무대미술의 발전이 있는 것이다.**
> 현재의 한국연극은 작가나 연출가 특히 배우가 너무 무대장치에 의존하고 있다. 옛날에는 장치(지금의 관념적인 것)가 없었고 연기자가 환경묘사까지 해주었다. 그러던 것이 지금은 장치가 없으며 배우가 무대 위에 서서 어색해하고 의지할 곳이 없어 서운해 한다. 그러나 외국에서는 간략화가 지나서 벌거숭이 무대에서도 연극을 하는 경우도 있다 한다. 우리는 새로운 연극을 모색하는 한 방편으로 재래의 무대

그림 20 〈릴리옴〉, 백영수의 무대 스케치.

장치에서 탈피해야 된다고 본다.

앞서 말한 바와 같이 추상적 무대장치란 자연과 흡사한 리얼리즘에 그리 어긋남이 없고 또 「멋」을 가지고 있다. 연기자들의 「액슌」이 추상적으로 보여지고 또 실제 그렇게 함으로써 극 부분을 잘 살리어 가고 있다.

지난번 국립극장에서 상연된 「가족」이 바로 추상화 된 우리나라 처음 보는 새로운 수법이었다. 추상화된 장치나 연출에 있어서 충분한 감상력이 부족함은 지금까지 우리나라 무대예술에 있어서 너무나 고정된 장치였고 또 쉽게 생각하는 의도에서 생기는 장치나 연출이 대중과의 융합만을 목적으로 단순히 흥행적인 면에 치중한 감이 없지도 않다. 이런 생각이 바뀌어지지 않는 한 무대미술의 창의성을 바랄 수 없다. …(중략)…

이번 국립극장에서 이원경씨의 「릴리옴」이 나로서는, 두 번째 장치이다. 처음부터 연출자가 마음대로 한 번 해보라는 말에 나는 매력을 느꼈지만 역시 특이한 조건 아래 내 의도가 전부 표현되지는 못했다. 그것은 무대 움직임에 있어서 시간과 공간을 잘 정리할 만큼 과학화된 무대가 아닌 한국식 그야말로 마루와 벽만의 무대이기에 어찌할 수 없는 사정이다. (그림은 시야를 좁혀 무대를 정리한 구도)[33]

백영수는 서구 현대 무대미술의 현황을 소개하면서, 그 특징을 "각본을 초월해서 표현되는 내용"에 둔다. 그리고 그것이 텍스트와 어색하게 충돌하는 것이 아니라 오히려 특별한 효과를 거둔다고 부언한다. 그의 논지는 무대미술이 텍스트가 취하고 있는 양식적 성격과는 다른 표현 방식을 취

---

33 백영수, 「양식 추상 상징 — 멋있는 연극무대를」, 『동아일보』, 1958.11.2.

해야 한다는 것에 모아진다. "지극히 「리얼리즘」적인 각본이라도 그러한 수법(추상적 무대장치)의 장치가 호흡을 같이 할 수 있다는 데에 오늘의 무대미술의 발전이 있는 것이다"와 같은 언급에서 이러한 입장은 단적으로 드러난다. 그는 일차적으로 공연의 표현 요소로서 무대미술의 독자성을 언급하고 있는 것이다.

이어서 당시 한국 무대미술의 현황을 이와 비교한다. 그는 한국의 무대미술이 사실적 재현에 치우쳐 있어서 관객에게 손쉬운 관람 방식을 제공하고 있다고 진단한다. 이렇게 볼 때, 백영수가 말하는 새로운 무대미술이란 단순히 텍스트 양식의 위반이나 자체적 독자성의 실현 만을 뜻하지는 않는다. 그것은 관객에게 입체적인 관람 기회를 부여하는 것을 의미한다.

백영수가 제시하는 구체적인 실천 방안은 추상화(抽象化)이다. "추상적 무대장치란 자연과 흡사한 리얼리즘에 그리 어긋남이 없고 또 「멋」을 가지고 있다"고 설명하면서, 그것을 창작에서의 '창의성'과 수용에서의 '안전함'을 동시에 취할 수 있는 방법으로 제안하는 것이다. 추상화가 리얼리즘에 그리 어긋남이 없다는, 일견 모순되어 보이는 설명은, 이때의 추상화란 사실성의 소거를 통한 간략화를 의미하는 것이라 할 때 이해될 수 있다. 백영수는 자신이 디자인한 〈릴리옴〉의 무대 스케치를 소개하고 있는데, 여기서 이 점을 확인할 수 있다.

〈릴리옴〉은 헝가리의 극작가 몰나르(Ferenc Molnar, 1878~1952)의 작품으로, 자살한 주인공이 하루 동안만 세상으로 돌아온다는 환상적인 내용을 담고 있다. 백영수는 세부적인 사실성을 최대한 소거하고 일종의 기둥과 지붕으로 둘러쳐진 가상을 공간을 조성하고 있다. 그러나 벤치, 나무, 풀숲 등의 구체직인 사물을 암시하고 있어서 완전한 추상 공간이 아니라 현실적 공간을 함께 암시하는 절충적인 양상을 보이고 있다. 이것은 아바도 죽었다가 현실 세계로 돌아온 인물인 릴리옴의 입장에서의 세계를 형상화하기 위한 것으로 보인다. 릴리옴에게 이 세상은 현실이자 동시에 가상인 것이다. 이렇게 이 디자인은 텍스트의 내용을 기반으로 했다는 점에서 반텍스트적 입장을 취하는 것은 아니다. 그럼에도 불구하고 무대 전체에 걸쳐 간략화를 실현하고 있는 〈릴리옴〉의 무대는 당시로서는 급진적인 것이었다고 할 수 있다.

백영수의 창작 과정에는 추가적으로 주목할 부분이 있다. 연출가 이원경이 무대미술가 백영수에게 "마음대로 한번 해보라"고 권했다는 사실이다. 다소 무책임하게 들리기도 하겠지만, 무대미술이 희곡이 지정한 시공간의 재현이 아니라 텍스트에 대한 무대미술가 자신의 해석을 시각화하는 '창조' 작업이라는 것을 인식한 발언이라 할 수 있다. 물론 그 근저에는 공연 기호가 희곡 텍스트의 기호와는 다른 독자성을 가진다는 인식이 있다.

사실적 재현에서 탈피한 무대미술에 대한 요청은 1959년 『서울신문』에 발표된 정우택의 글에서도 주안점이다. 그러나 그 실현 방향에서는 다소 차이를 보인다. 백영수가 사실성의 소거를 통한 추상화를 지향했다면, 정우택은 비판적 시각에 의한 사실성의 변형을 제시한다. 나아가 제반 공연 요소들이 '경쟁적인 협력 관계'를 이룰 것을 제안한다.

백영수처럼 정우택 역시 먼저 무대미술이 관객들에게 적극적인 감상의 대상이 되지 못하고 있는 현실을 지적한다. 그리고 연극이 하나의 종합예술이 되는 데에 차지하는 무대미술의 중요성에 대해 무대미술 원론이라 할 수 있을 만큼의 체계적인 설명을 전개한다. 무대미술이 무대장치뿐만 아니라 일체의 시각적 요소를 모두 포함한다는 것, "인물이 무대 안에서 동작을 함으로써 비로소 아름다워지는 미술"이라는 것, "등장한 인물의 장식"에 그쳐서는 안 되며 "이들을 해설해주어야 한다"는 것, 무대가 무엇을 묘사하든 "장면이 언제나 움직이고 있어야 한다"고 언급한 것은 오늘날에 비추어볼 때에도 손색이 없는 설명이라 할 수 있다.

이어서 그는 사실적 재현의 전통에 반대하면서 무대미술의 역할을 확장시키고자 한다. 우선 무대미술이란 "배우를 위한 단순한 배경화가 아니고 연극 자체를 위하고 이를 지지해나가는 하나의 건축적 구성"이라 전제한다. 그러므로 만약 무대미술이 사실의 반영이라 하더라도 그것은 "연극적 비판"을 거친 것이어야 한다며 무대미술에서의 '사실(寫實)'의 의미를 재정의한다.

> **현대의 무대형식은 배우를 위한 단순한 배경화가 아니고 연극 자체를 위하고 이를 지지해 나가는 하나의 건축적 구성이므로 무대에 나타나는 많은 요소들이 혹시 현실의 반영 그것에 그친다고 하더라도 반드시 연극적 여과작용 즉 전술한 모든 처리를 거쳐 표현되지 않으면 안된다.** …(중략)…
>
> 회화의 운동이 『따다』에 대항하여 『네오』『슈리아리즘』으로 신운동을 거듭하는 것과 같이 연극도 새로운 사실(寫實)이 있어야 할 것이며 **무대미술이 사실(寫實)의 무대를 만든다고 하더라도 종래의 사실(寫實)처럼 현실의 장면의 『카피』에 불과한 것이 아니고 새로운 약속에 따르는 희곡의 연출요구에 따르는 적당한 연극적 비판을 걸친 사실(寫實)이 되어야 한다.**[34]

이처럼 정우택은 희곡이 담고 있는 '현실'에 대해, 공연 창작 주체인 무대미술가의 적극적인 해석이 시각화되어야 한다고 주장한다. 앞서 백영수가 사실성의 생략과 간략화를 통해 다소 중립적이며 추상적인 공간을

---

34 정우택, 「현대의 무대미술—종합예술의 중요한 위치」, 『서울신문』, 1959.5.25.

제공하려 한 것과는 달리, 정우택은 "희곡의 연출 요구"와 공연의 "새로운 약속"에 따라 표피적인 사실성을 변형시켜 비판적 시각을 구현할 것을 제안하고 있는 것이다.

그러나 정우택은, 가령 브레히트가 무대미술에 대해 실제의 공간을 재현할 의무에서 벗어나 "역사적으로나 사회적으로 흥미 있는 것을 제시할 수 있어야 한다"[35]고 설명한 것처럼, '연극적 비판'의 구체적인 내용을 제시하고 있지는 않다. 정작 그의 주안점은 사실성에 국한되지 않는, 무대미술의 새로운 패러다임을 지향하는 것으로 보인다. 다시 그의 글을 인용해본다.

> 연극의 관객이란 한정이 붙은 특종세계(特種世界)다. 그러므로 언제고 관객의 움직임에 따라 움직이고 또 한 걸음 나아가서 그 관객을 움직이게 하고 이끌어 가는 힘이 있어야 한다. 그러기 위해서는 현실을 완전히 파악한 후 새로운 형식에의 활발한 일보를 던져야 하는 새로운 종합예술과 이를 구성하는 개개의 예술의 경쟁적인 전진이 있어야 한다. …(중략)…
> 새로운 연극의 건설이 종합예술이란 하나의 관념 때문에 오히려 건설의 의식에 불타는 개개의 예술인의 행동을 활발치 못하게 제지한 하나의 회유적인 결과를 초래한 것 같기도 하다. 그 무대장치가 혹은 조명이 혹은 의상이 너무 지나친 활약을 했기에 종합의 전체적 구성이 파괴당했다. 물론 무조직의 혼란은 절대 피해야 하겠지만 지나치게 종합이란 언어에 잡혀 개개의 예술이 발전하지 못한다면 현재의 위치에서 연극은 더 없이 침체하고 말 것이다. 배우도 무대미술가도 또한 관객들도 각자 경쟁적인 발전이 있어야만 건전한 종합적 진보가

---

35 B. Brecht, 「연극을 위한 소지침서」, 『서사극 이론』, 김기선 역, 한마당, 1992, 338쪽.

양성되리라 믿는다.[36)]

정우택은 "새로운 연극의 건설이 종합예술이란 하나의 관념 때문에" 위축되었다고 진단한다. 이때 '종합'이란 표현의 제 요소들이 단일한 문법 속에서 통일되어야 한다는 의미로서, 기존의 사실성은 이와 같이 강력한 종합의 기준을 제공한다. 이에 반해 "지나치게 종합이란 언어에 잡혀" 있어서는 안 된다거나 "개개 예술의 경쟁적인 전진"이 이루어져야 한다는 주장은 통일된 문법을 선규정할 것이 아니라, 각 공연 요소들의 미적 특성을 공존, 혹은 확산시키는 새로운 종합성을 확보해야 한다는 것을 뜻한다. 정우택은 공연의 제 요소들이 자신의 표현력을 십분 발휘하면서 상호 긴장 및 협력 관계를 형성하는 것으로서의 새로운 종합의 개념을 제시하고 있는 것이다. 비록 그가 분명하게 말하고 있지는 않지만, 이러한 제안은 이질적인 것을 병합하여 새로운 효과를 발생시키는 콜라주(collage)의 미학을 연상시킨다. 사실상 관객을 포함한 공연의 여러 주체들의 "경쟁적인 발전"을 통해 "건전한 종합적 진보"가 이루어진다는 주장에는 이러한 미학이 상정되어 있다.

희곡 텍스트의 양식을 축자적으로 따르지 않는 무대 디자인을 요청한 백영수처럼, 한 편의 공연을 구성하는 하위 표현 요소들의 상대적 개별성을 옹호하는 정우택의 주장 역시 공연 기호들의 독자성을 전제로 한 것이라 할 수 있다. 또한 그것은 무대미술이 관객의 해석 대상이 될 것을 목적으로 한다. 그럴 때에 연극은 관객의 적극적이고 입체적인 관람의 대상이 될 수 있다는 것이다.

---

36 정우택, 위의 글.

특기할 것은 이와 같은 사실성의 소거와 변형, 콜라주에 대한 시도가
실제 공연에서 이루어졌다는 점이다. 그것은 일차적으로 희곡의 탈재현
주의적 성격을 무대화하기 위한 것이었다. 그러나 동시에 공연의 독자적
인 드라마투르기를 추구한 결과였다는 점에서 주목된다. 다음 절에서는
사실성의 소거와 변형의 양상을 먼저 살펴보고, 콜라주의 시도에 대해서
는 연출에 대해 고찰하는 3절에서 다루게 될 것이다.

(2) 공간의 병치와 비율의 축소

1950년대의 공연 활동은, 1959년 소극장 원각사의 설립으로 소극장 운
동이 활발해질 때까지 국립극단과 신협을 중심으로 이루어졌다. 그런데
1958년에는 이들의 공연물에서 새로운 경향이 등장했다. 1958년 문화계
를 정리하는 글은 국립극단 작품 6편과 신협 재건 공연 1편의 단출한 공
연 성적을 적고 있다. 7편의 목록을 살펴보면 다음과 같다. 국립극단 〈야
화〉(윤백남 작, 박진 연출), 〈우물〉(김홍곤 작, 이진순 연출), 〈가족〉(이용
찬 작, 이원경 연출, 장종선 무대), 〈인생일식〉(강문수 작, 박진 연출, 정
우택 무대), 〈릴리옴〉(몰나르 작, 이원경 연출, 백영수 무대), 〈시라노 드
베르쥬락〉(로스땡 작, 이진순 연출, 장종선 무대), 신협 재건 공연 〈한강
은 흐른다〉(유치진 작, 이해랑 연출, 박석인 무대).[37] 이 중에서 〈야화〉,
〈우물〉 등 두 편에서 재래의 사실적 묘사의 무대장치와 공연 문법이 견
지되었다면, 〈가족〉을 위시하여, 〈인생일식〉, 〈한강은 흐른다〉, 〈릴리옴〉
등 4편에서 추상적인 무대 구성이 이루어졌다. 이처럼 1958년에는 새로

---

37 「정리―1958년 연극계」, 『경향신문』, 1958.12.19.

운 공연 문법이 나타났을 뿐만 아니라 우세를 점하기도 했다. 그리고 사실성을 생략하거나 변형하는 경향은 그 이후 소극장 운동 단체의 출현으로 하나의 분명한 흐름을 형성해가기 시작했다.

그런데 이러한 변화에 앞서 1953년 테아트르·리이블과 1957년 신협에 의해 이루어진 〈세일즈맨의 죽음〉은 연극의 장소 표현에서 대단히 새로운 방식을 발견하는 계기가 되었다고 할 수 있다. 테아트르·리이블[38]은 1953년 12월 17일부터 19일까지 3일간 동양극장에서 한국 최초로 아서 밀러(Arthur Miller) 작 〈세일즈맨의 죽음〉을 공연했다. 당시 이 극단은 서구 현대극을 번역, 초연하여 서구 연극계의 동향에 발맞추고자 했으며, 〈세일즈맨의 죽음〉 역시 이러한 노력의 일환으로 선정된 것이라 할 수 있다. 당시 공연 주체들은, "일본의 어느 통신사 특파원의 증언대로 리이블의 〈세일즈맨의 죽음〉은 동양 최초의 공연이었다는 긍지"[39]를 가지고 있었다.

〈세일즈맨의 죽음〉의 상연을 새로운 연극으로의 발돋움으로 삼는 태도는 1957년 시립극장(명동 시공관)에서 이루어진 극단 신협의 공연에서도 반복된다. 연출을 맡았던 김규대는 1957년 1월 1일부터 9일까지의 공연 기간을 강조하면서, "1957년의 연극계를 전망하는 첫 시위에서", "재래의 연극 관념을 수정하기에 이르렀다"[40]며 연극사적 의미를 부여한다. 그

---

38   테아트르·리이블 공연 활동의 전반적인 내용에 대해서는 정호순, 「1950년대 소극장 운동과 원각사」, 『한국극예술연구』 제12집, 한국극예술학회, 2000, 80~81쪽 참조.

39   오화섭, 「세일즈맨의 영생」, 1978년 극단 현대극장의 〈세일즈맨의 죽음〉 프로그램(『시민연극』 제7호, 서울시극단, 2000.4, 34쪽에서 재인용).

40   김규대, 「정유문화계총평—극단」, 『경향신문』, 1957.12.24.

의 어조는 다소 과장되어 있지만, 한국의 연극계가 새로운 극 형식에 대해 인식할 수 있는 계기가 된 것은 분명해 보인다. 김규대는 희곡의 성격에 대해 다음과 같이 말하고 있는데, 텍스트에 대한 정확한 이해를 담고 있다.

희곡 "쎄일즈맨의 죽음"은 한마디로 말해서 "어마어마한 작품이다"라고 하겠다. 굉장히 까다롭고 너무나 많은 무대상의 창조적 "테크닉"을 요구하고 있으며 연극적 "이메지"의 과잉성이 집약되어 연극인이라면 누구나 한 번은 극적 구축을 하고 싶은 창조적 충동을 느끼게 한다. ①그만큼 희곡 "쎄일즈맨의 죽음"은 연극이 시도하는 무대 표현의 무한한 가능성을 "텃취"한 이른바 현재까지의 연극형식으로선 도저히 형상화할 수 없는 전혀 새로운 "스타일"의 형식이라고 하겠다. ②다시 말하면 현실적인 생활과 환상적인 심리의 표현을 교착시켜 장소시간의 공간적 흐름을 비약한 Flash Back 수법을 사용한 것이다. 그리고 인간의 감정 내지 심리적 변화를 추억 또는 상상의 세계에로 몰입함으로써 "생각의 인물"을 등장시켜 과거와 현재의 유기적인 연관성을 표출하는 대위법적인 "환타지" 수법을 시도한 것이다. ③ 더욱이 "씨튜에이슌" 설정에서 무대는 주인공의 가옥으로 선택해 놓고 상상의 장소로 "보스톤" "뉴욕" 그리고 "회사" "식당" "호텔" "묘지" 등의 차원적 설정을 요구하고 있기 때문에 막이 닫히는 Proscenium Arch—막이 내리는 곳이며 관객석과 무대를 절단하고 있는 한계선 앞으로 장치 없는 상상의 장소를 설정해야 하며 인물배치에 있어서는 현실의 경우에는 장치가 요구하는 제4벽(제4벽이란 상상의 벽을 통해 관객은 집 내부의 극 진행을 볼 수 있다)의 한계를 엄수하여 반드시 출입구를 통해 등퇴장을 하지만 환상국면의 경우에는 제4벽의 상상의 한계선은 없어지고 자유로이 출입하여 극을 진행시킨다. ④이러한 무대상의 표현은 자연주의 연극 이후의 현대극의 구축양식에서는 볼 수 없는 너무나도 많은 전진적인 Mechanism의 무대적 기교를 요청하는

새로운 형식 연극이라 하겠다.[41]

"무대상의 창조적 테크닉", "이메지의 과잉성", "무대표현의 무한한 가능성을 텃취" 등의 과장스러운 언급들은 이 작품이 당시 연극에 대한 전반적인 장르 인식에 비추어볼 때 "전혀 새로운 스타일의 형식"으로 여겨졌음을 분명히 보여준다. 김규대의 말대로 "자연주의 연극"과 비교했을 때, "너무나도 많은 전진적인 Mechanism의 무대적 기교"를 구사하는 작품인 것이다(①,④). 그는 "플래쉬백 수법"과 "생각의 인물을 등장"시킨 것 등 텍스트의 핵심 기법을 파악하고 있으며, 그 의미에 대해서도 정확한 이해를 보여준다. 플래시백 수법을 단순히 과거 장면을 삽입하기 위한 것이 아니라 현실과 환상을 교차하기 위한 것으로 이해하고 있으며, 윌리 로먼의 환상 속에 등장하는 로먼의 형 벤의 역할에 대해, "인간의 감정 내지 심리적 변화"를 "과거와 현재의 유기적인 연관성"을 통해 구축하기 위한 "대위법적인" 수법으로 이해하고 있는 것이다. 이처럼 그는 윌리 로먼이 "별개의 장소에서 벌어지는 사건, 그리고 중단된 기억에 의해 연결된"[42] 삶의 형식을 갖는다는 점을 이해하고 있다.

신협의 상연에서는 그가 이해한 텍스트의 성격이 잘 구현된 것으로 보인다. 공연에 대한 김광주의 평가는, 그가 신협 제2회 공연이었던 조우작 〈뇌우〉를 번역하는 등 신협과 깊은 관계를 맺고 있었던 만큼 그 객관성에 유의해야겠지만, 공연의 성과를 짐작하는 데에 도움이 된다.

---

41 김규대, 「무한한 형상성의 가능 〈쎄일즈맨의 죽음〉 연출의도—신협 공연 전기(前記)」, 『경향신문』, 1956.12.29.

42 C.W.E. Bigsby, 『현대의 미국연극 : 1945~1990』, 김진식 역, 현대미학사, 1998, 120쪽.

한국의 극장 조건으로는 도저히 불가능하리라는 선입감에서 본 탓도 있겠지만 원작이 요구하는 무대표현의 다양한 테크닉을 미스테이크 없이 조작하여 극적 앙상불을 고도로 앙양한 이메이지의 계산성에는 재래의 연극 구조에서는 볼 수 없는 대담한 형상성의 연출수법으로서 높이 평가하지 않을 수가 없다. 다시 말하면 현실에서 환상으로의 비약! 현실에서 현실로의 비약! 환상에서 환상으로의 비약! 그리고 장소에서 장소로의 비약 같은 이른바 시간적 공간적 처리에 있어서 조금도 어색하지 않게 스므즈하게 극을 진행시킨 연출수법의 디테일한 연속성은 자칫하면 중단하기 쉬운 이 연극의 극적 흐름을 예술적으로 통일시켰다. …(중략)… 그리고 특기하고 싶은 것은 조명의 심고를 높이 평가하고 싶으며 장치 효과의 특이한 솜씨에 찬사를 보내고 싶다.[43]

김광주가 "한국의 극장 조건으로는 도저히 불가능하리라는" 걱정을 할 만큼 〈세일즈맨의 죽음〉의 무대화는 복잡하고 까다로운 것으로 여겨졌다. 김광주는 그 주된 요인을 현실과 환상, 현실과 현실, 하나의 장소와 다른 장소 등의 '시공간적 비약'으로 꼽는다. 그리고 "자칫하면 중단하기 쉬운" 텍스트의 난점을 잘 극복하여 유기적인 흐름을 창조한 것을 연출의 가장 큰 성과로 든다.

원작의 번역자이자 테아트르 · 리이블의 동인이었던 오화섭의 회고에 의하면 테아트르 · 리이블의 공연과 신협의 공연은 모두 미국 초연의 무대 디자인을 그대로 도입한 것이었다.[44] 테아트르 · 리이블의 공연 사진을 보

---

43 김광주, 「무대표현의 무한한 가능성―'신협'의 "쎄일즈맨의 죽음"을 보고」, 경향신문, 1957.1.9.

44 오화섭, 앞의 글, 같은 쪽. 이들 단체에서는 이 작품을 주체적 입장에서 수용하기보다는 미국 현대극의 대표작이라는 원작의 명성에 기대어, 미국에서의 공연 결

면, 윌리의 집의 구조적 골격만을 제시하여 이러한 비약을 용이하게 했음을 알 수 있다. 신협의 무대 역시 이와 대동소이했을 것으로 생각된다.

한국 근대 연극의 전통을 상기해볼 때, 이러한 무대가 얼마가 새로웠는가는 쉽게 짐작해볼 수 있다. 우선 관객은 세부적 묘사를 과감하게 생략한 새로운 장소 표현법과 대면한다. 구조는 있지만 벽면과 장식의 세부 묘사가 없는 상태에서, 관객은 극중 장소를 인식하지만 그 세부는 자신의 상상력으로 채워야 하는 입장에 놓이게 된다. 더 나아가 관객들은 무대장치의 변화 없이 느닷없이 이루어지는 시공간의 변화에 직면하게 된다. 심지어 외적 사실성을 추구했던 이전 연극에서는 직접 보여주지 않았던, 인물의 내면 의식을 눈앞에 보게 된다.

현재 무대 위의 상황이 현실과 환상 중에 어느 것인가에 대한 혼동을 불식시키는 것은 이 작품의 내용을 전달하기 위해서 중요한 일이라 할 수 있다. 이를 위해서는 벤이 환상 속 인물이라는 점이 관객들에게 분명히 전달될 필요가 있다. 제1회 공연에서는 그것이 분명하게 드러나지 않아 관객들이 상황 파악에 곤란을 겪은 것으로 보인다. 오화섭은 "낮 일회 공

과물을 그대로 받아들이고 있다. 오화섭은 이러한 공연 제작 태도를 시대적 기조로 설명한다. 그는 "당시만 해도 요새같이 새로운 시도를 하지 않았던 때라 연출자들은 오로지 작품에 충실하려고 했고 연출에서노 기교를 부릴 생각을 김히 하지 않았던 것으로 기억된다"고 말한다. 등장인물의 내면을 그리는 표현주의적 시각에 입각해서 사실적 세부 묘사에서 탈피하는 텍스트의 성격은 다양한 무대 형상화의 방법을 내포하고 있다고 할 수 있다. 하지만 이들 단체에서는 그러한 점에 주목하기보다는 미국 공연 성과를 직수입하고, 그것을 원작에 대한 충실성으로 이해하는 태도를 고수하고 있었다. 오화섭은 1978년 현대극장의 〈세일즈맨의 죽음〉 공연을 맞이하면서 "이제 무엇인가 좀 다른 연출이 나올 번도 하지 않을까"(오화섭, 같은 글, 35쪽)라며 이와 같은 관행에서 벗어나길 요청하고 있다.

그림 21 〈세일즈맨의 죽음〉,
테아트르·리이블, 동양극장, 1953.

그림 22 〈세일즈맨의 죽음〉,
테아트르·리이블, 동양극장, 1953.

연에서 벤의 등장을 현재와 구별하기 어려움을 알고 밤 공연부터 벤의 등
장을 자색 조명으로 구별[45]했다고 회고한다. 이러한 사실을 통해 이 공
연에서 조명의 중요성은 쉽게 이해할 수 있다. 조명은 작품의 구성상의
특성을 무대에 구현하는 중요한 기호로 사용된 것이다.

　기존의 연극 문법과는 다른 성격의 이 공연은, 관객에게도 몇 가지 새
로운 역할을 부여한 것으로 생각된다. 첫째, 관객은 구조만을 보여주는
무대가 장치의 변화 없이 다른 장소로 변환될 때, 조명, 배우의 위치 변
화, 소품 등의 표지를 이용하여 장소에 구체성을 부여해야 한다. 이전의
연극에서처럼 시공간에 대한 충실한 묘사에 기대는 것이 아니라, 자신의
상상력을 이용해 무대를 채우는 것이다. 둘째, 이 과정에서 그는 공연의
표현 요소들의 '역할'을 해독해야 한다. 조명은 때로 사실적인 것을 가리
키기도 하지만, 현실과 환상의 교차를 표현할 때에는 장면 교체의 문법을
드러낸다. 환상을 표현하는 "자색 조명"은 극중 현실의 어떤 것을 가리키

45　오화섭, 위의 글, 같은 쪽.

는 것이 아니라 다른 차원으로의 변화를 뜻하는 지표로서만 사용되는 것이다. 그러므로 관객은 이러한 기표들을 대할 때, 그것을 사실적 대상에 견주어 보는 것이 아니라 다른 기표들과의 통사론적 연관성 속에서 파악해야 하는 것이다. 셋째, 그러므로 관객은 이와 같은 자신의 지각 활동을 바탕으로 이야기의 내용을 이해할 뿐만 아니라 다소 복잡한 작품의 표현 문법까지도 이해해야 하는 것이다. 이와 같이 이 공연은 관객에게 기존의 연극 문법하에서보다 더욱 능동적인 역할을 요청했다고 할 수 있다.

앞에서 언급한 것처럼 1958년을 지나면서, 창작 희곡과 공연에서도 자체 논리에 따라 시공간의 재배치가 이루어지는 작품들이 나타났다. 그러나 그것은 〈세일즈맨의 죽음〉에서 처럼 하나의 무대 구역이 변화하는 것이 아니라, 아예 무대를 여러 구역으로 분할하여 각기 다른 장소를 표현하는 방식으로 이루어졌다. 이제 무대는 원근법적 시각하에 전체와 부분의 비율을 고려하여 단일한 하나의 장소를 구현하는 것이 아니라, 각 장소의 비율을 축소해서 무대 위에 병렬하기 시작했다. 이러한 무대는 사실성을 전면적으로 거부한 것은 아니었으며, 사실성을 변형하거나 생략하는 방식을 취했다.

이용찬의 〈가족〉(국립극장, 1958.4.29~5.4)은 이러한 양상을 대표한다. 〈가족〉의 텍스트는 무대를 분할하여 중앙 아래쪽에 박종달의 방, 그 왼쪽 위에 아버지 박기철의 처소, 오른쪽 위 공간에 형사실(1막, 3막)과 연희의 방(2막)을 배치한다. 무대 뒤쪽(upstage) 좌우, 즉 박기철의 방과 형사실 사이에는 2막 회상 장면에서 활용되는 교외의 산길이 있으며, 형사실 뒤쪽으로는 층계가 있어서 높이를 달리하는 또 다른 구역이 마련된다. 이곳은 1막과 3막에서는 바(bar), 2막에서는 애리의 방으로 활용된다. 이렇게 〈가족〉은 무대를 좌우, 아래 위, 고저로 나누어서 각기 다른 구역을 설정하고,

그림 23 〈가족〉 2막. 이용찬 작, 국립극단.,.

그림 24 〈가족〉 1막. 이용찬 작, 국립극단.

이곳에 내용 전개에 필요한 장소들을 병치하고 있는 것이다.

김방옥은 〈가족〉의 지문에서 지시하고 있는 무대 구성을 '형식무대'(formal setting)이라는 개념으로 설명하면서 "사실적인 무대장치가 아니라 서로 높이가 다른 단으로만 구성된 무대"로 파악한다.[46] 김미도 역시 "층을 달리하는 몇 개의 구획을 나누어놓고 최소한의 세트와 소품들만을 이용하여 특정한 장소를 나타내도록 고안되어 있다"[47]고 설명한다. 이들의 설명은 텍스트에 명시되어 있는 무대 지문에 근거를 두고 있다. 하지만 상연을 위한 장종선의 무대미술에서는 그 세부에 있어서 사실적 묘사의 성격이 꽤 두드러진다.

그림 23은 뒷무대로서, 2막에서 종달과 연희가 함께 등산을 하는 장면의 배경인 산길을 보여준다. 그림 24는 무대에서 제일 높이 위치한 곳으로서 임봉우가 피살되는 술집과 계단이다. 그림 25는 기철의 방을 보여

---

46 김방옥, 『한국 사실주의 희곡 연구』, 가나, 1988, 182쪽.

47 김미도, 「1950년대 희곡의 실험적 성과」, 『어문논집』 제32집, 고려대학교 국어국문학과, 1993, 110쪽.

준다. 공연 사진들은 분할된 무대 각각
의 구역이 사실적 재현의 방법을 따르
고 있음을 보여준다. 결과적으로 〈가
족〉은 서사 진행을 위해 여러 재현적
인 공간을 병치했다고 평가될 수 있다.

그럼에도 불구하고 이 무대는 "지난
번 국립극장에서 상연된 「가족」이 바로
추상화된 우리나라 처음 보는 새로운

그림 25 〈가족〉 3막. 이용찬 작, 국립극단.

수법이었다"[48]는 백영수의 평가나, "조소적(彫塑的) 장치(장종선)는 이 새
로운 수법을 충분히 살리고 있다"[49]는 신문지상의 평가로 보아, 재래의 평
면적 사실성에서의 탈각이라는 점에서 분명 새로운 것으로 다가왔다.

같은 해에 국립극단이 공연한 〈인생일식〉(강문수 작, 박진 연출, 정우
택 미술, 시공관, 1958.7.25~30)에서도 부분적 사실성을 유지하면서 여
러 공간이 병치되는 양상을 볼 수 있다. 〈인생일식〉은 한강 둑 밑 쓰레기
하적장 근처의 판자촌을 배경으로 어렵게 생계를 이어가는 인간 군상을
그리고 있다. 악사를 꿈꾸는 북쟁이(드러머), 팔리지 않는 소설을 쓰는 맹
인 소설가와 그를 보살피는 아내, 퇴락한 군수 집안 출신의 노인, 건달 청
년들, 양공주, 미군 쓰레기를 몰래 빼내 파는 브로커 등이 주요 등장인물
이다. 이 작품은 3막의 구성을 통해 브로기는 체포되고, 양공주는 개심하
고, 북쟁이는 정식 악사가 되고, 맹인 소설가의 소설이 신문 연작소설 공
모에 당선되는 과정을 그린다. 이처럼 악인에 대한 사필귀정식의 결말과

---

48   백영수, 「양식 추상 상징—멋있는 연극무대를」, 『동아일보』, 1958.11.2.
49   「새로운 수법을 시도—국립극단 4월 공연 〈가족〉」, 『한국일보』, 1958.5.3.

선량한 인물들의 갱생을 그리면서, 삶에 역경이 있어도 참고 견디면 희망을 찾을 수 있다는 범박한 주제를 실현한다.

희곡의 지문은 작은 집 두 채, 쓰레기 더미, 평행봉, 나무, 평상 등을 통해 한강 둑 아래 동네 일각을 사실적으로 묘사하고 있다.

> 무대 좌편 무대 뒷면으로부터 전면을 향해 굽숙어(곡사)진 제방(둑). 그 제방 밑으로 울창한 고목이 서 있다. 나무 아래 낡은 장의자가 놓여 있고 그 뒤로 부서진 수레, 옆엔 평행봉과 운동기구가 놓여 있다. 무대 정문으로 세워진 판자 가건물 사이로 후면과의 통로, 멀리 보이는 천막, 판자, 양철 지붕들. 전면 좌편의 가옥 벽은 삼류 악극단의 낡은 포스터가 3·4매 붙어 있고 외짝 문 앞 좁은 마루 위에 악기(드럼, 심벌즈)가 있으며 마루 아래에는 풍로, 물통 등이 있다. 우편(상수)을 향한 가옥은 종단된 좁은 방과 마루, 철망, 병 등이 널려 있다.
> 무대 우편(상수)으로부터 1/3 중앙으로 나와 있는 슬레이트 지붕의 집 후면에는 커튼이 드려진 창…… 그 벽에 기대진 목재와 베니어 합판 등이 높이 쌓여 있고 각종 빈 병, 땅에 정리되 있는 판자, 철판, 깡통, 철사, 휴지, 상자 등과 무대 중앙까지의 공간에 집채처럼 쌓인 쓰레기, 그 둘레에 가시 울타리가 둘러져 있다. 원경으로 보이는 백사장과 철교 좌편 제방 넘어 배경(남산 중턱에 산재해 있는 양옥).[50]

그러나 공연에서는 이와는 상이한 형태의 무대 디자인이 이루어졌다. 텍스트에서 서로 떨어진 것으로 묘사하고 있는 집 두 채를 서로 연결하고, 무대 오른쪽으로 지시된 양공주의 방을 왼쪽으로 이동시켜 2층에 놓음으로써 높이 또한 달리하고 있다. 여기에 2층 건물 왼쪽으로 지문에는

---

50 강문수, 「일생일식」, 『강문수 수상문학선집－희곡편』, 다인미디어, 1999, 12쪽.

없는 다른 구조물을 만들고 있다. 이러한 배치는 비좁게 서로 얽혀 있는 판자촌의 생활환경을 더욱 강조하기 위한 것으로 보인다.

이처럼 공연의 무대 디자인은 좌우와 고저의 분할 속에 등장인물들의 주거 공간을 배치한다. 사진에 보이는 부분에만 한정한다면, 왼쪽 아래의 기둥, 그 위의 2층 방, 오른쪽 아래 건물, 그리고 높이 서 있는 둑 등 확연히 구분된 4개의 공간이 마련된다. 이와 같은 분할을 통해 등장인물들이 보이는 다양한 삶의 방식을 병렬시키는 효과를 가져올 수 있다.

그림 26 〈인생일식〉, 강문수 작, 국립극단.

그림 27 〈인생일식〉, 강문수 작, 국립극단.

가령 왼쪽에 양공주 진숙과 그녀의 남동생인 수일의 공간을, 오른쪽에 맹인 소설가 장남천 가정의 거처를 배치하여, 각자 '인생 한 방'을 노리는 남매 간의 불화와 고난과 역경을 함께 견디는 맹인 가족의 결속이 대비된다. 높낮이 역시 이와 같은 대조에 기본 구도를 제공한다. 우선 판자촌과 강둑의 현격한 높이 차이는 인물들이 지향하는 강둑 너머 서울에서의 삶과 그곳에 도달하지 못하는 현재의 처지를 대비시킨다. 나무 기둥 위에 자리 잡고 있으며 커튼이 쳐진 진숙의 방은 "이럭저럭 하다가 돈이 벌리면 시골 놈팽이 하나 얻으면 그만"(20)이라는 진숙의 태도가 사상

누각처럼 허약한 것임을, 반대로 온갖 풍상에 찌든 모습으로 지상에 자리잡은 장남천의 거처는 절대 빈곤과 절망 속에서도 소설 쓰기라는 생존의 이유를 추구하는 삶의 자세를 시각화한다.

물론 이와 같은 대조는 텍스트의 내용이다. 그러나 정우택은 그것을 공간적으로 계열화함으로써 시각적으로 강조한다. 이를 통해 작품의 말미에서 이루어지는 대조의 해소가 더 큰 효과를 거둘 수 있다. 양공주 진숙은 남천의 아내 은희를 존경한다고 말하며 개심을 선언한다. 이로써 이들의 다른 삶의 방식은 단일한 것으로 합해지고 착실한 삶의 자세를 강조하는 계몽적 메시지를 구성한다. 더불어 북쟁이, 소설가 등 주요 인물들이 갱생의 기회를 얻게 됨으로써 강둑과 판자촌의 경계 또한 해소된다. 그것은 "교회의 종소리와 함께 용암되면서 막"을 내리는 이 작품의 종결 방식을 통해 표현된다. 무대미술가인 정우택은 지문에는 명시되어 있지 않은 교회 십자가를 강둑 왼쪽에 배치한다. 가장 높은 곳에서 무대 전체를 아우르게 하는 이러한 배치는, 작품의 주제 실현에서 차지하는 종소리의 중요성을 인식하고 이를 시각화함으로써 그 효과를 배가시키려 한 것이라 할 수 있다.

공간의 재배치와 함께 비율의 축소가 발견된다. 물론 판잣집의 생활환경이란 극도로 비좁은 것이겠지만, 얼굴만을 보일 수 있는 창, 등·퇴장만이 가능한 집의 규모, 그리고 전면의 크기에 비해 깊이감이 없는 방의 비율 등은 주거 공간으로서의 삶의 환경 조성이라는 사실주의적 지향성에서 벗어난다. 오히려 전면 묘사만이 중요하게 다루어지고 있는 이 무대는 거처하는 인물에 따라 상이한 성격을 띠는 공간을 집합적으로 제시하기 위한 것이다. 이러한 무대 디자인은 관객들이 시각적 맥락 속에서 인물과 사건을 파악할 것을 제안하고 있다고 할 수 있다.

그림 28 〈딸들은 자유연애를 구가하다〉, 하유상 작, 국립극단, 1957.11.

1957년과 1958년에 공연된 국립극단
의 다른 작품들과 비교해보면 이러한 점
이 확연히 드러난다. 〈딸들은 자유연애
를 구가하다〉(하유상 작, 박진 연출, 국
립극단, 시공관, 1957.11.28~12.5)와
〈우물〉(김홍곤 작, 이진순 연출, 국립극
단, 시공관, 1958.3.22~27)은 원근법적
시각과 단일한 공간 설정하에서 생활환

그림 29 〈우물〉, 김홍곤 작, 국립극단.
1958. 4. 14.

경을 세밀하게 구현하는 사실주의 무대를 보여준다. 이에 반해 〈인생일
식〉은 정면의 강조와 평면화, 그리고 구획 짓기를 통해서 사건 병렬과 인
물 병존의 공간성을 구현하고 있다.

1958년에 공연된 〈한강은 흐른다〉(극단 신협, 유치진 작, 이해랑 연출,
시공관, 1958.9.26~10.1)는 유치진이 구미연극시찰을 마치고 돌아와 집
필한 작품으로서 새로운 연극을 보여 주리라는 기대를 모으며 공연되었
다. 그러나 1950년대 전후연극의 지평에서 보면 특별한 새로움을 보여주
지는 못했고 할 수 있다.

그림 30 〈한강은 흐른다〉, 유치진 작, 극단
신협, 1958.

그림 31 〈한강은 흐른다〉 무대 스케치.

이 공연에서는 크게 세 부분으로 구획된 공간 조성이 이루어졌다. 물론
그것은 무대 구성에 대한 텍스트의 지시사항을 시각화한 결과였다. 소위
"원심적인 수법"[51]을 취했다는 〈한강은 흐른다〉는 세 구역으로 분할된 공
간에서 다수의 사건을 동시에 진행시키는 복합적인 구성을 보였음에도
불구하고, 정철과 희숙의 애정 서사를 중심 플롯으로 삼은 결과 유치진의
재래의 극작술에서 근본적으로 벗어난 것은 아니었는데(3장1절), 이러한
미온적인 개혁의 양상은 무대 공간 조성에서도 드러난다.

그림30의 양옥집 2층은 희숙의 거처로서, 텍스트에서는 이 작품의 중
심 사건인 정철과 희숙 간의 애정 갈등이 부각되도록 무대 중앙에 배치하
고 있다. 상연에서도 이 건물은 가장 큰 규모로 중앙을 차지한다. 공연 후
출간된 유치진의 희곡집에 실려 있는 그림31은 텍스트의 무대 지시에 부
합할뿐더러 중앙의 건물을 공연과 유사한 양상으로 그리고 있어서 공연
의 무대디자인을 수용한 결과로 생각된다. 이처럼 공연에서는 세 개의 구
역이 평면적으로 병렬된 상태에서 중앙 건물이 위치나 규모에서 중심을

---

51   유치진, 〈한강은 흐른다〉, 『유치진희곡선집』, 성문각, 1959, 279쪽.

차지함에 따라 플롯 간의 위계를 공간에서도 실현한다.

당시 공연을 본 오영진은 무대 구성이 입체적인 것으로서 텍스트의 드라마투르기적 특성을 뒷받침하고 있음을 말하고 있지만, 입체성의 내용을 특별히 설명하거나 강조하지 않고 간단하게 언급할 뿐이다.

> 우선 작가는 파괴된 서울의 한 모퉁이와 여기에 살고 있는 그의 인물 그 생태를 그대로 우리에게 제시하여 준다. 인물의 성격과 환경 묘사는 각기 연기자의 숨가쁜 열심과 입체적인 무대 구성(박석인)으로 씨의 독특한 작극술(作劇術)도 확실하고 견고하게 클라이막쓰를 향하여 줄달음질친다.[52]

조명에 의한 장면 교체 역시 "막 대신에 조명과 음악을 사용하여 막간 없이 진행되었으면 한다"[53]는 작가 유치진의 당부를 충실히 따랐으며 소기의 효과를 거둔 것으로 보인다. 이광래의 공연평을 통해 그것을 확인할 수 있다.

> 이 작품은 전쟁이라는 이름의 불안과 공포 때문에 왜곡된 이상(理想), 왜곡된 감정, 악화(惡華)만이 무성한 부정 불의의 지역 6.25 동란으로 과부가 되어버린 서울에서도 민족의 「얼」〈한강은 흐른다〉는 것이 그 주제다. …(중략)… 전막 22경을 한 번도 막을 내리지 않고 다만 조명의 변화만으로 두시간반 동안을 박력 있게 이끌어나간 그 열연이야말로 신극의 전통을 과시한 「신협」의 집단력이라고 하겠다.[54]

---

52 오영진, 「〈한강은 흐른다〉를 보고―신협의 재출발을 환영하여」, 『경향신문』, 1958.10.5.

53 유치진, 앞의 책, 61쪽.

54 이광래, 「인간혼의 흐느낌―신협 공연 〈한강은 흐른다〉 평」, 『동아일보』,

하지만 이들은 비평의 초점을 새로움의 발견보다는 전쟁의 세태를 그려 낸 유치진의 극작술에 대한 상찬과 그 내용 정리에 두고 있다.

물론 〈한강은 흐른다〉에서 무대장치가 다수의 사건을 위한 다수의 공간을 조성함에 따라 '생활환경의 재현'이라는 의미에서의 사실성은 흔들린다. 세부적인 표현에서는 여전히 사실적 묘사를 취하고 있지만, 그것은 다소 간략화되어 있으며, 〈인생일식〉에서처럼 평면적인 배경의 역할을 함으로써, 빈번하게 교차하며 제시되는 사건들을 시각적으로 계열화하는 역할에 치중된다. 또한 조명에 의한 역동적인 장면 교체를 선보였다. 그러나 이미 〈세일즈맨의 죽음〉, 〈가족〉, 〈인생일식〉등에서 이전과 다른 무대와 공연 문법이 소개되었으므로 〈한강은 흐른다〉가 보여주는 장치와 조명 상의 새로움이란 크지 않았던 것으로 보인다. 오히려 이 공연은 사실성을 다루는 데에 이미 형성되기 시작한 새로운 경향의 자장에 속하고 있었다고 할 수 있다. 그 새로운 경향이란 무대 구역의 분할, 단일한 연장으로서의 공간 개념의 수정, 비율의 축소와 변형, 각 장소 표현에서의 부분적인 사실성과 그 간략화, 플롯의 시각적 계열화이다.

〈한강을 흐른다〉에서 1958년 공연의 단일한 성과에 주목하기보다는 1962년의 재공연과 비교해보는 것이 전후연극에서 나타난 이와 같은 경향의 성격을 이해하는 데에 도움이 된다. 그림 32는 무대 전체에서 왼쪽 부분을, 그림 33은 정면을 보여주고 있다. 1962년 공연의 무대에서 눈에 띄는 것은 1958년의 무대보다 더욱 입체적인 구도를 보인다는 점이다. 2층 양옥이 여전히 중앙을 차지하고 있지만, 왼쪽 건물과 그 사이에 있는 계단이 평면적으로 늘어선 것이 아니라 시각의 방향에 따라 그 각각이 정

1958.10.5.

면으로 보이게끔 위치하고 있어서 공간의 위계성을 어느 정도 완화하고 있다. 시선의 방향을 기준으로 볼 때, 1958년의 무대가 전면에서 바라보는 단일한 시각을 상정한 무대 구성을 보여주었다면, 1962년의 무대는 다양한 방향의 시각을 상정하고 있다고 할 수 있다. 이러한 무대를 대할 때 관객은 자신의 위치에 따라 각기 다른 중심을 가진 무대를 접하게 된다. 물론 이러한 무대 구성은 반원형의 무대를 가진 드라마센터 극장이 건립됨에 따라 가능해진 일이라 할 수 있다. 그러나 이와 같은 구도가 각기 다른 시각 방향을 가진 관객 자신의 종합을 상정하고 있다고 할 때, 그것은 또한 무대 구역을 분할하고 시각적 맥락화의 관점에

그림 32 〈한강은 흐른다〉, 김정항 무대, 드라마센터, 1962.

그림 33 〈한강은 흐른다〉, 김정항 무대, 드라마센터, 1962.

서 재구성함으로써 관객의 적극적인 독해의 대상이 되고자 한 전후연극의 무대미술의 연장선상에서 이루어진 일이라고 볼 수 있을 것이다.

1962년의 무대에서 발견되는 또 다른 특성은 기둥, 벽돌, 계단에서 세부적인 사실성이 더욱 강조된 반면 모든 벽면은 생략됨으로써 서로 상반된 양상을 보인다는 것이다. 당시 공연에 대한 비평 역시 이 점을 지적한다.

출연자 모두를 신진으로 메워 일관된 「앙상블」을 쐬한 연출사의 노

고를 우선 살만하고 입체적인 무대효과며 장면전환 등에 공간이 없어 시종 꽉 짜인 무대를 조성한다. 중점적으로 사물을 잡는 조명효과며 음향효과도 무난한 편. **장치도 무대의 특성을 살려 잘 설계 되었으나 지나치게 세밀한 반면, 생략이 걸맞지 않는 결과를 가져온 게 흠.**[55]

이율배반적으로 보이는 사실성에 대한 세밀함과 생략은, 그러나 동시에 작용하면서 혼돈의 시대상을 구현하는 데에 일조한다. 이 무대의 세밀함은 후방의 폐허를 구현하는 데에 초점을 맞추고 있다. 일률적이지 않은 구도 역시 여기에 일조한다. 그러면서 모든 벽면을 생략한 결과, 배우들은 구조물 앞에서뿐만 아니라 그 안에서도 연기할 수 있게 된다. 1958년도 무대에서는 희숙이 창을 통해 제시되는 것 외에, 주된 연기는 세 구역을 연결하는 한길에서 이루어지게 된다. 하지만 1962년 무대에서처럼 벽면을 제거함으로써, 무대의 전 구역은 연기 구역이 된다. 그럼으로써 다양한 인물의 출몰과 세태의 뒤얽힘을 좀 더 역동적으로 시각화하게 된다. 즉 텍스트가 담고 있는 사건과 플롯에 배경을 제공할 뿐 아니라 작품이 반영하고 하는 현실의 양상을 연기 구역의 배치를 통해서도 구현하게 되는 것이다.

이러한 선택은 텍스트의 공간 구성에 그 발현 가능성이 내재되어 있었던 것이지만, 텍스트의 지시에 대해 개방적인 태도를 취하게 된 공연 창작 태도의 결과로 나타난 것이라 할 수 있다. 곧 그것은 전후연극의 공연에서 나타난 장소 재현에서의 유연한 방식의 연장선상에 있다고 할 수 있다.

---

55 진(振), 「잘 짜인 무대효과」, 『경향신문』, 1962.10.10. 진(振)이라는 필명은 연출가
 ·   이진순의 것으로 보임.

(3) 세부적 사실성의 생략

앞의 공연들이 전체적으로 사실성을 유지하면서, 비율과 배치, 형태에서 텍스트에 대한 해석을 시각화하고자 했다면, 다른 한편으로 텍스트에 대한 해석 내용을 독자적인 무대미술로 실현하는 한 방법으로서 사실성을 생략하는 공연 역시 이루어졌다.

1959년에 결성된 팔월극장은 "타성에 빠진 현대의 연극무대를 청신한 감각과 지성으로 신진대사한다"[56]는 것을 슬로건으로 내건다. 그리고 제2회 공연으로 〈삼중인격〉(이용찬 작, 이원경 연출, 박석인 무대, 차기봉 조명, 소극장 원각사, 1960.4.15~20)을 올릴 때에도 다음과 같이 "전혀 새로운 무대"를 이룩하겠다는 포부를 밝힌다.

> ① "현대 연극의 전위적인 자세를 보여 주어야겠다"는 의욕 아래
> 일 개월 전부터 연일 연습에 열중하여 오고 있는 "팔월극장"의 금년
> 도 춘계 "원각사" 공연은 마침내 15일로 임박하였다. …(중략)…
> ② 희극 내지 코메디라는 개념이 그 본질과는 딴판으로 그릇 알리
> 어져 있는 오늘날의 상황 속에서 **여유 있는 인생관조와 더불어 정통
> 적인 희극의 개념을 보여 주겠**노라고 한다는 이 작품을 무대에 올림
> 에 있어서 …(중략)…
> ③ **전혀 새로운 무대를 이룩해보겠**노라는 연출자 이원경씨의 의욕
> 과 아울러 지난 번 헬싱키의 총회에 참석하고 구미의 연극무대를 몸
> 소 보고 온 바 있는 박석인 씨가 마련해 놓을 무대장치, 그리고 차기봉
> 씨의 조명이 많은 기대를 모으고 있는데, 갖은 경제적 곤란을 극복해
> 가며 대사를 완전히 외운 이들 멤버는 개막을 이틀 앞두고 맹연습을

---

56 「청신한 감각과 지성―'팔월극장' 12일부터 창립공연」, 『동아일보』, 1959.11.6.

계속 중이다.[57]

　팔월극장은 극단의 성격을 '전위성'의 추구로 삼고 있으며(①), 〈삼중인격〉에서는 그 실천의 방법으로 "정통적인 희극"의 구현(②)과 "전혀 새로운 무대"(③)의 구성을 내세우고 있다. 〈삼중인격〉의 공연 주체들은 관객의 즉발적인 웃음을 노리는 소극(笑劇, farce)류의 웃음이 아니라, 현실을 반영하는 방법으로의 희극(喜劇, comedy)을 구현하려 한 것으로 보인다. 이때의 관건은 관객들의 "여유 있는 인생 관조"가 이루어질 수 있는가에 놓인다.

　하지만 팔월극장이 표방하는 '전위성'의 추구는 무대와 조명에서 선보이겠다는 새로운 표현법에 더 깊이 관련된다. 만약 그것이 관객들의 '인생 관조'에 일조하는 것이라면, 희극 양식을 실현하는 방법으로서 정당성을 확보하게 되겠지만, 그렇지 않다면 단순한 참신성이 무대와 조명이 거둘 수 있는 최대의 효과라 할 수 있다. 그것이 실제로 어떻게 구현되었는가는 이근삼의 평가를 통해서 짐작해볼 수 있다.

　　단첸코나 메이어홀드의 구조주의식의 비교적 새로운 방법을 연상시키는 무대장치가 산뜻하기는 했지만, 그러나 너무나도 인간적이고 우리의 생활과 가까운 이 극의 내용을 살리는 데 있어 오히려 허전한, 살이 없고 뼈만 앙상한 장치라는 느낌을 주었다. 따라서 이러한 장치에 투사되는 사실적인 조명이 알맞을 리 없다. 무대 한가운데 자리 잡은 커다란 진단 데스크의 위치도 그렇거니와 무엇보다도 주인공인 의사를 시종 관객을 등지고 앉게 하는 점이 이해가 안 간다. …(중략)…

57　「현대 연극의 전위―기대되는 '팔월극장'의 춘계 공연」, 『동아일보』, 1960.4.13.

좀 더 빠른 템포로 밀고 나갔더라면 충분히 성공할 수 있는 좋은 작품
이었다.[58]

이근삼은 공연의 성과를 높이 평가하지 않지만, 그가 부정적 평가를 내
리고 있는 사항들에서 창작자들의 의도를 읽는다면, 몇 가지 '새로운 시
도'들을 간취해볼 수 있다. 우선 〈삼중인격〉은 사실성을 과감히 생략하는
무대를 선보였다. 이근삼이 전하는 바에 따르면, 그것은 메이예르홀트식
의 구조주의 무대장치와 유사한 것으로서, "살이 없고 뼈만 앙상한 장치"
였다. 이러한 설명에 기대면, 〈삼중인격〉에서 보인 사실성의 소거는 앞서
〈한강은 흐른다〉 1962년 공연의 무대장치가 보인 벽면의 생략보다 더욱
본격적인 것이었다고 볼 수 있다. 이러한 무대장치가 이루어진 계기를 공
연의 창작자들은 무대미술가 박석인이 구미의 연극 무대를 수용한 것으
로 소개하고 있는데, 그것은 또한 〈세일즈맨의 죽음〉의 공연이 보인 무대
장치와 유사한 것으로서 당시 최신의 해외 연극 사조의 수용으로 이루어
진 것이라 할 수 있다.

주목할 것은 〈세일즈맨의 죽음〉이 텍스트의 지시 내용을 충실히 따
를 뿐만 아니라 미국 초연의 무대를 그대로 답습한 것이었다면, 〈삼중인
격〉은 텍스트의 지시와는 다른 무대미술가의 적극적인 선택의 결과였다
는 점이다. 〈삼중인격〉의 지문에서는 병원의 진찰실을 중앙에 놓고, 우측
에는 제조실과 진찰실을 끼고 도는 복도, 왼쪽에는 하얀 커튼으로 구획이
나누어져 있는 진찰대를 배치하고 있다. 그리고 방의 뒤쪽은 안채와 통하

---

58 이근삼, 「좀 더 빠른 템포로—팔월극장의 〈삼중인격〉 공연」, 『한국일보』,
    1960.4.19.

도록 하고 있다(190~191).[59] 지문에서는 벽과 거기에 걸린 그림과 창, 각 공간을 연결하는 문들, 창밖으로 보이는 정원, 가구 등속 등을 통해 사실적 차원에서 공간을 그리고 있지만, 공연에서는 구조만을 통해서 이러한 공간 배치를 실현한 것으로 보인다.

이근삼은 〈삼중인격〉의 무대에 대해 "비교적 새로운 방법"이라고 그 참신성을 일부 인정한다. 그러나 텍스트를 기준으로, "너무나도 인간적이고 우리의 생활과 가까운" 극의 내용과 어울리지 않는다고 평가한다. 무대 장치에 대한 평가가 우호적이지 않은 이유는 그것 자체가 너무 허전했다 점과 사실적 조명과 구성주의 무대가 부조화 했다는 점이다. 이처럼 그는 암암리에 사실적 재현의 성취도를 평가의 기준으로 삼고 있다.

하지만 '앙상한' 무대 디자인은 작품의 주제를 시각화하기 위한 적절한 선택일 수 있다. 〈삼중인격〉은 전문 지식 없이 의학박사 행세를 해온 허근수의 정체를 폭로하는 희극이다. 그런데 그의 사기 행각이 해방과 전쟁 등의 불안정한 시대에 적응하며 가족을 책임지기 위해서였다는 것이 밝혀지면서 허근수이 진실함은 재평가된다. 그리고 이에 비추어 그를 의심했던 다른 인물들의 태도가 오히려 자기중심적인 것으로 드러난다. 이렇게 〈삼중인격〉은 한 인간의 정체성이란 진실과 허위를 쉽게 결정될 수 없는 복합성을 띠는 것이며, 환경에 지배받아 변하는 유동적인 것이라는 주제를 실현한다. 작품의 마지막에서 허근수는 이렇게 말한다.

> 허근수 (조용히 차근차근) 모든 것은 끝났어. 내 정체도 드러났고. **그런데 난 내 본성이 뭐냐 말이야? 모르지 어떤 것인지. 그**

---

59 이용찬, 「삼중인격」, 무천극예술연구회 편, 『이용찬희곡집 1』, 푸른사상사, 2005.

러나 그 6·25 전쟁이 나를 또 다른 하나의 사람으로 만들 었거든. 모든 것은 끝났어. 그러나 나는 아직도 더 살아야 돼. 죽을 수는 없거든……. 그런데 앞으로가 문제야. 이제 새로 출발해야 해. 모든 것을 깨끗이 털어 버리고 새로 말 이야. **또 하나의 나. 앞으로 있을 또 하나의 내 인격……. 이것을 난 만들어야지.** 지금보다는 더 멋지게. (사이 두 어) 아아, 내 마음을 내 마음대로 다루지 못한 50평생이었 어.(264)

"내 본성이 뭐냐 말이야?"라는 허근수의 질문에 초점을 맞춘다면, "구 조주의식 무대"는 정체성의 '비어 있음'을 환기하는 적절한 선택이다. 또 한 과거의 사기 행각을 청산하고 "새로 출발해야" 한다는 다짐에 초점을 맞춘다면, 그에게 남은 시간 역시 새로운 인격을 통해 채워나가야 할 미 정의 것이라는 점을 암시하는 역할을 한다.

대도구도 사실성보다는 희극성의 강조를 선택한다. 그것은 가짜 의학 박사의 텅 빈 정체성을 오히려 과장하기 위한 것이다. 이근삼은 무대 전 체 균형을 고려하여 무대 중앙에 커다란 진단 데스크를 놓은 것이 이해되 지 않는다고 말하지만, 그것은 자신을 의학박사로 포장하는 허근수의 사 기성을 희극적으로 표현하기 위한 텍스트의 지시사항이자 공연의 선택이 기도 하다. 텍스트는 "왼편에 중앙을 향하여 자리 잡고 있는 큼직한 원장 의 테이블이 분수없이 큰 회전의자와 이와는 대조적으로 앙상한 환자용 의자와 함께 어딘지 어울리지 않는다"(190~200)고 지시하고 있으며, 공 연에서는 그것을 "무대 한가운데" 놓아 텍스트의 지시를 실현하면서, 또 한 강조한다.

이렇게 볼 때, 주인공이 위치와 방향에서 관객에게 잘 노출되어야 한다는 관례를 깨고 "시종 관객을 등지고 앉게 하는 점" 또한 일관성 있는 선택이라 할 수 있다. 텅 빈 무대, 과장된 진단 테이블에서 이루어지는 이와 같은 인물의 방향은 등장인물을 현실의 '사기꾼'이 아니라 '알 수 없는 이'로서, 정체성에 대한 특정한 은유로 제시한다. 그것은 '허근수는 진정 누구인가'라는 작품의 근본 질문을 지속적으로 환기시킨다.

이처럼 사실성을 소거한 무대장치, 균형을 깨는 대도구의 배치, 블로킹(blocking)[60]에서 관례를 깨는 방식은 희극이라는 양식을 실현하고 주제를 시각화한다. 공연은 텍스트의 성격을 십분 따르지만, 그것을 더욱 발현시키기 위해 더욱 적극적으로 자체의 공간 구성을 실현한다. 관객 수용의 측면에서 보자면, 이러한 무대는 이근삼이 내심 바랐던 사실적 재현의 무대보다는 더욱 능동적인 관람을 유도한다고 할 수 있다. 그것은 가짜 의학박사, 홀로 남매를 키운 아버지, 그리고 새로운 인격을 획득할 가능성의 소유자 등, 허근수의 삼중의 인격을 바라보는 각기 다른 시각으로 채워지기 위해 오히려 중립적으로 비어 있는 공간을 제시하기 때문이다. 이때 관객에게 요청되는 것은 단순히 비어 있는 사물을 채워 넣는 물리적인 상상력이라기보다는 오히려 공간을 정체성과 연결 짓는 해석상의 능동성이라 할 수 있다.

이러한 관람을 위해서는 관객이 공간의 성격을 지각하고 인물 해석의 능

---

60 블로킹(blocking)의 기본적인 의미는 배우들의 위치와 움직임이다. 그것은 배우의 신체를 통해 행동(action)을 실현하고 이야기를 무대에 구축해가는 무대 형상화(staging) 작업으로서, 희곡의 내용에 구체성을 부여하는 기초 작업이라는 점에서 중요성을 가진다. 여기에 다양한 디자인 요소가 결합하여, 한 장면의 의미에 대한 시각적 은유로서 무대 구성(stage composition)이 이루어지게 된다. Michael Bloom, 『연출가처럼 생각하기』, 김석만 역, 연극과인간, 2012, 223~224쪽.

동성을 발휘할 수 있도록 돕는 조명의 역할이 긴요하다고 할 수 있다. 그러나 사실적 조명은 이러한 역할을 하지 못한 것으로 보인다. 그럼에도 불구하고 정체성에 대한 비평적 인식을 '연극화'하는 데에 작가, 연출가, 무대미술가의 시선이 일치했다는 점은 주목의 대상이다. 그들은 각기 희극이라는 양식의 선택, 관례를 깨는 블로킹, 그리고 구성주의 무대 등 자신의 무대 언어로 관객의 '발견'과 '채워 넣기'로서의 관람 방식을 지향했다.

이상에서 살펴본 것처럼 전후연극의 무대미술에서는 사실을 '연극화'함으로써 동시대 현실을 바라보는 관점과 방식을 드러내려는 태도가 나타났다. 그것은 주로 세부적인 사실들에 일종의 시각적 맥락을 부여하는 것으로 실현되었다. 구체적으로 그것은 비율의 축소, 수평과 수직 축에 따른 공간의 배치, 형태의 왜곡 그리고 사실성의 소거로 나타났다. 이와 같은 무대장치들은 대상에 대한 재현 자체보다는, 그것을 어떻게 맥락화할 것인가에 관해서 관객의 독해의 방향을 제시하는 역할을 수행한 것이라고 할 수 있다.

전후연극의 이러한 무대장치는 이후의 희곡 창작에도 영향을 미쳤다. 박현숙의 〈땅 위의 서다〉(1962)의 무대 설명에서 그것을 볼 수 있다.

① 원칙상 이 연극에 장치라고는 필요하지 않다. 다만 분위기가 필요할 뿐이다. 그러므로 무대는 이동근이 근무하고 있는 고층 빌딩 5층에 있는 도안실과 그의 아내 윤금희가 다니는 「사롱」 미용실 〈그것은 어느 백화점 지하실에 자리잡고 있다〉의 두 개의 이질적인 장소 설명만이 최소한도로 필요하다.

② 먼저 이동근의 방은 「지그재그」 형으로 뻗어 올라가는 층계 위에 자리 잡고 있다. 벽이라고는 출입문이 붙은 벽만 있고 나머지는 건축의 뼈만으로 구획을 짓고 있다.

③ 따라서 방안에는 제도용 책상과 의자, 그리고 전화만 한 대 보일

그림 34 〈땅 위에 서다〉 무대 스케치, 박현숙.

뿐 그 밖의 모든 소도구는 없고 동작과 표정으로 그 소재를 알리면 된다. ④ 이와 대조적으로 윤금희가 근무하는 「사롱」 미용실은 두꺼운 콩크리트의 천정을 무겁게 머리에 이고 있다. 출입문은 일층으로 올라가는 계단 위에 있다. ⑤ 방안에는 몇 개가 미용 의자와 역시 전화만이 보이고 그 밖에 모든 소도구는 없다. 윤금희와 미용사들이 하는 손짓과 몸짓으로 설명되어야 한다. ⑥ 방안에는 송장의 얼굴빛 같은 형광등이 비치고 있다. 연말이 가까워지는 12월 하순, 어느 토요일 저녁 배경으로 형형 색색의 네온싸인이 눈부시게 명멸하고 있다 (17~18).[61]

지문에서 제시된 무대의 기본 개념은 한 부부의 심리적 거리감과 그 이질성을 시각화하기 위한 것이다(①). 허전한 남편의 마음은 앙상한 구조를 통해서(②), 생활에 찌든 아내의 마음은 육중한 천장을 통해서 암시된다(④). 조명 역시 이에 일조한다(⑥). 이렇게 재현성보다는 주관의 시각화를 기본 개념으로 삼으면, 사실적인 세목들도 과감하게 제거할 수 있다(③, ⑤). 그림 34의 무대 스케치는 이러한 점을 시각화하고 있다. 1962년도 『조선일보』 신춘문예 당선작에서 별도의 설명 없이 이러한 내용들이 간략하게 지시되었다는 점은, 1960년대 초반에 이르면 그것이 더 이상 특별한 것이 아니었음을 시사한다.

---

61 박현숙, 「땅 위에 서다」, 『여인』, 창조사, 1965.

이근삼은 1966년도 작품인 〈국물 있사옵니다〉의 무대를 "어떤 아파트와 회사 사무실, 그리고 길거리를 다양하게 나타낼 수 있는 무대"로서 "구태여 사실적인 필요는 없다"(511)[62]고 지시하고 있다. 또한 "관객과 아파트의 실내 사이는 그대로 트여 있지만, 그 사이를 벽이 가로막고 있다고 상상하면 된다"(511)고 하여 세부적인 사실성을 생략한 공간 설정을 채택하고 있다. 〈국물 있사옵니다〉는 보통 양식적으로 서사극으로 이해되며, "인물들은 현재 상황 이외에는, 즉 과거지사를 말하거나 재연할 때는 공간처리에 구애될 필요가 없다"(511)고 하여, 단순히 세부 사항을 생략한 것에 머무르지 않고 분할된 공간의 자유로운 공간 운용을 보여준다. 하지만 서사극이 지향하는 것처럼 인식적 놀이로서의 연극성을 추구하기보다는 여전히 현실적 시공간을 기저에 깔고 무대 공간을 탄력적으로 운용하고 있다는 점에서 전후연극에서 이루어지기 시작한 유연한 공간 조성의 연장선상에 있는 것으로 이해될 수 있다.[63] 이처럼 전후연극에서 시작된 사실에 대한 연극적 재구성의 경향은 이후 연극사에서 하나의 분명한 흐름을 형성해가기 시작했다. 이점은 전후연극의 분명한 성과라 할 수 있다.

---

62 이근삼, 〈국물있사옵니다〉, 양승국 편, 『한국 희곡선 1』, 민음사, 2014.

63 이런 점에서 김방옥은 〈국물 있사옵니다〉를 절충적 사실주의 양식의 하나로 보고 있다. 김방옥, 『한국 사실주의 희곡 연구』, 가나, 1988, 184~185쪽. 또한 1966년 〈국물 있사옵니다〉가 세태풍자극으로서 "관중을 홍소로부터 축축한 비감으로 유인했다"는 호평을 받은 것이나("'국물 있사옵니다' 공연 스냅―공감 가는 세태 풍자」, 『동아일보』, 1966.5.12.), 그해 동아연극상을 수상했다는 점은 당시 관객과 평단이 이 작품의 특성을 무난하게 수용할 수 있는 토양이 마련되어 있었음을 시사한다.

3. 연출 : 독자적 공연 기호 구축[64]

(1) 공간의 재배치

전후연극에서는 연출에서도 독자적인 공연 기호의 구축이 추구되었다.
〈가족〉의 공연(이원경 연출, 국립극장[구 시공관], 1958.4.29~5.4)에서는
무대 구역의 분할이라는 텍스트의 지시는 따르되, 구체적인 장소 배치에
서는 텍스트와 다른 선택이 이루어졌다.

> 그러나 불행히도 이 작품을 상연한 국립극단의 제9회 공연의 무대
> 는 원작을 소화하지 못하였을 뿐만 아니라 요령부득에 빠져 관객과는
> 멀리 괴리된 지점에서 연극을 진행하고 있었다.
> 첫째, ① 1막에서 보여주었어야 할 주인공의 심상에 결정적인 타격
> 을 준 임의 피살사실을 3막으로 가져갔기 때문에 주인공이 무엇 때문
> 에 괴로워하는지를 이해할 수 없었다. 따라서 제2막의 내성의 장면 소
> 위 나라타쥬 장면은 요령부득으로 지루하기 짝이 없었다. 관객이 3막
> 에 가서 이 연극을 이해하기 시작하였을 때는 벌써 연극은 끝날 무렵
> 이었다.
> ② 원작에서 그처럼 교묘하게 작가가 설정하여 놓은 조명전환도 연
> 극에서는 주인공의 내면의 발전과는 상관없이 오직 시각만을 자극하
> 였을 뿐 뜻 없이 음양의 세계를 공전하고 있었다. 더구나 각 장면의 조
> 명이 "컽·아웃"한 다음에야 다음 장면이 용명되어서 연극의 흐름을
> 중단시키고 통일적인 감상을 조해(阻害-저해(沮害)의 오식인 듯 : 인
> 용자)하였다.

---

64 이번 절에서 다루어지는 〈가족〉과 〈피는 밤에도 지지 않는다〉의 줄거리와 드라마
   루기적 성격에 대해서는 이 책의 제3장 2절 참조.

③ 장치도 아버지의 방을 무대 중앙으로 바꿔놓은 것은 이해할 수 있으나 형사실과 연희 방을 하수 구덩이로 몰아넣어 중대한 연극의 전개를 방해한 까닭은 알 수 없으며 더욱이 비좁은 무대에 잘 사용하지도 않은 이층방을 설정해 놓은 까닭은 이해할 수가 없다.[65]

이해랑이 전하는 바에 따르면, 종달에 의한 임봉우의 피살 장면이 1막에서 3막으로 이동했다(①). 아마도 3막의 마지막, 종달이 아버지에게 자신이 임봉우의 살해자임을 밝히는 장면 바로 앞으로 이동시킨 것으로 생각된다. 이렇게 되면, 너무 복잡한 시간의 역전 구성이 다소 간결하게 정리된다. 텍스트에서처럼 임봉우 살해 장면이 1막에 배치될 때, 전체적으로 종달의 회상으로 되어 있는 구도 안에서 다시 한 번 시간의 역전이 발생하게 되는데, 이를 옮김으로써, 종달의 회상 구조 안에서는 단선적인 시간 흐름이 형성되는 것이다.[66] 그것은 혹시 발생할지도 모르는 관객의 혼란을 미연에 방지하고, 이야기의 흐름을 선명하게 하는 효과를 거둘 수 있다. 하지만 아버지가 범인으로 몰리고 있는 것에 대한 종달의 부담감은 표현되지 못할 가능성이 높다.

공연에서는 또한 무대 중앙에 종달의 방이 아니라 아버지 기철의 방이 위치했다. 그리고 형사실과 연희 방은 오른쪽 위 공간이 아니라 왼쪽 구석으로 옮겨졌다(③). 형사는 아버지의 혐의 사실을 놓고 종달과 번번하

---

65   이해랑, 「극작술이 선행된 무대」, 『경향신문』, 1958.5.8.

66   다소 복잡한 〈가족〉의 장면 구성에 대해서는 이미 자세한 분석이 이루어진 바 있다. 김미도, 「1950년대 희곡의 실험적 성과」, 『어문논집』 제32집, 고려대학교 국어국문학과, 1993, 209~110쪽 ; 박명진, 『한국 전후희곡의 담론과 주체 구성』, 월인, 1999, 73~75쪽을 참조할 것.

게 접촉하는 인물이며, 연희는 종달이 사랑했지만 아버지의 그늘을 벗어나지 못해 놓쳤던 사람으로서 모두 종달의 심리에 타격을 가하는 사람들이라 할 수 있다. 그들의 공간이 무대에서 더욱 주변으로 밀려난 결과를 낳은 것이다. 그러므로 이와 같은 선택은 이야기의 초점을 종달에게서 아버지 박기철로 이동시키는 효과를 가져온다. 즉 공연은 종달의 가족 이야기가 아니라 박기철의 가족 이야기가 되는 셈이다.

이렇게 되면 이 작품은 전체적으로 종달의 자기 진단의 성격보다는 '한국의 근대사를 배경으로 굴곡 많은 삶을 살았고, 가족을 사랑했으나 가족과 화해하지 못하고 죽음에 이른' 아버지 박기철을 회고하는 성격을 띠게 된다. 또한 전체적으로 종달에 의한 회상의 형식을 취하고 있는 2막의 내용 역시 자신의 정신적 무기력이 형성되어온 과정에 대한 반추보다는 아버지를 중심으로 한 가족사의 회고가 되므로, 2막의 계기가 되는 장면, 즉 종달이 친구 진상에게 자신의 심리적 상태에 대해 길게 고백하는 것은, "제2막의 내성의 장면 소위 나라타쥬 장면은 요령부득"이었다는 이해랑의 지적처럼 그 의미를 잃게 된다(①). 이에 따라 종달의 심리를 강조하는 조명의 역할에 대해서도 부정적인 평가가 내려지게 된 것이라 할 수 있다(②). 당시 연극계 주도권을 놓고 국립극단과 신협 사이에 있었던 알력을 고려한다면, "지루하기 짝이 없었다"는 이해랑의 관극평은 조심스럽게 받아들여져야 할 것이다. 그러나 공간과 장면의 배치에서 텍스트와 상이한 선택이 이루어진 것은 분명한 사실이라 할 수 있다.

이처럼 연출가 이원경은 전반적으로 작품의 초점을 종달의 내면의 서사에서 현실 차원의 가족 서사로 이동시킨다. 무대 공간의 분할, 조명을 통한 장면 교체라는 텍스트의 기법은 이와 같은 초점 이동에 좋은 여건을 제공한다. 공연은 중앙과 주변의 교체, 분절화된 장면의 위치 이동을 통해 자신의 드라마투르기를 관철한다. 이때의 드라마투르기란 관객이 심리의 드라마가 아니라, 근대사의 드라마를 초점으로 각 장면들을 종합하도록 공연의 기호들을 제시하는 것을 뜻한다.

〈피는 밤에도 자지 않는다〉의 공연(이용찬 작, 박용구 연출, 연극협의회·국립극장 공동 주최, 시공관, 1960.10.15~19)에서도 텍스트와 다른 공간 배치가 이루어졌다. 텍스트에서는 무대를 왼쪽 철호의 사무실, 오른쪽 경호의 해장국집, 2층 민호의 입원실로 삼분하고, 여기에 무대 전면 한길을 추가하고 있다.

그림 35는 작은 테이블이 있는 것으로 보아 경호의 해장국집으로 생각된다. 무대 중간에 위로부터 늘어져 달려 있는 삼각형 모양의 구조물은 그 용도가 무엇인지는 알 수 없지만, 그림 36에서 이 구조물이 오른쪽 모서리 너머에 있는 것으로 보아, 그림 36 즉 민호의 입원실은 텍스트에서처럼 2층이 아니라 해장국집 옆 1층에 마련되었음을 알 수 있다. 오히려 이 병원 위쪽 2층에 또 다른 하나의 공간이 조성되어 있는 것이 보인다. 아마도 여기가 철호의 사무실로 사용되었을 것이다. 그런데 해장국집

그림 35 〈피는 밤에도 자지 않는다〉, 연극협의회·국립극장 공동 주최, 1960.10.

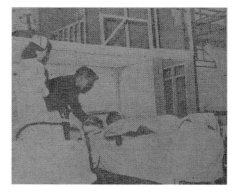

그림 36 〈피는 밤에도 자지 않는다〉, 연극협의회·국립극장 공동 주최, 1960.10.

과 병원은 그 높이에서 차이를 보인다. 해장국집이 더 높고 입원실이 낮은 것이다. 이렇게 이 무대는 왼쪽에 두 개의 공간 오른쪽에 하나의 공간을 두어, 수평 분할이라는 일률적인 방식을 피함으로써 세 개의 공간이 대등하게 삼분되어 있는 구도를 만들고 있는 것으로 보인다. 무대 전면을 찍은 사진이 없는 상태에서 자신 있게 말 할 수는 없지만, 이 무대는 일률성에서 탈피함으로써, 입체적인 공간 분할을 기획한 것으로 보이는 것이다. 그것은 다소 산만한 공간 구성일 수 있지만, 18경이라는 많은 장면들의 교차로 구성되어 있는 텍스트의 성격을 시각적으로 구현하는 방법이 될 수 있다. 이러한 선택은 텍스트의 주제를 상연의 자체 문법 속에서 실현하기 위한 것으로 보이는데, 다음 절에서 다루게 될 콜라주의 미학이 이에 관련된다.

(2) 무대기호의 콜라주 시도

상연에서 텍스트의 지시와는 다른 공간의 재배치와 재맥락화에서 한 걸음 더 나아가, 텍스트에 지시되지 않은 표현 매체와 기법을 도입하여 새로운 작품으로서 공연을 만들어 내는 시도 또한 이루어졌다. 〈피는 밤에도 자지 않는다〉의 공연(박용구 연출, 연극협의회 · 국립극장 공동 주최, 시공관, 1960.10.15~19)은 두 가지 이유에서 준비 단계에서부터 주목을 받았다. 그 하나는 4 · 19를 계기로 결성된 '연극협의회'의 창립 기념 공연으로 기획되어 연극계 전체의 행사로 여겨졌기 때문이고, 다른 하나는 공연 주체들이 4 · 19가 상징하는 새로운 시대를 맞아 새로운 연극성을 선보일 것이라고 포부를 밝혔기 때문이다. 요컨대 '새로운 시대에 새로운 연극'이 이 공연의 슬로건이었다. "그야말로 극단 총체적인 행사인바 종래의 무대와는 다른 여러 가지 새로운 시도가 베풀어질 것"[67]이라는 기사는 이 공연의 기획 의도를 단적으로 보여준다. 이 공연이 시도하는 새로운 기법은 다음과 같이 공연 전에 자세히 소개되어 큰 기대를 모았다.

> 합동공연의 작품은 "피는 밤에도 자지 않는다"(이용찬 작)로서 연출은 일본에서 오랫동안 사계(斯界)의 연구를 쌓고 돌아 온 박용구씨가 담당하였고 무대감독은 이원경씨 그리고 장치에 박석인, 음악에 김용환, 조명에 윤경모등 제씨다.
> 괄목할 점은 연극행위의 참다운 구현을 위하여 ① 중견연출가인 이원경씨가 자진 무대감독을 맡은 것과 귀국 후 처음으로 박용구씨가 연출을 담당한 것인데 연출자 박용구씨는 새로운 수법의 연출을 시도할 것으로 기대된다.
> ② 특히 음악효과는 우리나라에서 첫 시도인 '뮤직·콩크렛트'(구체음악효과)를 사용할 것이며 ③ 장치도 뼈만 있는 양식무대를 택하여 환등으로써 배경의 변화를 꾀할 것이다. ④ 즉 김기창 〈피카소〉 〈샤가르〉의 그림을 세 개의 환등을 사용하여 특수장치가 된 세 개의 무대면 〈스크린〉에 여러 가지로 투영함으로써 변화시키는 것이다.
> 이러한 여러 가지 새로운 경향의 연출수법으로 연기자를 중심한 장치조명 효과 등을 최대한 융화시킨 무대의 '심포니'를 이룩할 것이라 한다.[68]

위의 기사는 연출가 이원경이 무대감독을 맡았음을 전하고 있다(①). 그것은 음향, 영상 등 여러 표현 요소들에서 새로운 시도가 이루어지는 만큼, 신인 연출가는 창의적인 발상을 제공하고 중견 연출자는 그 실현

67　「합동 공연을 기획」, 『경향신문』, 1960.10.8.
68　위의 기사.

에 집중함으로써 실험성과 완성도를 모두 확보하자는 의도로 보인다. 이용찬의 텍스트를 줄곧 연출을 해온 이원경이 공연의 실행적 측면을 책임지는 무대감독이라는 역할을 맡을 정도로, 새로운 기법이 그 실행에서 분명한 효과를 거두는 것은 공연 창작들에게 중요하게 여겨졌다. 공연을 하나의 전체적인 언술 행위라 볼 때, 음향과 영상 등의 '특수 효과'가 연기자들의 연기 못지않게 중요한 언술 방식으로 취급되었다고 할 수 있는 것이다. 무대감독의 역할을 이처럼 중시한 것에 대해 기사 역시 "괄목할 만한" 현상으로 전하고 있다.

공연 창작자들 사이의 역할 분담뿐만 아니라 기법의 내용 역시 이채를 띠는 것이었다. 기사는 음향에서 한국 최초로 '뮤직 콘크리트(musique concrete)'를 사용할 것이라 소개한다(②). '뮤직 콘크리트'란 1948년경 프랑스 작곡가 피에르 섀퍼(Pierre Shaeffer)와 피에르 헨리(Pierre Henry)에 의해 개발된 작곡 방식으로서, 다양한 자연 음향을 테이프에 녹음하여 그 소리를 조합함으로써 새로운 음악작품을 만들어내는 것을 말한다. 이때 작곡 과정에서 녹취된 음원은 여러 가지 방식으로 변형되는데, 예를 들어 녹음된 소리를 역순으로 재생시켜 새로운 음원으로 삼는 것, 테이프를 짧게 자르거나 연장시키는 것, 에코 효과를 집어넣거나 음의 높이와 강도를 변화시키는 것 등이다. 이 새로운 소리 원천들이 조합되어 하나의 곡이 되는 것이다.[69]

현재 〈피는 밤에도 자지 않는다〉에서 어떠한 음악이 사용되었는가를 알기란 어렵다. 다만 희곡의 내용과 지문의 지시에 따라 무엇을 기본 음

---

69 Daniel Teruggi, 「음향, 역사, 기술 그리고 철학으로서의 구체 음악」, 김진호 역, 『에밀레』 2호, 한국전자음악협회, 2002, 248~261쪽 참조.

원으로 삼았을까를 추정해볼 수 있을 뿐이다. 희곡은 4·19의 후일담을 그 내용으로 한다. 4·19 이후의 사회 정황을 선거, 일상, 세태의 세 차원의 교차를 통해 보여주고 있는 것이다. 텍스트는 음향에 대해서 "부정선거 다시 하라. 독재 정권 물러가라"[70](323)는 4·19 당시의 함성을 지시하고 있으며, 영상에서도 "당시의 뉴스, 필름이 적당하게 영사 된다"(323)고 지시한다. 음향과 영상의 초점은 텍스트가 쓰이고 공연된 1960년 10월의 시점에서 이미 과거의 일로 그 의미가 퇴색되어가는 4·19의 역사성을 환기시키는 것이라 할 수 있다. 그러므로 음향효과의 음원은 뉴스, 필름 등의 기록물을 활용한 르포르타주적인 성격을 지닌 것으로서, 함성, 행진, 선언, 연설, 시위대와 진압대와의 충돌의 소리였으리라 짐작해볼 수 있다. 이 음원들이 길이, 높낮이, 강도에서 변형되고 에코 등의 효과를 거쳐 편집된다면, 그것은 4·19에 대한 집단적 기억을 환기하면서, 관객을 4·19의 주체로 호명하는 역할을 할 수 있다. 이에 비추어 "영상" 역시 이와 비슷한 편집과 변형의 과정을 거쳐 같은 역할을 수행했으리라고 추정할 수 있다. 텍스트가 극중 현재의 시점에서 이루어지는 사건을 몽타주한다면, 음향과 영상은 과거의 사건을 몽타주함으로서 텍스트의 성격에 조응한다.

또 기사는 "뼈만 있는 양식 무대"를 준비할 것임을 알려준다(③). 그리고 여기에 여러 화가들의 그림이 영사되어 "배경의 변화"를 가져올 것이라 전한다. 영상을 통해 공간의 성격을 구현하기 위해서는 중립적 공간이 적절한 선택이 될 수 있다. 그림 35를 보면 실제로 공연 당신의 무대는 구

---

70 이용찬, 〈피는 밤에도 지지 않는다〉, 무천극예술학회 편, 『이용찬 희곡집』, 푸른사상사, 2005.

획만이 강조되고 세부적인 형상화가 생략된 공간을 조성하고 있다.

이러한 무대에 김기창, 피카소, 샤갈의 그림이 "특수 장치가 된 세 개의 무대면 〈스크린〉에 여러 가지로 투영"되어 배경의 변화를 꾀하게 된다(④). 생각해볼 것은 "배경의 변화"가 무엇을 뜻하는가의 문제이다. 이 삼분된 공간에서는 장소의 변화가 이루어지지 않는다. 시간의 흐름에 따라 사건이 진행될 뿐, 한 구역이 각기 다른 장소로 변화하는 식의 교체는 이루어지지 않는 것이다. 그러므로 공연 창작자들이 위에 나온 화가들의 그림을 "여러 가지로 투영함으로써" 꾀한 "배경의 변화"란 공간상의 변화가 아니라 오히려 상황의 변화였을 것으로 생각된다. 즉 동일한 장소라 해도 장면이 교체됨에 따라 상이한 성격의 사건이 이루어질 때, 같은 무대 구역에 이전과는 다른 그림이 영사되는 것이다.

그런데 이러한 영상활용의 계획에서 특별히 두 가지 점이 주목된다. 첫째, 텍스트에 명시되지 않은 표현 요소가 도입되었다는 점이다. 앞서 음향과 영상의 내용에 대해 추정해 보았는데, 그것은 텍스트에 내용에 직접 관련되며, 또한 텍스트에서 지시하고 있는 것을 기반으로 한 것이었다. 다시 말해, 텍스트는 공연에서 음향과 영상을 사용할 것과 그 성격에 대해 이미 밝히고 있는 것이다. 그러므로 공연에서 발전적 변형이 이루어지는 것은 지극히 자연스러운 현상이라 할 수 있다. 그러나 회화의 영사란 온전히 공연 창작자들의 선택이다.

둘째, 텍스트와 이질적인 성격의 그림들이 선택되었다는 점이다. 텍스트는 몽타주의 구성을 취하고 있지만, 개별 장면의 대화와 사건은 사실적 재현의 형태를 취함으로써 4·19의 사회상과 역사성을 구현하고자 한다. 그런데 위의 화가들의 그림이 배경으로 영사될 때, 이들 회화는 장면의 현실 반영을 강조하기보다는 오히려 그것과 충돌했을 가능성이 높다. 그 효과를 구체적으로 알 수는 없지만, 이러한 선택이 의도한 것은 현실적인 내용의 장면에 환상적이거나 입체적인 회화들을 병치시켜, 각 장면이 담고 있는 현실적 사건을 추상적 이미지로 감각화한 것이었다고 짐작해 볼 수 있다. 다시 말해, 몽타주의 구성을 취하고 있는 텍스트가 현실을 토론 거리로 제시한다면 사실주의 화풍과 거리가 먼 회화들은 극중 현실을 감각적이고 정서적인 감응의 대상으로 제시하는 것이다. 하지만 이러한 시도는 텍스트와 생산적인 긴장 관계를 형성하기보다는 그 이질성만이 부각되어서 납득되기 어려운 것으로 비춰졌을 가능성이 높다.

그럼에도 불구하고 환등을 통한 그림의 영사에는 무대 위 기호들의 근거에 대한 실로 도전적인 관점이 내재되어 있다. 그것은 연극의 언술 행위란 텍스트의 성격에 따라 일관성과 통일성을 규준으로 하여 표현의 제 요소들을 선택, 조직함으로써 구성되는 것이 아니라, 이질적인 성격을 띤 기호들의 병존을 통해서도 구성될 수 있다는 관점이다. 또한 그것은 텍스트를 공연의 당연한 기반이 아니라 하나의 질료로 보는 새로운 시각이 탄생했음을 뜻한다.

이처럼 공연 주체들은 텍스트를 공연 창작의 출발점으로 삼지만, 그것에 머무르지 않는다. 텍스트의 구조적, 양식적 특성은 공연 형상화의 일차적인 근거가 되지만, 이와 병행하여 텍스트의 성격에 일의적으로 통합되지 않는 기호의 병존이 이루어진다. 이 공연에서는 사실적 재현의 장면, 몽타주 구성, 편집된 소리로서의 음향, 추상적 회화, 시대적 기록으로서의 뉴스 영상 등, 원천을 달리하는 이질적인 재료들을 무대상에 공존시켜 단순한 텍스트 재현의 평면성을 극복한다. 그리고 이들 제 요소들이 생산적인 긴장 관계를 형성하는 무대 기호들의 콜라주를 시도한다. 공연 주체들은 공연의 이러한 성격을 "무대의 '심포니'"라고 소개한 것이다.[71] 위에서 인용한 『경향신문』뿐만 아니라 다른 일간지에도 "연기자의 「앙상블」만 아니라 장치 조명 효과까지가 중요한 「파아트」로 참가하는 극적 심포니를 전개시켜 보겠다"는 연출자 박용구의 연출의도를 인용하여 이 점을 관극의 주요 초점으로 소개하고 있다.

하지만 실제 공연에 대한 평자들의 반응은 모두가 대단히 부정적이다.

> ① 아무리 의의를 갖는 행사라 하더라도 연극이 연극답지 못해서야 보람을 찾지 못할 것이다. …(중략)…
> 이 네 가지 상황을 넓지 않은 무대를 갈라 나누어 놓고 이야기를 단편적으로 번갈아 진행시켰는데 무대의 양식화라는 작자의 의도와는 달리 산만하기 짝이 없는 무대가 되어버렸다. 차라리 이 연극의 이야기로 보아서 양식화 하지 않고 몇 막으로 나누었던 편이 관객의 시선을 집중시킬 수나 있었을 듯…….
> 지나치게 말해서 막간극의 연속 같은 토막토막이 그대로 토막이 되어버려 일관된 분위기의 〈앙상블〉이 이루어지지 못했고 가뜩이나 비린내 나는 연기와 깊이를 얻지 못한 연출로 한 토막 한 토막이 미련 없이 관객 앞을 스쳐가 버렸을 뿐 도저히 그 가슴 속에 젖어들 수가 없었다.
> 새로운 양식무대를 시도하고자 하긴 했으나 작품 연출 공히 뜻대로 이루어진 게 없고 환등 사용도 효과를 못 거두었으며 음악 효과 · 장치 · 조명 등 이렇다 하게 양식화되지 못한 양식무대에 그쳤다.[72]

---

71 「'연극협의회' 첫 공연—이용찬 작 〈피는 밤에도 자지 않는다〉」, 『동아일보』, 1960.10.12 ; 「연극협의회 창립공연—피는 밤에도 자지 않는다」, 『한국일보』, 1960.10.14.

72 「의욕 못 살린 무대—'연극협의회' 공연을 보고」, 『경향신문』, 1960.10.22.

② 그러나 극적으로 융화 못된 작자의 의도는 오히려 선거에 대한 풍자 속에서만 반짝일 뿐 하나의 통일된 감동이나 추구로서 보는 이의 마음에 젖어 오지 못한다.

그것은 연출에서도 「카바」되지 못했다. 연기진의 불균형은 「앙상블」 없는 산만한 무대만을 보여준다. 그래서 연출자가 의도했다는 연기 장치 조명 음향 등 모든 「파아트」의 「앙상불」로써 입체적인 무대를 이루려는 노력은 그 자취만을 찾아 볼 수 있을 뿐 성공적인 성과를 거두지 못했다. 그러나 새로운 형식의 연극을 시도하려는 진지한 자세만은 높이 평가해도 좋을 것이다.[73]

③ 18경에 걸친 「시퀜스」의 무자비한 단절의 비극은 연출에까지 결정적인 「핸디캡」을 넘겨 주었다. **하나의 극적인 「심포니」를 이룩하겠다던 「딜렉터」의 당초의 의도는 조명 장치 및 음악효과 등 각 「파아트」의 고독한 성공에 그쳤을 뿐 극적 연결을 짓지 못하였다. 부분적으로 풍기는 「무드」만 살렸지, 전체의 「앙상불」을 기하지 못한 느낌ー**[74]

위의 비평들은 새로운 양식이 시도되었다는 사실을 인정하면서도 텍스트, 연출, 연기, 음향, 조명, 무대장치, 그리고 환등을 통한 그림의 영사에 이르기까지 모든 공연 요소들이 제 역할을 하지 못했다며 혹평하고 있다. 위의 평가는 이질적 기호들의 병치에 주목하기보다는 무대 위의 기호들이 단일한 문법 속에서 통일된 성격을 띠어야 한다는 것을 기준으로 제시한다. 또한 서사의 다중성, 무대 기호의 콜라주, 시공간 구성의 형식화를 통해 관객의 입체적 독해를 유도하려는 지적인 시도에 대해, "그 가슴 속에 젖어들 수가 없었다"며 '정서적 공감'을 소통 방식의 기준으로 삼는

---

73 「진지한 노력의 자취ー연극협의회결성기념공연」, 『조선일보』, 1960.10.19.
74 「의욕 못 따른 무대ー앙쌍불 잃은 연출·빈약한 연기」, 『서울신문』, 1960.10.19.

다. 여기에는 '앙상블'로 대변되는 통일성과 플롯의 단선성, 관객에 대한 감정적 설득을 내용으로 하는, 연극에 대한 재래의 장르 인식이 자리하고 있다. 그 결과 "연극이 연극답지 못"하다는 혹독한 평가가 내려진다. 공연이 보인 새로운 시도들은, 재래의 연극 관념에 대한 '도전적 위반'이 아니라, '미숙함의 증거'로 포착된다. 그렇기 때문에 표면적으로 드러나는 공연의 실험적 시도를 인정하면서도 그 실험의 성격에 대해서는 분석하지 않는다.

이와 같은 '재래의' 독법은 텍스트와 상연의 관계에 대해서도 적용되고 있다. 공연평들은 공통적으로 텍스트의 분절적 성격을 공연 실패의 가장 큰 원인으로 지목한다. "양식화하지 않고 몇 막으로 나누었던 편이 관객의 시선을 집중시킬 수나 있었을" 것이라는 진단이 내려지는 것이다. 텍스트에 대해 상연이 취한 확장적 태도는 평가의 대상이 되지 못하며, 오히려 상연은 텍스트의 "핸디캡"을 "카바"했어야 한다는 정반대의 입장이 노정된다. 공연 주체들의 시도는 이처럼 텍스트 중심적인 시선[75] 앞에서

---

75 서구 연극사에서 이러한 시각의 연원은 상당히 오래된 것이다. 그 대표적인 예를 이미 『시학』 제14장, "플롯은 눈으로 보지 않고, 사건의 경과를 듣기만 하여도 그 사건에 전율과 연민의 감정을 느낄 수 있게끔 구성되어야"한다는 규정에서 볼 수 있다(Aristotelles, 『시학』, 천병희 역, 문예출판사, 1994, 79쪽). 근대에 이르러 더욱 공고해진 텍스트/퍼포먼스 사이의 분열 및 텍스트 중심적 사고에 대해서는 Julia A. Walker, "The Text/Performance Split across the Analytic/Continental Divide", David Krasner & David Z. Saltz edit. *Staging Philosophy*, The University of Michigan Press: Ann Arbor, 2009를 참조. 한국의 경우에도 '근대극' 인식은 텍스트 중심적 사고와 상동 관계를 이루며 출현한다. 신파극의 전통을 무시하며 각본 부재를 이유로 조선에 연극이 없다고 주장하는 현철로 인해 촉발된 신파극·신극 논쟁은 이것을 보여주는 사건이라 할 수 있다. 양승국, 「1920년대 신파극신극 논쟁」, 『한국근대연극비평사 연구』, 태학사, 1996 참조.

부정당한다.

무대-객석의 소통방식에서 이루어진 새로운 시도 역시 고찰의 대상이 되지 못한다. 텍스트는 4·19 이후의 현실을 다초점의 시각으로 바라보려 한다. 4·19를 기념하는 자리에서조차 그것을 역사적 진보를 이룬 '혁명'으로 규정하는 대신에 새로운 과제를 남긴 미결의 사건으로 제시하는 것이다. 또한 상연에서는 기호들의 중첩과 충돌로서 텍스트의 주제를 실현하려 한다. 물론 이때의 주제란 하나로 결정되어 제시되는 것이 아니라, 4·19의 의미가 무엇인가를 묻는 질문 행위라 할 수 있다. 그러므로 〈피는 밤에도 자지 않는다〉를 어떤 이야기로 종합할 것인가와, 다양한 표현 요소들에 어떤 관계를 부여할 것인가는 관객의 몫이 되는 것이다. 하지만 위의 비평들은 주제를 일관성 있는 서사로 표현할 것을, 그리고 연극을 "마음에 젖어 오는" 감동 사례로 만들 것을 주문한다. 여기에서, 단선적 주제 의식 실현, 감정적 동조의 획득, 관객에 대한 계몽적 입장을 끈질기게 추구해온 한국 근대극의 극적 소통에 대한 완고한 인식이 다시금 확인된다.

〈피는 밤에도 자지 않는다〉의 무대는 무엇을 사실답게 표현하기 위한 공간이 아니라 다양한 표현 요소들이 조직되는 구성의 공간임을 표방한다. 또한 하나의 표현 문법이 단일하게 지배하는 곳이 아니라 다성적 기호들이 병존하는 공간이고자 한다. 이를 통해서 명확한 통사론적 문맥 형성을 통해 연극 기호들을 하나의 중심으로 수렴시키는 것이 아니라, 역으로 기표들의 성격 확산을 통해 중심을 해체하고 거기에 관객의 적극적 기의 작용의 개입을 요청한다. 연극의 소통에 대한 이 정반대의 드라마투르기가 지니는 급진성을 인정한다면, 이러한 시도가 가지는 의미를 결코 작게 평가힐 수 없을 것이나.

이번 장에서는 전후연극의 공연 양상을 살펴보았다. 연극적 의미 생성의 과정에서 텍스트의 위상은 상대적으로 감소했고 공연의 독자성에 대한 인식이 제고되었다. 프롬프터가 추방되면서 배우는 공연 수행의 주체로서의 역할을 제고했고, 분장이 유연화되면서 배우의 신체적 자질이 공연 기호의 일부로서 인정받게 되었다. 연기는 관객에 대해 감정적 설득을 주안점으로 두었던 이전의 문법에서 탈피하여 감정의 절제와 행동의 자연스러움을 추구했다. 또한 상징적 기호로서의 연기가 추구되기도 했다. 그것은 관객에게 무대 위 인물의 행동과 사건을 능동적으로 발견, 평가하는 역할을 부여하기 위한 것이었다. 무대미술에서는 사실성을 변형, 생략하는 방법으로 텍스트의 지시에서 벗어나 독자적인 공연기호를 구축했고 연출에서는 텍스트의 지시에 일의적으로 조응하지 않는 매체와 기법을 동원하였다. 이처럼 상연은 텍스트가 상정한 재현의 대상이 아니라 자체의 논리를 형상화의 근거로 삼기 시작했으며, 관객의 능동성이 요청되는 소통 구도를 기획하기 시작했다.

이렇게 텍스트, 상연, 관객에 이르는 의미 생성 과정에서 모방 대상에 대한 단선적 재현 관계로부터의 이탈과 개방적인 관계 구축이 이루어졌다는 점에서, 전후연극에서는 연극적 소통의 지평이 확대되었다고 할 수 있다.

제5장

전후연극을 보는
새로운 시선

이 책에서는 1950년대 후반 한국연극에 나타난 새로운 경향의 구체적인 양상을 밝히고자 하였다. 그간의 연구에서는 이전의 연극 전통을 사실주의로 보고, 1950년대 후반에 비사실적 기법이 출현한 것으로 보아 왔다. 이러한 시각에서 1950년대 후반의 실험은 양식적 성취를 이루지 못한 채 여전히 사실주의 문법에 기대고 있는 미온적인 것으로 평가되었으며 이후 연극사와의 관련성 역시 인상적인 차원에서 파악되었다.

이 책에서는 이러한 양식 중심의 시각에서 탈피하여, 텍스트-상연, 무대-객석 간에 의미 생성과 의사소통의 측면에서 이전과는 질적으로 다른 방식이 기획되었음을 확인하고자 하였다. 그리고 그것이 '전후연극'의 변별점을 이룸과 동시에 한국 연극사에서 최초로 연극성의 지평이 확대된 역동적 변화의 내용이었음을 보이고자 했다.

1910년대에서 한국전쟁에 이르는 기간에 한국의 근대극은 사실적 재현의 문법을 고수해 왔다. 그것은 현실 대상에 대한 여실한 묘사를 통해 모종의 연극적 진실이 확보될 수 있다는 재현에의 믿음을 근거로 한 것이었다. 이러한 믿음 하에서 재현의 대상, 텍스트, 상연, 그리고 관객의 수용은 순차적이며 위계적인 관계를 맺는 것으로 인식되었다. 곧 텍스트는 대상을, 상연은 텍스트를 통해서 다시금 대상을, 그리고 관객은 자신의 인식 속에서 궁극적으로 대상을 '재현'해 내어야 하는 구도가 형성되었다. 사실적 재현은 이러한 재현주의 미학을 실현하는 유일하고 강력한 표현법이었고, 이때 관객은 해석과 구현이 완결된 채 제시되는 표현의 결과물을 수동적으로 수용하는 입장에 놓이게 되었다.

전후의 한국연극에는 이러한 연극 문법에 변화가 일어났다. 여기에는 연극의 의사소통을 구성하는 발신자, 수신자, 그리고 약호의 변화가 내재되어 있었다. 발신자로서 극작가들은 전쟁 체험을 바탕으로 이전과는 현실을 보는 눈을 달리했고, 극중 현실을 객관적인 양태로 존재하는 것이 아니라 등장인물의 주관에 의해 구성되는 상대적인 것으로 묘사했다. 수신자로서 새로운 관객이 등장했다. 전후 사회의 모순 속에서 시민이라는 새로운 사회 주체가 출현했고 대학 교육의 급성장으로 대학생이 문화 향유의 주체로 떠올랐다. 약호의 차원에서는 새로운 소통방식이 요청되었다. 영화와 라디오 드라마의 부상에 따라 연극은 극적 재현의 형식을 대표했던 이전의 지위를 상실했고, 이에 따라 연극의 고유성에 대한 재인식이 요청되었다.

전후연극에서 새로운 연극성은 사실적 재현에 귀속되어 있던 연극의 수행성을 가시적으로 표출하는 방향에서 모색되었으며, 연극의 의미는 재현 대상에 대한 이해로 환원되는 것이 아니라, 연극의 수행 방식과 무대와 객석 사이의 의사소통의 성격을 그 요건으로 삼기 시작했다.

희곡에서는 작품이 상정하고 있는 무대-객석 간의 의사소통의 방식이 형식적 차원에서 직접 형태화되었다. 〈한강은 흐른다〉, 〈가족〉, 〈피는 밤에도 자지 않는다〉는 개방적인 서사구조로, 〈기류의 음계〉, 〈닭의 의미〉,

〈생명은 합창처럼〉, 〈꽃과 십자가〉는 언술방식의 다각화로, 〈기로〉, 〈일부변경선근처〉는 메타적 기법으로, 이전의 연극이 보여주었던 일방적 소통관계를 허물고 무대 위의 기호에 대한 관객의 능동적인 독해를 유도한다.

이를 통해 이들 희곡은 전쟁이 야기한 문제, 전후사회의 실상, 4.19의 성과에 대해 단선적인 규정이나 상식적인 평가에서 벗어난 다각적인 인식을 촉구한다. 또한 인물의 심리적 영역이나 실존적 측면을 제시함으로써 인간을 바라보는 새로운 시각을 제안한다. 이들 희곡의 새로운 소통전략이 궁극적으로 지향한 것은 관객이 연극을 통해 동시대 현실과 인간에 대한 사유의 주체가 되는 것이었다고 할 수 있다.

공연에서는 텍스트, 그리고 관객과의 관계에서 이전과는 다른 양상이 나타났다. 텍스트에 대해서는 상대적인 독자성을 가진 기호체계로서의 성격을 획득해 나갔으며 관객에게는 능동적인 독해를 요청하기 시작했다.

연기의 영역에서는 공연 기호로서의 배우의 존재와 역할에 대한 인식이 높아졌다. 프롬프터가 추방되면서 공연의 진행은 텍스트의 개입 없이 배우의 책임 하에 이루어졌다. 분장이 유연해지면서 배우의 신체적 특징이 직접 드러나게 되었다. 그것은 배우의 신체적 특징을 소거하고 텍스트가 상정한 재현 대상의 자질만을 전경화했던 이전의 형상화 문법에서 탈피하여 배우의 특성을 공연의 요소로 인정하게 되었음을 뜻한다.

연기 방법에서는 감정의 절제와 자연스러운 행동 구축이 추구되었으며, 관객을 감정적 설득의 대상이 아니라 연기자가 구현하는 극행동에 대한 해석의 주체로 삼고자 했다. 이러한 입장의 연장선상에서 〈생명은 합창처럼〉에서는 사실의 재현이 아니라 관객의 독해를 필요로 하는 상징적 기호로서의 연기가 시도되었다.

무대미술이 독자적 영역이라는 인식이 출현했으며, 사실성의 변형과 생략을 통해 텍스트의 지시와 양식적 성격에 일의적으로 따르지 않는 무대디자인이 이루어졌다. 〈인생일식〉에서는 극중 공간의 재배치를 통해 텍스트 내용에 시각적 맥락을 부여했고, 〈삼중인격〉에서는 사실성을 소거하여 공간을 추상화하는 디자인이 이루어졌다. 이러한 디자인을 통해 무대미술은 단순히 시공간적 배경을 제공하는 데에 국한되지 않고 관객의 능동적인 인지 활동의 대상이 되고자 했다.

연출에서도 독자적인 공연 기호의 구축이 추구되었다. 〈가족〉에서는 텍스트와는 다른 공간 배치를 통해 상연의 드라마투르기를 실현했고, 〈피는 밤에도 자지 않는다〉에서는 구체음악, 회화의 영사, 다큐멘터리 영상 편집 등 텍스트에 지시되어 있지 않은 매체와 기법을 가미하여 무대기호의 콜라주를 시도하였다.

이상과 같이 이전 한국 근대극의 전통 하의 재현주의 연극에서 모방의 대상과 희곡, 희곡과 공연, 공연과 관객 사이에 모방 대상에 대한 '재현의 충실성'이 의미 생성과 수용의 기준이 되었다면, 전후연극에서 새롭게 등장한 탈재현주의적 문법의 연극에서는 하나의 의미가 산출되기 위해서 제반 공연 요소들을 실행하는 방식에 대한 독해가 함께 이루어지게 되었다. 이때 모방 대상과 희곡 사이에는 공연의 수행성을 가시화하는 '특수한' 반영의 방식이 개입되었으며, 희곡 텍스트와 상연 사이에도 새로운 기법, 매체, 구성이 개입하게 되었다. 또한 공연과 관객 사이에는 관객의 능동성을 전제로 수행적 요소들의 효과에 따라 의사소통이 발생하게 되었다.

이와 같은 탈재현주의적인 양상의 연극사적 성격과 의미는 다음과 같이 세 가지로 정리할 수 있다.

첫째, 사실적 재현의 표현법의 활용이다. 전후에 새로운 형식 실험을 보이는 희곡과 공연이 재현의 표현법에서 완전히 탈피한 것은 아니었다. 그것은 여전히 사실적 재현의 방법을 구사했지만, 이를 대하는 태도에서는 정반대의 입장에 선다. 즉, 그것을 대상의 모습을 충실히 전달하기 위한 유일한 방법이 아니라 표면적 사실을 통해서는 전달할 수 없는 부분을 드러내기 위한 여러 방법의 하나로 사용한다. 한 장면을 구성하는 데에는 기본적으로 사실적 재현의 방법을 취하지만, 전체 구조에서는 플래시백(Flash Back), 몽타주, 연작 형태의 정거장식 구성, 극중극의 구도를 통해 단일 장면에서 구축된 의미를 위반하거나 거부함으로써 다층적인 의미망을 형성한다. 또한 관객에 대한 발화, 시적 언어의 삽입, 조명과 음향의 활용을 통해 재현이 정지되거나 다른 요소들과 뒤섞임으로써 그 전일적 효과가 해체되었다. 요컨대, 전후연극에서는 '재현적 표현법'을 여전히 유지하면서 동시에 '탈재현주의적 소통'을 추구하는 드라마투르기가 실천되었으며 그것이 형식적 차원에서 드러나는 특이점을 보인다고 할 수 있다.

이러한 점은 1960년대 연극과 일정정도 연결되면서 또한 변별되는 것이라 할 수 있다. 가령 사실성의 변형과 생략은 1960년대 이후 연극의 표현법으로 지속적으로 이어지지만, 반사실주의 연극 양식으로서의 부조리극의 출현은 전후연극에 직접 연결되지 않는 새로운 현상이라 할 수 있다. 1960년대에는 한편으로는 사실주의 작품이 꾸준히 창작되고, 다른 한편으로 알레고리 형식과 부조리극 등 비(非)재현적이며 반(反)드라마적인 양식의 작품들이 출현하면서, 재현주의 작품과 비재현적인 작품은 독자적 지형을 형성하면서 공존했다. 더 이상 비재현적 작품은 특별히 실험적인 것이 아니라 한국 연극의 지형 안에서 분명한 하나의 흐름으로 존재하게 되었다. 이처럼 전후연극과 1960년대 연극 사이에는 재현주의 구도에서의 탈피라는 연속성이 존재하지만 '재현을 통해 재현의 한계 넘어서기'와, '비재현적 양식을 통해 세계에 대응하기'라는 차이가 존재한다.

둘째, 연극의 모방 전통을 계승하는 가운데 연극의 자기지시성을 획득하기 시작했다는 점이다. 전후연극의 일련의 희곡과 공연에서는 연극의 수행성을 직접 가시화하는 형태를 띠었지만, 그것은 재현을 거부하고 '수행성의 연극' 혹은 '수행적인 것의 연극'을 실현하기 위한 것이 아니었다. 여전히 플롯과 인물의 행동이 극작의 주요 초점이었으며, 시간의 흐름을 전제로 서사를 구성하고 이를 장면화함으로써 연극의 형태를 갖추고자 하는 드라마적 전통을 잇고 있었다. 오히려 전후의 새로운 드라마투르기란 연극이 하나의 대상을 모방하고 있다는 사실을 관객에게 재인식시키기 위한 메타적인 것이었다. 그러나 이후 연극이 모방성보다는 수행성을 강조해나가는 데에 변곡점이 되었다는 데에 의의가 있다.

이러한 특징은 1970년대에 형성되기 시작한 반(反)재현의 연극에 연원이 되면서 또한 변별점을 이룬다. 1970년대의 새로운 연극 양식들은 재현에 대해 분명한 거부 양상을 보인다는 점에서 특징적이다. 여기에는 '형식이 곧 메시지'라는 규준이 작용했다. 이때의 공연물들은 수행적 측면이 전면에 나서 의미화의 과정을 주도했으며, 모방적 측면은 축소되거나 소거되었다. 이러한 공연의 출현은 재현에 대한 거부와 수행성의 극대화를 그 이념으로 내세우는 포스트드라마적 현상으로 이해될 수 있는 것이다.

셋째, 세계에 대한 다층적 이해의 추구이다. 이제 연극은 새로운 세계로서 현대가 하나의 고정된 의미를 담은 곳이 아니라 오히려 모순이 지배하는 곳이며, 관객이야말로 이 모순에 어떤 입장을 취할 것인가를 선택해야 하는 하는 의미부여의 주체임을 일깨우려 했다. 이를 위해서 미완의 서사와 다수 서사의 동시 진행을 통해 '완결'과 '종합'을 관객에게 위임하기도 했으며, 다층적인 발화 층위의 조직을 통해 하나의 사건을 다각도로 바라볼 것을 요청했고, 극 전체를 메타화하여 작품의 내용을 현실과 관련짓는 복합적인 방식을 제안하기도 했다.

이처럼 역동적 변화의 현장이었던 전후연극은 기존의 연극이 해명하지 못하는 새로운 세계상에 대해 연극적 이해를 도출하기 위한 것이었다고 할 수 있다. 연극이 세계와 인물에 대한 사유의 형식이 된다는 것, 또한 그것을 형태로 드러낸다는 것. 그것은 연극 자신의 성격 변화를 보인 연극사적 사건이었다. 이것이야말로 전후연극의 진정한 성격이라 할 수 있을 것이다.

참고문헌

1차 자료

강문수, 『강문수 수상문학선집−희곡편』, 다인미디어, 1999.

박현숙, 「땅 위에 서다」, 『여인』, 창조사, 1965.

오학영, 『꽃과 십자가』, 현대문학사, 1976.

유치진, 『유치진희곡선집』, 성문각, 1959.

──, 『유치진전집』 1~3, 서울예술대학 출판부, 1992.

이광래, 『이광래 희곡집 (1) 촌선생』, 현대문학사, 1972.

이근삼, 「국물있사옵니다」, 양승국 편, 『한국 희곡선 1』, 민음사, 2014.

이용찬, 『이용찬 희곡 선집−가족』, 예니, 1986.

──, 『이용찬희곡집 1』, 푸른사상사, 2005.

장용학, 『장용학문학전집 2』, 국학자료원, 2002.

Authur Miller, 『세일즈맨의 죽음』, 오화섭 역, 범우사, 1998.

Tennessee Williams, 『유리동물원』, 신정옥 역, 범우사, 1999.

Thmas Stearns Eliot, 「칵테일파티」, 『T.S.엘리엇 전집−시와 시극』, 이창배 역, 동국대학교 출판부, 2001.

김동원, 『미수의 커튼콜』, 태학사, 2003.

유치진, 『동랑 유치진 전집 9−자서전』, 서울예술대학 출판부, 1993.

이해랑, 『허상의 진실─이해랑 연극론』, 새문사, 1991.

차범석, 『예술가의 삶 6』, 혜화당, 1993.

양승국 편, 『한국근대연극영화비평자료집』, 태동, 1991,

『경향신문』, 『동아일보』, 『서울신문』, 『조선일보』, 『한국일보』

『사상계』, 『새벽』, 『신문예』, 『시민연극』, 『자유문학』, 『현대문학』, 『예술세계』,
　　『한국연극』

단행본

고설봉 증언, 장원재 정리, 『증언 연극사』, 도서출판 진양, 1990.

김방옥, 『한국 사실주의 희곡 연구』, 가나, 1988.

김병철, 『한국 현대 번역문학사 연구(上)』, 을유문화사, 1998.

김형기, 『포스트드라마 연극의 지각방식과 관객의 역할』, 푸른사상사, 2014.

민족문화연구소 희곡분과 편, 『1950년대 희곡 연구』, 새미, 1998.

──────────── 편, 『1960년대 희곡 연구』, 새미, 2002.

박명진, 『한국 전후희곡의 담론과 주체구성』, 월인, 1999.

박이문, 『예술철학』, 문학과지성사, 1983.

백로라, 『1960년대 희곡과 이데올로기』, 연극과 인간, 2004.

서연호, 『한국근대희곡사』, 고려대학교 출판부, 1996.

───, 『한국연극사─현대편』, 연극과인간, 2005.

손정목, 『한국 현대도시의 발자취』, 일지사, 1988.

양승국, 『한국근대연극비평사연구』, 태학사, 1996.

오영미, 『한국 전후 연극의 형성과 전개』, 태학사, 1996.

오학영, 『희곡론』, 고려원, 1979.

유민영, 『한국현대희곡사』, 새미, 1997.

───, 『한국 근대극장 변천사』, 1998.

───, 『이해랑 평전』, 태학사, 1999.

이두현, 『한국신극사연구』, 서울대학교 출판부, 1990.

이상우, 『유치진 연구』, 태학사, 1997.

이석만,『해방기 연극 연구』, 태학사, 1996.

이승희,『한국 사실주의 희곡, 그 욕망의 식민성』, 소명출판, 2004.

이정우,『사건의 철학』, 그린비출판사, 2011.

이진순, 김의경·유인경 편,『지촌 이진순 선집』1~3, 연극과인간, 2010.

채 운,『재현이란 무엇인가』, 그린비, 2009.

최영주,『드라마투르기란 무엇인가』, 태학사, 2013.

한국 근·현대 연극 100년사 편찬위원회 편,『한국 근·현대 연극 100년사』, 집문당, 2009.

한국방송인클럽 편,『한국방송보도70년사』, 한국방송인클럽, 1994.

한국연극협회 편,『한국현대연극 100년-공연사Ⅱ』, 월인, 2008.

한 효,『조선 연극사 개요』, 평양 : 국립출판사, 1956.

Anne Ubersfeld,『연극기호학』, 신현숙 역, 문학과지성사, 1988.

──────────,『관객의 학교』, 신현숙·유효숙 역, 아카넷, 2012.

Aristotle,『시학』, 천병희 역, 문예출판사, 1994.

B. Brecht,『서사극 이론』, 김기선 역, 한마당, 1992.

C.W.E. Bigsby,『현대의 미국연극 : 1945~1990』, 김진식 역, 현대미학사, 1998.

Constantin Stanislavski, *An Actor Prepares*, Elizabeth R. Hapgood trans., Theatre Art Books: New York, 1959.

──────────────, *An Actor's Handbook*, Elizabeth R. Hapgood ed., Theatre Art Books: New York, 2002.

──────────────,『배우수업』, 오사량 역, 성문각, 1970.

Dennis Kennedy ed., *The Oxford Companion to Theatre and Performance*, Oxford University Press: Oxford & New York, 2010.

Georg Lichtheim, 『마르크스에서 헤겔로』, 김대웅 · 정현철 역, 문학과지성사, 1987.

Hans-Thies Lehmann, 『포스트드라마 연극』, 김기란 역, 현대미학사, 2013.

I. M. Lotman, 『영화기호학』, 박현섭 역, 민음사, 1994.

J. R. Evans, Experimental Theatre, 『전위연극론』, 심우성 역, 동문선, 1989.

Jacques Derrida, 『해체』, 김보현 역, 문예출판사, 1996.

Jaque Lacan, 『욕망이론』, 권택영 외 편역, 문예출판사, 1994.

Jean Baudrillard, 『시뮬라시옹』, 하태완 역, 민음사, 2002.

Manfred Pfister, *The Theory and Analysis of Drama*, trans. by John Halliday, Cambridge University Press, 1988.

Marianne kesting, 『브레히트와 만나다』, 홍승용 역, 한마당, 1992.

Martin Puchner, *Stage Fright: Modernism, Anti-Theatricality, and Drama*, The Johns Hopkins University Press, 2002,

Michael Bloom, 『연출가처럼 생각하기』, 김석만 역, 연극과인간, 2012.

Oscar G. Brockett, 『연극개론』, 김윤철 역, 한신문화사, 1989.

Patrice Pavis, 『연극학 사전』, 신현숙 · 윤학로 역, 현대미학사, 1999.

Paul Thom, 『관객의 위하여』, 김문환 역, 평민사, 1998.

Peter Brooks, 『멜로드라마적 상상력』, 이승희 외 역, 소명출판, 2013.

Peter Szondi, *Theorie des modernen Dramas*, Suhrkamp Verlag, 1956.

Philip Thomson, 『그로테스크』, 김영무 역, 서울대학교 출판부, 1986.

Ronald Hayman, 『희곡을 어떻게 읽을 것인가』, 김만수 역, 현대미학사, 1995.

Sigmund Freud, 『일상생활의 정신병리학』, 이한우 역, 열린책들, 1997.

Slavoj Žižek, 『How to Read 라깡』, 박정수 역, 웅진씽크빅, 2007.

논문

강철수, 「1960년대 한국 현대 시극 연구─신동엽·홍윤숙·장호를 중심으로」, 한양대학교 국어국문학과 박사학위 논문, 2010.

권두현, 「전후희곡의 명랑과 우울」, 동국대학교 석사학위 논문, 2007.

권택영, 「대중문화를 통해 라깡을 이해하기」, 『현대시사상』 1994년 여름호, 고려원, 1994.

김만수, 「장르론의 관점에서 본 해방공간의 희곡문학」, 『희곡읽기의 방법론』, 태학사, 1996.

김미도, 「1950년대 희곡의 실험적 성과」, 『어문논집』 제32집, 고려대학교 국어국문학과, 1993.

김방옥, 「한국연극의 사실주의적 연기론 연구」, 『한국연극학』 22집, 한국연극학회, 2004.

김성희, 「한국 역사극의 이념적 성격과 그 변모」, 『연극의 사회학, 희곡의 해석학』, 문예마당, 1995.

─────, 「1950년대 한국 희곡에 나타난 가정문제 고찰」, 『한국연극학』 제9호, 한국연극학회, 1997.

─────, 「1950년대 한국 실존주의 희곡 연구」, 『한국 현대희곡 연구』, 태학사, 1998.

김옥란, 「유치진의 50년대 희곡 연구」, 『한국극예술연구』 제5집, 한국극예술학회, 1995.

─────, 「1950년대 희곡에 나타난 전후세대의 현실인식」, 『한양어문연구』 제13집, 한양대 한양어문연구회, 1995.

─────, 「1950년대 희곡의 성담론」, 『한국연극연구』 1, 국학자료원, 1998.

─────, 「1950년대 연극과 신협의 위치」, 『한국문학연구』 제34집, 동국대학교 한국문학연구소, 2008.

김정수, 「한국 연극 연기에 있어서 화술 표현의 변천양태 연구 : 1900년대부터 1970년대까지」, 동국대학교 박사학위 논문, 2007.

노승희, 「해방 전 한국 연극 연출의 발전 양상 연구」, 동국대학교 박사학위 논문, 2004.

————, 「이해랑의 낭만적 사실주의 연기술의 정착과정 연구—'내적 진실' 개념의 변용과정과 관련하여」, 『한국극예술연구』 제33집, 한국극예술학회, 2011.

노지승, 「1950년대 후반 한국에서의 서구영화 수용과 모방의 양상」, 『국어교육연구』57호, 국어교육학회, 2015.

도애경, 「실존의 인간 회복 〈일부변경선근처〉」, 『한국문학이론과 비평』 제9집, 한국문학이론과 비평학회, 2000.

문경연, 「일제말기 '부여' 표상과 정치의 미학화」, 『한국극예술연구』 제33집, 한국극예술학회, 2011.

박명진, 「1950년대 연극의 지형도」, 『한국희곡의 근대성과 탈식민성』, 연극과인간, 2001.

————, 「1950년대 전후희곡에 나타난 실존주의 양상—오학영과 장용학의 희곡을 중심으로」, 『우리문학연구』 39집, 우리문학회, 2013.

박성희, 「한국 근대극 무대미술의 발전 양상 연구」, 한양대학교 박사학위 논문, 2012.

방승희, 극중극의 효과를 통한 극중 관객의 인식—말괄량이 길들이기를 중심으로, 중세 르네상스 영문학 제16권 2호, 2008.

백로라, 「1950년대 연극론」, 『숭실어문』 제15집, 숭실어문학회, 1999.

서항석, 「한국연극사(제2기)」, 『예술논문집』 제17집, 예술원, 1978.

손화숙, 「차범석 초기 희곡 연구」, 『우암어문논집』 제5호, 부산외국어대학교 국어국문학과, 1995.

신봉승,「불모지의 풍속도—차범석론」,『현대한국문학전집』9, 신구문화사, 1966.

신승환,「메트릭스적 상황에서 인간의 실존」,『문학과 경계』제12호, 문학과경계사, 2004.

신영미,「전후 신진극작가의 여성 재현 양상 연구」, 이화여자대학교 국어국문학과 석사학위 논문, 2008.

신현주,「배우 김동원 연구」, 동국대학교 석사학위 논문, 1998.

양승국,「1920년대 신파극신극 논쟁」,『한국근대연극비평사 연구』, 태학사, 1996.

─────,「1930년대 대중극의 구조와 특성」,『한국 근대극의 존재형식과 사유구조』, 연극과인간, 2009.

─────,「일제 말기 국민연극의 구조와 미학의 층위」,『한국 근대극의 존재형식과 사유구조』, 연극과인간, 2009.

오화섭,「세일즈맨의 영생」,『시민연극』제7호, 서울시극단, 2000.4.

유영익,「거시적으로 본 1950년대의 역사—남한의 변화를 중심으로」,『해방전후사의 재인식 2』, 책세상, 2006.

윤진현,「장용학〈일부변경선근처〉일고」,『한국극예술연구』제9집, 한국극예술학회, 1999.

이승현,「1950년대 이용찬의 작가 의식과 형식 실험 연구」,『어문학』제121집, 한국어문학회, 2013.

이승희,「1950년대 유치진 희곡의 희곡사적 위상」,『한국극예술연구』제8집, 한국극예술학회, 1998.

이여진,「오학영 '삼부작'의 다성성 연구」, 서강대학교 석사학위 논문, 2008.

이영석,「신파극 무대 장치의 장소 재현 방식」,『한국극예술연구』제35집, 한국극예술학회, 2012.

이인성, 「연극학 서설」, 피에르 라르토마 외, 이인성 편, 『연극의 이론』, 청하, 1988.

이정숙, 「유치진의 새로운 극작 모색과 〈한강은 흐른다〉」, 『한국극예술연구』 제38집, 한국극예술학회, 2012.

장미진, 「70년대 한국 연극계에서의 브레히트 수용」, 『브레히트와 현대연극』 제12집, 한국브레히트학회, 2004.

장혜원, 「한국전후희곡연구」, 동국대학교 국어국문학과 석사학위 논문, 2002.

전지니, 「해방기 희곡의 심상지리 연구」, 『국제어문』 51집, 2011.

정병희, 「한국의 번역극 공연 1950~69년 사이의 실태분석」, 『연극평론』 1971년 봄호, 연극평론사, 1971.

정상순, 「스타니슬라브스키 시스템의 한국 유입 양태에 관한 연구」, 동국대학교 석사학위 논문, 1997.

정성호, 「한국전쟁과 인구사회학적 변화」, 한국정신문화연구원 편, 『한국전쟁과 사회구조의 변화』, 백산서당, 1999.

정승언, 「한국영화 특수효과 정착과정에 대한 연구」, 『현대영화연구』 제21집, 2015.

정종화, 「1950~60년대 한국영화 스타시스템에 대한 고찰―'영화기업화'와 '배우전속제'를 중심으로」, 『한국영화학회 학술발표대회 논문집』, 2007.

정진수, 「서구연극의 수용과 변용―극장적 측면을 중심으로」, 『한국연극』 1984.12.

정호순, 「차범석의 리얼리즘 희곡 연구―1950년대 작품을 중심으로」, 『한국극예술연구』 제8집, 한국극예술학회, 1998.

―――, 「1950년대 소극장 운동과 원각사」, 『한국극예술연구』 제12집, 한국극예술학회, 2000.

조서연, 「1950년대 희곡에 나타난 여성성 연구」, 서울대학교 석사학위 논문,

2011.

──, 「전후희곡의 성적 '자유'와 젠더화의 균열」, 『한국극예술연구』 제40집, 한국극예술학회, 2013.

차범석, 「무엇을 어떻게 쓸 것인가」, 『현대한국문학전집』 9, 신구문화사, 1966.

──, 「한국 소극장 연극사—대학극회와 제작극회」, 『예술세계』 1989 가을호, 한국예술문화단체총연합회, 1989.

최미진, 「1950년대 신문소설에 나타난 아프레 걸」, 대중서사학회, 『대중서사연구』 18호, 2007.

──, 「1950년대 후반 라디오연속극의 영화화 경향 연구」, 『한국문학이론과 비평』 제49집, 한국문학이론과 비평학회, 2010.

최연희, 「재현」, 미학대계간행회, 『미학의 문제와 방법』, 서울대학교 출판부, 2007.

한상철, 「가족의 의미와 전통적 가치」, 『한국현역극작가론 2』, 예니, 1988.

허 은, 「'전후'(1954~1965) 한국사회의 현대성 인식과 생활양식의 재구성」, 『한국사학보』 제54호, 고려사학회, 2014.

현재원, 「실존주의, 형식 그리고 작가의식—1950년대 오학영 희곡」, 민조문화 연구소희곡분과 편, 『1950년대 희곡연구』, 새미, 1998.

홍재범, 「한국어판 『배우수업』과 주어진 상황 그리고 자감」, 『스타니슬랍스키 시스템과 한국 극예술의 접점』, 연극과인간, 2006.

홍창수, 「전후 실존의식의 실체」, 『1950년대 소설가들』, 나남, 1994.

──, 「전후 세대 애정 소재 희곡의 반윤리성에 관한 연구」, 『한국연극학』 제10집, 한국연극학회, 1998.

Daniel Teruggi, 「음향, 역사, 기술 그리고 철학으로서의 구체 음악」, 김진호 역, 『에밀레』 2호, 한국전자음악협회, 2002.

György Lukács, 「예술과 객관적 진리」, 이춘길 편역, 『리얼리즘 미학의 기초이론』, 한길사, 1989.

Julia A. Walker, "The Text/Performance Split across the Analytic/Continental Divide", David Krasner & David Z. Saltz edit. *Staging Philosophy*, The University of Michigan Press: Ann Arbor, 2009.

Patrice Pavis, 「포스트드라마 연극에 대한 고찰들」, 목정원 역, 김형기 외, 『포스트드라마 연극의 미학』, 푸른사상사, 2011.

Sergei Eisenstein, 「영화의 원리와 표의문자」, 『사유 속의 영화』, 이윤영 역, 문학과지성사, 2011.

T. S. Eliot, 「시의 세 가지 음성」, 『엘리어트 문학론』, 최창호 역, 서문당, 1973.

Walter Benjamin, 「서사극이란 무엇인가」, 『발터 벤야민의 문예이론』, 반성완 역, 민음사, 1983.

도판 자료

그림 1. 김동원, 『미수의 커튼콜』, 태학사, 2003, 53쪽.
그림 2. 위의 책, 54쪽.
그림 3. 이두현, 『한국신극사연구』, 서울대학교출판부, 1990, 도록.
그림 4. 위의 책, 도록.
그림 5. 한효, 『조선연극사개요』, 평양 : 국립출판사, 1956, 도록.
그림 6. 국립극장 공연예술박물관
그림 7. 김동원, 앞의 책, 146쪽.
그림 8. 위의 책, 212쪽.
그림 9. 위의 책, 146쪽.
그림 10. 위의 책, 193쪽.
그림 11. 위의 책, 159쪽.
그림 12. 위의 책, 189쪽.
그림 13. 위의 책, 213쪽.

푸른사상 학술총서 ③⑦

한국 전후연극과
탈재현주의